暨南大学港澳台侨研究生专用教材资助项目

应用统计学丛书

计量经济学时间序列模型及Python应用

Econometric Time Series Model and Its Application in **Python**

王斌会　编著

暨南大学出版社
JINAN UNIVERSITY PRESS
中国·广州

图书在版编目（CIP）数据

计量经济学时间序列模型及 Python 应用 /王斌会编著 .—广州：暨南大学出版社，2021. 7
（应用统计学丛书）
ISBN 978 –7 –5668 –3114 –9

Ⅰ. ①计… Ⅱ. ①王… Ⅲ. ①计量经济学—时间序列分析—数学模型—应用软件 Ⅳ. ①F224. 0 –39

中国版本图书馆 CIP 数据核字（2021）第 018874 号

计量经济学时间序列模型及 Python 应用
JILIANG JINGJIXUE SHIJIAN XULIE MOXING JI PythonYINGYONG
编著者：王斌会

出 版 人：张晋升
责任编辑：曾鑫华
责任校对：刘舜怡
责任印制：周一丹　郑玉婷

出版发行：暨南大学出版社（510630）
电　　话：总编室（8620）85221601
营销部（8620）85225284　85228291　85228292　85226712
传　　真：（8620）85221583（办公室）　85223774（营销部）
网　　址：http：//www. jnupress. com
排　　版：广州市天河星辰文化发展部照排中心
印　　刷：佛山市浩文彩色印刷有限公司
开　　本：787mm ×1092mm　1/16
印　　张：15. 75
字　　数：360 千
版　　次：2021 年 7 月第 1 版
印　　次：2021 年 7 月第 1 次
定　　价：52. 80 元

前　言

自诺贝尔奖设立以来，诺贝尔经济学奖就是全球最受瞩目的经济学大型奖项，可以说是众多经济学家终生不断奋斗的最大动力和目标。第一届诺贝尔经济学奖就授予了挪威的“计量经济学的奠基人”——弗里希（R.Frisch）和荷兰的“计量经济模式的建造者”——丁伯根（J. Tinbergen）。多年来，很多计量经济学家不断获得具有最高荣誉称号的诺贝尔经济学奖。近几年，该奖项愈发注重经济技术方向的应用以及现代化创新，计量经济学科的发展状况越来越得到全球范围的广泛认可。

近年来，计量经济学建模的理论和实践都有了飞速发展，也涌现了一大批这方面的教材。遗憾的是，有些教材欠缺实际应用的论述，还有一些教材则缺少实际操作技巧的相关论述。本书力图在介绍计量经济学建模技术与实际操作应用的同时，自然地将两方面内容有机结合起来，使之能够为范围更广的学生和实际工作者所理解和接受。

计量经济学和时间序列建模的教材版本较多，但将二者有机结合起来的较少。其中有的教材侧重理论的讲述，读者需要具备较深厚的数学基础，其主要阅读对象是数学和统计类专业的学生；有的教材则注重模型的应用，理论和技术细节不是重点，主要面向经济和管理类专业的学生。本书力争均衡地介绍计量经济学的理论与应用，使之能满足更多专业方向的学生和研究者的需求。在理论方面，本书给出一般性理论描述，注重通过各种简单的特例模拟具体的推导过程，清晰地阐释有关结论，方便读者理解理论。在应用方面，本书提供了基于模拟数据和真实数据的丰富例证——通过基于模拟数据的例子使读者深刻认识时间序列的基本性质，通过基于真实数据的例子使读者体会计量经济模型的实际应用效果。

本书可作为一个学期的课程教材，供经济、管理、统计、工程及定量社会科学等专业的学生使用，这些读者只要具备一定的高等数学知识和统计学基础知识即可阅读本书。而要深入理解本书部分理论，读者则需具备一定的数理统计知识。全书主要采用经济管理领域的实际计量经济学数据来阐述方法论。

书中所有的结果和图形均使用Python语言实现。作为一款免费软件，Python软件的源代码格式符合自由软件基金会GNU通用公共许可证规定，可以在UNIX及Windows、MacOS和Linux等操作系统上运行。

计量经济学时间序列模型虽然在中国的研究已较为深入，但基于Python的计量经济学时间序列模型的建立和分析还不多。本书在阐明计量经济学时间序列建模理论的前提下，着力以Python为工具对热点问题进行实证建模分析。

Python是一种可用于数据分析的编程语言及环境，可提供广泛的数据分析（如经典的统计描述、统计推断、线性及非线性建模、多元统计分析和时间序列分析等）及绘图技术，并且具有高度的扩展性。我们为每一章建立了Python命令函数的脚本文件，读者也可从本书网站http://Rstat.leanote.com上下载。本书中，每一个方法、模型及图表下都给出了Python代码；例子和习题所需数据集合均有对应的文件名；全书所有数据集合以Excel文件的形式放在网站上，详见https://47.113.88.40:3838/Rstat。

本书是按照以下思路撰写的：

（1）原理与方法、模拟和实例分析相结合。本书特别注意应用Python实现各种计量经济模型的算法，使得给出的算法更有实用价值。为此，在论述算法思想时，本书引进易于化为计算步骤的数学式子和符号，并采用Python实现计算步骤。

（2）本书在讲清各种方法的实际背景和计量经济学思想的同时，对每种方法都给出了具体的计量经济学实例，并结合Python软件进行实例分析。书中的大多数实例都是笔者收集的最新实际数据。另外，我们还可以很方便地从网络上查找到很多包含着最新的理论或方法的Python可运行程序。通过学习本教材，读者能够快速掌握Python软件的使用方法，利用既有的程序达到研究目的。

（3）本书将Python的数据处理与计量经济建模教学相结合，形成一套完整的教学科研相结合的初具智能化的教学工具。本书在数据编辑、数据分析、序列绘图和系统帮助上充分体现多媒体教学的特点，因此也可作为计算机上机实习教材。

本书的最大特色是几乎在每一个计量经济模型和时间序列分析方法下面都有相应的模拟研究，使读者能更直接地理解所采用的模型和方法。

本书的内容安排吸收了国内外有关计量经济模型和时间序列分析教材的特点，在章节的安排上遵循由浅入深、由简到繁的原则，对计量经济学和时间序列基础理论进行了较为详细的介绍，增加了一些时间序列模型的最新内容，同时附加了一些Python时间序列运算的概念。本书主要内容是根据笔者在暨南大学多年从事计量经济学课程教学所撰写的讲稿上修改而成的。本书软件的计算结果均以Python为后台，因此结果是可以信赖的。

本书获暨南大学港澳台侨研究生专用教材资助，也得到暨南大学管理学院企业管理系的支持和鼓励。本书撰写过程中得到研究生徐琳、刘鑫、张锦涛、薛钊杰、唐昊、梁焙婷和王术等人的协助，在此深表感谢！

由于笔者知识和水平有限，书中难免有错误和不足之处，恳请读者批评指正！

王斌会

2021年5月于暨南园

目　录

1 引 论

1.1 计量经济模型概述

1.1.1 计量经济学简介

一、计量经济学的起源

计量经济学（Econometrics），是以数理经济学和数理统计学为方法论基础，在经济问题上，试图对理论上的数量接近和经验（实证）上的数量接近这两者进行综合而产生的经济学分支。计量经济学又被称作经济计量学，是在经济理论的指导下，通过数学和统计方法对经济关系进行分析，以寻求经济现象所具有的数量关系与规律的一门学科。“计量经济学”一词最早是由挪威经济学家弗里希（R. Frisch）在 1926 年模仿“生物计量学”（Biometrics）提出来的。作为一门学科，计量经济学由弗里希和荷兰经济学家丁伯根（J. Tinbergen）发起创立。由于在创建计量经济学和宏观经济模型理论方法方面的研究取得了成就，他们二人于 1969 年获得首届诺贝尔经济学奖。1930 年 12 月 29 日，世界计量经济学会在美国俄亥俄州克利夫兰成立，创办人包括弗里希、霍特林（H.Hotelling）、门格尔（C. Menger）、鲁斯（C. F. Roos）、熊彼特（J. A. Schumpeter）、舒尔茨（T. W. Schultz）、休哈特（W. A. Shewhart）和维纳（N. Wiener）等一些经济学家、统计学家和数学家。该会会章明确指出，计量经济学会是利用统计学和数学以求得经济理论进展的国际学会。1933 年弗里希在《计量经济学》（*Econometrica*）的创刊词中对计量经济学的方法和内容作了以下描述：经济的数量研究有几个方面，其中任何一个方面就其本身来说都不应该与计量经济学混为一谈；计量经济学与统计经济学绝不相同，同时它也不同于一般的经济理论。尽管经济理论大部分具有明确的数量特性，计量经济学也不应被视为数学应用于经济学的同义语。

二、计量经济学的定义

（1）一般定义：计量经济学是以经济理论和经济数据的事实为依据，运用数学和统计学的方法，通过建立数学模型来研究经济数量关系和规律的一门经济学科。

（2）弗里希：计量经济学是统计学、经济学和数学的结合。

（3）萨谬尔森（P. A. Samuelson）：根据理论和观测的事实，运用合适的推理方法使之联系起来同时加以推导，并对实际经济现象进行数量分析的学科。

（4）美国《现代经济词典》：计量经济学是一门用数学语言来表达经济理论，以便通过统计方法来论述这些理论的经济学的分支学科。

不管何种定义，计量经济学与经济理论、统计学、数学都有关系。经验表明，统计学、经济理论和数学三者对于真正了解现代经济生活中的数量关系来说，都是必要的。单独使用任何一方都是不充分的，只有三者的结合才是强有力的工具，正是这种结合构成了计量经济学。

三、计量经济学的分类

计量经济学的主要内容包括理论计量经济学和应用经济计量学。

理论计量经济学主要研究如何运用、改造和发展数理统计方法，使之成为测定经济关系的特殊方法。理论计量经济学主要适于人们研究测算计量经济模型所设定的经济关系式的统计方法及其性质，如广泛使用的最小二乘法及其性质。除此之外，它还应用广泛的数学知识研究一些特殊模型的估计与检验方法。理论计量经济学所涉及的主要方面有：最小二乘法、极大似然法、统计显著性检验、方差分析、回归分析、时间序列分析、模式识别、主因素分析、贝叶斯推断和误差修正协整等。

应用计量经济学则以建立和应用计量经济模型为主要内容，也就是在一定的经济理论指导下，先设定计量经济模型，然后根据统计数据，运用理论计量经济学中的有关方法来研究实际应用。应用计量经济学主要用在以下三个方面：一是对经济结构进行分析，即应用计量经济模型对经济变量之间的关系作出定量的测度；二是对未来发展进行预测，即应用计量经济模型来预测实际观察数据以外的某些变量在未来一段时间内的变化情况；三是进行经济政策评价，即通过模型仿真各种经济政策的执行效果，以便比较和选择不同的政策方案。伴随着计算机技术和统计分析技术的不断发展，应用计量经济学在各个经济学研究领域内发挥着越来越重要的作用。

1.1.2 计量经济学的分析方法

早期的时间序列分析都是通过直观的数据比较或绘图观测，寻找序列中蕴含的发展规律，这种分析方法称为描述性时间序列分析。在天文、物理、海洋等自然科学研究领域，这种简单的描述性时间序列分析方法也常常能使人们发现意想不到的规律。描述性时间序列分析方法具有操作简单、直观和有效的特点，至今一直被人们广为使用，它通常是人们进行时间序列统计分析的第一步。

随着研究领域的不断拓广，人们发现单纯的描述性时间序列分析有很大的局限性。在金融、保险、法律、人口和心理等社会科学研究领域，随机变量的发展通常会呈现出非常强的随机性，想通过对序列简单的观察和描述，总结出随机变量发展变化的规律，并准确预测出它们将来的走势通常都是非常困难的。为了更准确地估计随机序列发展变化的规律，从20世纪20年代开始，学术界利用数理统计学原理分析时间序列，研究的重心从总结表面现象转移到分析序列值内在的相关关系上，由此开辟了一门应用统计学科——时间序列分析。

纵观时间序列分析方法的发展历史，我们可以将其分为两大类：

一、时域分析方法

时域分析方法主要是从序列自相关的角度揭示时间序列的发展规律。相对于频域分析方法，它具有理论基础扎实、操作步骤规范、分析结果易于解释的优点。目前它已广泛应用于自然科学和社会科学的各个领域，成为时间序列分析的主流方法。

时域分析方法的基本思想是事件的发展通常具有一定的惯性，这种惯性用统计学的语言来描述就是序列值之间存在着一定的相关关系，而且这种相关关系具有某种统计规律。分析的重点就是寻找这种规律，并拟合出适当的数学模型来描述这种规律，进而利用这个拟合模型来预测序列未来的走势。

时域分析方法具有相对固定的分析模式，通常都遵循如下分析步骤：

第一步，考察观测值序列的特征；

第二步，根据序列的特征选择适当的拟合模型；

第三步，根据序列的观测数据确定模型的口径；

第四步，模型检验，优化模型；

第五步，利用拟合好的模型来推断序列的其他统计性质或预测序列未来的发展。

时域分析方法的产生最早可以追溯到 1927 年英国统计学家尤尔（G. U. Yule）提出的自回归（autoregressive，AR）模型。不久之后，英国数学家、天文学家沃克（G. T. Walker）在分析印度大气规律时使用了移动平均（moving average，MA）模型和自回归移动平均（autoregressive moving average，ARMA）模型。这些模型奠定了时间序列时域分析方法的基础。

1970 年，美国统计学家博克斯（G. E. P. Box）和英国统计学家詹金斯（G. M. Jenkins）联合出版了《时间序列分析：预测与控制》（*Time Series Analysis Forecasting and Control*）一书。在书中，博克斯和詹金斯在总结前人研究的基础上，系统地阐述了识别、估计、检验及预测差分自回归移动平均（autoregressive integrated moving average, ARIMA）模型的原理及方法。这些知识现在被称为经典时间序列分析方法，是时域分析方法核心内容。

二、频域分析方法

频域分析方法也被称为频谱分析或谱分析方法。早期的频域分析方法假设任何一种无趋势的时间序列都可以分解成若干不同频率的周期波动，借助傅里叶分析，从频率的角度揭示时间序列的规律；后来又借助了傅里叶变换，用正弦、余弦项之和来逼近某个函数。20 世纪 60 年代，伯格（J.P.Burg）在分析地震信号时提出最大熵谱估计理论，该理论克服了传统谱分析方法所固有的分辨率不高和频谱泄漏等缺点，使谱分析方法进入一个新阶段，我们称之为现代谱分析阶段。

目前，谱分析方法主要运用于经济管理学、信息工程学、物理学、天文学、海洋学和气象科学等领域，它是一种非常有用的纵向数据分析方法。但是由于谱分析过程一般都比较复杂，研究人员通常要具有很强的数学基础才能熟练使用它，同时它的分析结果也比较抽象，不易于直观解释，这导致谱分析方法的使用具有很大的局限性。

本书主要研究基于时域分析方法的计量经济模型。传统的计量经济模型有两个重要的组成部分：线性回归模型和时间序列模型，前者侧重于研究截面数据，后者主要研究时间序列数据。随着截面数据和时间序列数据的发展，Mundlak（1961）、Balestra 和 Nerlove（1966）将面板数据引入经济计量中。面板数据（panel data）是截面数据与时间序列数据综合起来的一种数据类型，它有时间序列和截面两个维度。当这类数据按两个维度排列时，便呈现一个平面，与只有一个维度的数据排在一条线上有着明显的不同。

1.1.3 计量经济模型的发展

综上所述，计量经济学是经济理论、统计学和数学三者的结合体，是以经济理论为指导，以统计事实为依据，以数学为方法，以计算机技术为手段，研究经济关系和经济数量规律及其应用，并以建立和应用计量经济模型为核心的一门经济学学科。

一、计量经济学在国外的发展情况

19 世纪末至 20 世纪 30 年代，计量经济学在欧洲兴起。第一届诺贝尔经济学奖得主、挪威经济学家弗里希首次提出计量经济学，建立了第一个研究经济周期理论的计量模型，成为计量经济学的奠基人。

20 世纪四五十年代，美国计量经济学大师克莱因（L. R. Klein）利用美国 1921—1941 年的数据建立了第一个宏观计量经济模型，这是计量经济学发展史上的一项开创性工作。第二次世界大战后，各国政府和企业的决策者希望了解经济发展的趋势，需要获得决策的定量依据，从而促使计量经济模型在预测方面做出了贡献。20 世纪 80 年代以来，由于信息产业的发展、计算机技术的进步和普及，西方国家和地区出现了经济的经验研究大爆发。计量经济理论和技术得到了长足发展，其研究范围和应用更加广泛，内容更加深入，现已形成一个庞大的学科体系，为现代经济学发展奠定了良好的基础。

二、计量经济学在我国的发展情况

我国计量经济学的研究始于 20 世纪 50 年代末，但真正快速发展是在改革开放之后。我国在 1979 年成立了数量经济研究会和数量经济研究所，1982 年召开了全国数量经济学第一次讨论会暨全国数量经济研究会第一届年会，从此计量经济方法在我国得到了广泛应用。近年来，人们又利用计量经济模型研究经济周期波动、国际贸易、汇率变化、生产率与经济增长方式的转变等。目前，我国计量经济学已形成庞大的教学、研究和应用体系。

在时间序列方面，博克斯和詹金斯的时间序列模型实际上是主要运用于单变量、等方差方面的线性模型。随着对各个领域时间序列的深入研究，人们发现该经典模型在理论和应用上都还存在着许多局限。所以近 20 年来，统计学家纷纷转向多变量、异方差和非线性方面的时间序列分析方法的研究，并取得了突破性的进展。

在异方差方面，美国统计学家、计量经济学家罗伯特·恩格尔（R. F. Engle）在 1982 年提出了自回归条件异方差（ARCH）模型，用以研究英国通货膨胀率的建模问题。为了进一步放宽 ARCH 模型的约束条件，Bollerslov 在 1986 年提出了广义自回归条件异方差（GARCH）模型。随后 Nelson 等人又提出了指数广义自回归条件异方差（EGARCH）模型、方差无穷广义自回归条件异方差（IGARCH）模型和依均值广义自回归条件异方差（GARCH-M）模型等限制条件更为宽松的异方差模型。这些异方差模型对经典的 ARIMA 模型起到很好的补充和完善作用，它比传统的方差齐性模型更准确地刻画了金融市场风险的变化过程。因此，ARCH 模型及其衍生出的一系列拓展模型在计量经济学领域有着广泛的应用。

在多变量方面，博克斯和詹金斯在《时间序列分析：预测与控制》一书中研究过平稳多变量序列的建模，Box 和 Tiao 在 1970 年左右讨论过带干扰变量的时间序列分析。这些研究实际上是把对随机事件的横向研究和纵向研究有机结合在一起，提高了分析和预测随机事件的精度。1987 年，恩格尔和英国统计学家、计量经济学家格兰杰（C. W. J. Granger）提出了协整（cointegration）理论，进一步为多变量时间序列建模“松绑”。有了协整的概念之后，在多变量时间序列建模过程中，“变量是平稳的”不再是必须条件了，而只要求它们的某种线性组合平稳。协整观念的提出极大地促进了多变量时间序列分析方法的发展。

1.2 计量经济学内容与建模

1.2.1 计量经济学的内容体系

一、从范围讲

计量经济学包括狭义的计量经济学和广义的计量经济学。狭义的计量经济学以揭示经济现象中的因果关系为目的，主要应用回归分析方法。广义的计量经济学是利用经济理论、统计学和数学定量研究经济现象的经济计量方法，除了回归分析方法外，还包括投入产出分析、时间序列分析、面板数据分析等方法。

二、从层次讲

计量经济学可分为初级、中级、高级三个层次。初级计量经济学一般包括计量经济学所必须的基础数理统计知识和矩阵代数知识、经典的线性计量经济模型理论与方法（以单一方程模型为主）、单一方程模型的应用等内容。中级计量经济学以经典的线性计量经济模型理论与方法及其应用为主要内容，包括单一方程模型、联立方程模型以及向量自回归模型。在应用方面，中级计量经济学主要讨论计量经济模型在生产、需求、消费、投资、货币供求和宏观经济系统等传统领域的应用，注重应用过程中实际问题的处理；在描述方法上，中级计量经济学普遍运用矩阵描述。高级计量经济学以扩展的线性模型理论与方法、非线性模型理论与方法、动态模型理论与方法以及它们的应用为主要内容。

统计推断和政策分析是没有意义的。其次，传统回归方程隐含关注参数的时不变性，一旦经济结构发生变化，模型即失去了意义。再次，传统建模中对参数的估计，几乎都假定扰动项服从正态分布，这种正态分布为薄尾型分布，但是实际时间序列中对扰动项正态性的假定经常是不合理的。最后，传统回归方程更关注方差的时不变性。但实际上，很多时间序列，特别是金融时间序列，它的方差是随着时间的变化而变化的。

传统的建模方法是一个对不同变量及其数据的尝试和筛选过程，也即是一个“数据挖掘”（data mining）过程，这一过程对最终选择的变量的检验产生较大影响，使得从众多备选变量中选择变量进入模型时，其中检验出的真实的显著性水平（这个显著性水平是指将一个无关变量作为相关变量选入模型而犯错误的概率）已不再是事先给出的显著性水平。

二、现代建模方法

与传统的计量经济建模方法不同， Hendry 和 Mizon 提出了一种新的建模方法，即“从一般到简单”（general-to-simple）的建模方法。其方法主要包括四个步骤：

（1）用公式阐述一个与观点相一致的一般模型：经济理论只假设某种均衡关系中的变量，它对过程的动态性没有约束。

（2）对这个模型再参数化，使解释变量近似正交（不相关），且可用最终均衡解释。

（3）把模型简化为与数据一致的（吻合的）最小型。

（4）用广泛的残差分析和预测性能来评价得出的模型，借以发现前几步设计的模型有什么弱点。

Hendry 的建模方法也被称为约化建模方法，该方法提出了一个对不同先验假设的更为系统的检验程序；同时由于它的初始模型就是一个包括所有可能变量的“一般”模型，也就可以避免过度的“数据挖掘”问题。另外，由于初始模型的“一般”性，所有研究者的“起点”都是相同的，因此在相同的约化程序下，随后得到的最终模型也应该是相同的。如此可以看出，Hendry 的约化建模方法比传统的建模方法更加完善，但还有进一步的改进之处。我们认为现代计量经济建模思想更注重以下几个方面：

（1）建模前注重对数据的分析，如数据的基本统计特征、数据生成过程的平稳性检验和格兰杰因果检验等。

（2）建模后特别注重对残差项的统计检验，如正态性检验、序列相关性检验和 ARCH 效应检验等。

（3）经济理论与数据并重，遵循“从一般到简单”的建模方法，通过约化得到节俭模型。

（4）注重对参数的时不变性进行检验。

（5）注重分布拟合检验和竞争模型的非嵌套检验。

1.2.3 计量经济学的建模步骤

计量经济学时间序列模型的建立过程如图 1-2 所示：
第一步，把需要研究的经济问题模型化；
第二步，收集研究问题的样本数据；
第三步，选择合适的估计方法来估计模型；
第四步，对模型进行各种检验；
第五步，对模型进行分析与应用。

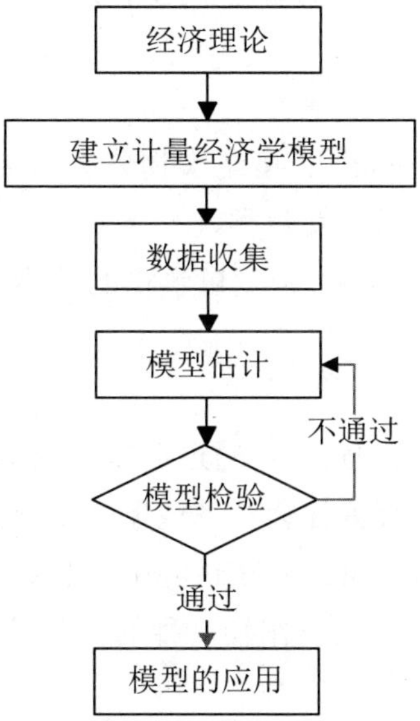

图1-2 时间序列模型的建立过程

1.3 计量经济学数据的处理

1.3.1 计量经济学数据的类型

统计数据通常可按下述情况进行分类（见图 1-3）：

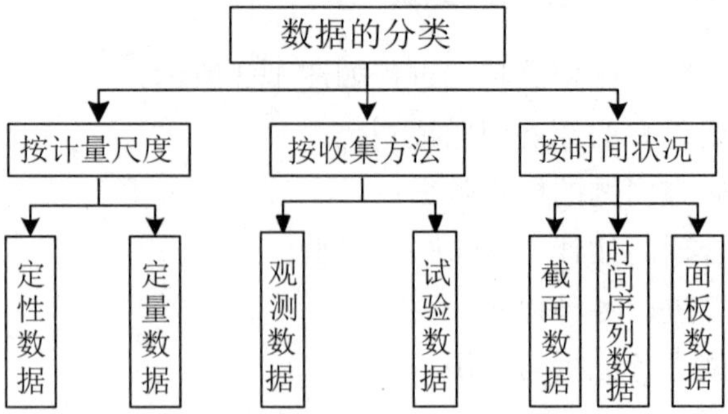

图1-3 计量经济学数据分类示意图

一、按计量尺度分

（1）定性数据（qualitative data）：度量事物分类的结果。数据表现为类别，用文字来表述。例如，人口按性别分为男、女两类。

（2）定量数据（quantitative data）：度量事物的精确测度。数据表现为具体的数值。例如：身高为 175cm、183cm 等。

二、按收集方法分

（1）观测数据（observational data）：通过调查或观测而收集到的数据。在没有对事物进行人为控制的条件下得到的有关社会经济现象的统计数据几乎都是观测数据。

（2）试验数据（experimental data）：在试验中控制试验对象而收集到的数据，例如，对一种新药疗效的试验、对一种新的农作物品种的试验等。自然科学领域的数据大多数为试验数据。

三、按时间状况分

1. 截面数据（cross-sectional data）

截面数据是指对变量在某一时点上收集的数据的集合，例如，2020 年世界上发展中国家的外汇储备、2020 年我国各地区的国内生产总值数据等。其反映在相同或近似相同的时间点上收集的数据描述现象在某一时刻的变化情况。这类数据的详细分析参见王斌会编著的《多元统计分析及 R 语言建模》。

2. 时间序列数据（time-series data）

时间序列数据是按照一定的时间间隔对某一变量在不同时间的取值进行观测得到的一组数据，例如每天的股票价格、每月的货币供应量、每季度的 GDP、每年用于表示通货膨胀率的 GDP 平减指数等。其反映在不同时间上收集到的数据描述现象随时间变化的情况。

计量经济学处理的数据类型以时间序列数据为多，这些数据包括常规数据，如年度数据、季度数据、月度数据等；高维和高频数据，如股票数据、证券数据等。

常规数据是本书研究的重点。在分析时间序列数据时，我们应注意以下几点：

（1）在利用时间序列数据回归模型时，各变量数据的频率应该是相同的；

（2）不同时间的样本点之间的可比性问题；

（3）使用时间序列数据回归模型时，往往会导致模型随机误差项产生序列相关；

（4）使用时间序列数据回归模型时，应特别注意数据序列的平稳性问题。

3. 面板数据（panel data）

面板数据是指多个个体同样变量的时间序列数据按照一定顺序排列得到的集合，例如 30 家蓝筹股过去 3 年每日的收盘价。其反映在不同时间上收集到的不同区域的数据描述现象随时间和区域变化的情况。比如，1978—2020 年我国各地区的国内生产总值。

可以看出，面板数据是截面数据和时间序列数据的组合，模型建立较为复杂。限于篇幅，本书暂未介绍相关的面板数据模型。

1.3.2 计量经济学数据的收集

如果收集 1978—2018 年我国国内生产总值或税收收入数据，这些数据都会形成单变量计量经济学数据。显然这是一种年度数据，这类数据还包括季度数据（如社会消费品零售总额）、月度数据（如 CPI 指数）、每日数据（如股票价格指数）、高频数据（如股票数据）。

一、年度数据

如果收集 1978—2018 年我国税收收入、国内生产总值、财政支出、进出口贸易总额、零售总额、居民消费、固定资产和居民存款等宏观经济数据，就会形成多个变量的计量经济学数据形式。每个指标（变量）就是一个单变量时间序列数据。

【例 1-1】中国宏观经济数据。

收集 1978—2018 年我国宏观经济数据（macro economy data，简记 MEdata），共选择 8 个经济指标（单位：百亿元）：

（1）*TAX*：当年全国年税收收入；

（2）*GDP*：当年国内生产总值；

（3）*EXP*：当年全国财政支出；

（4）*IEV*：当年进出口贸易总额；

（5）*RSG*：当年社会消费品零售总额；

（6）*COM*：当年城乡居民全年消费额；

（7）*INV*：当年全社会固定资产投资总额；

（8）*DEP*：当年城乡居民储蓄存款年底余额。

数据来自国家统计局网站及统计年鉴（见表 1-1）。

表1-1 1978—2018年中国宏观经济数据

单位：百亿元

Year	*TAX*	*GDP*	*EXP*	*IEV*	*RSG*	*COM*	*INV*	*DEP*
1978	5.19	36.34	11.22	3.55	15.59	17.59	8.01	2.11
1979	5.38	40.78	12.82	4.55	18.00	20.14	8.57	2.81
1980	5.72	45.75	12.29	5.70	21.40	23.37	9.11	3.96
1981	6.30	49.57	11.38	7.35	23.50	26.28	9.61	5.24
1982	7.00	54.26	12.30	7.71	25.70	28.67	12.00	6.75
1983	7.76	60.79	14.10	8.60	28.49	32.21	14.30	8.93
1984	9.47	73.46	17.01	12.01	33.76	36.90	18.33	12.15
1985	20.41	91.80	20.04	20.67	43.05	46.27	25.43	16.23
1986	20.91	104.74	22.05	25.80	49.50	52.94	31.21	22.39
1987	21.40	122.94	22.62	30.84	58.20	60.48	37.92	30.81
1988	23.90	153.32	24.91	38.22	74.40	75.32	47.54	38.22
1989	27.27	173.60	28.24	41.56	81.01	87.78	44.10	51.96
1990	28.22	190.67	30.84	55.60	83.00	94.35	45.17	71.20
1991	29.90	221.24	33.87	72.26	94.16	105.44	55.95	92.45
1992	32.97	273.34	37.42	91.20	109.94	123.12	80.80	117.57
1993	42.55	359.00	46.42	112.71	142.70	156.96	130.72	152.04
1994	51.27	488.23	57.93	203.82	186.23	214.46	170.42	215.19
1995	60.38	615.39	68.24	235.00	236.14	280.73	200.19	296.62
1996	69.10	721.02	79.38	241.34	283.60	336.60	229.14	385.21
1997	82.34	800.25	92.34	269.67	312.53	366.26	249.41	462.80
1998	92.63	854.86	107.98	268.50	333.78	388.22	284.06	534.08
1999	106.83	908.24	131.88	298.96	356.48	419.15	298.55	596.22
2000	125.82	1 005.77	158.87	392.73	391.06	469.88	329.18	643.32
2001	153.01	1 112.50	189.03	421.84	430.55	507.09	372.13	737.62
2002	176.36	1 222.92	220.53	513.78	481.36	550.76	435.00	869.11
2003	200.17	1 383.15	246.50	704.84	525.16	593.44	555.67	1 036.17
2004	241.66	1 627.42	284.87	955.39	595.01	665.87	704.77	1 195.55
2005	287.79	1 891.90	339.30	1 169.22	683.53	752.32	887.74	1 410.51
2006	348.04	2 212.07	404.23	1 409.74	791.45	841.19	1 099.98	1 615.87
2007	456.22	2 716.99	497.81	1 669.24	935.72	997.93	1 373.24	1 725.34
2008	542.24	3 199.36	625.93	1 799.21	1 148.30	1 153.38	1 728.28	2 178.85
2009	595.22	3 498.83	763.00	1 506.48	1 330.48	1 266.61	2 245.99	2 607.72
2010	732.11	4 107.08	898.74	2 017.22	1 580.08	1 460.58	2 516.84	3 033.02
2011	897.38	4 860.38	1 092.48	2 364.02	1 872.06	1 765.32	3 114.85	3 436.36
2012	1 006.14	5 409.89	1 259.53	2 441.60	2 144.33	1 985.37	3 746.95	3 995.51
2013	1 105.31	5 969.63	1 402.12	2 581.69	2 428.43	2 197.63	4 462.94	4 476.02
2014	1 191.75	6 471.82	1 517.86	2 642.42	2 718.96	2 425.40	5 120.21	4 852.61

（续上表）

Year	*TAX*	*GDP*	*EXP*	*IEV*	*RSG*	*COM*	*INV*	*DEP*
2015	1 249.22	6 991.09	1 758.78	2 455.03	3 009.31	2 659.80	5 620.00	5 460.78
2016	1 303.61	7 456.32	1 877.55	2 433.86	3 323.16	2 934.43	6 064.66	5 977.51
2017	1 443.70	8 152.60	2 030.85	2 780.99	3 662.62	3 179.64	6 412.38	6 437.68
2018	1 564.03	8 844.26	2 209.04	3 050.10	3 809.87	3 482.10	6 456.75	7 160.38

在实际中，我们通常将数据存到文件中，可用各种格式保存，如文本格式、电子表格和数据库等。如将本例的数据存到 Excel 文件 MEdata.xlsx 的【MEdata】表格中（见图 1-4），也可将其另存为无格式文本逗号文件 MEdata.csv。

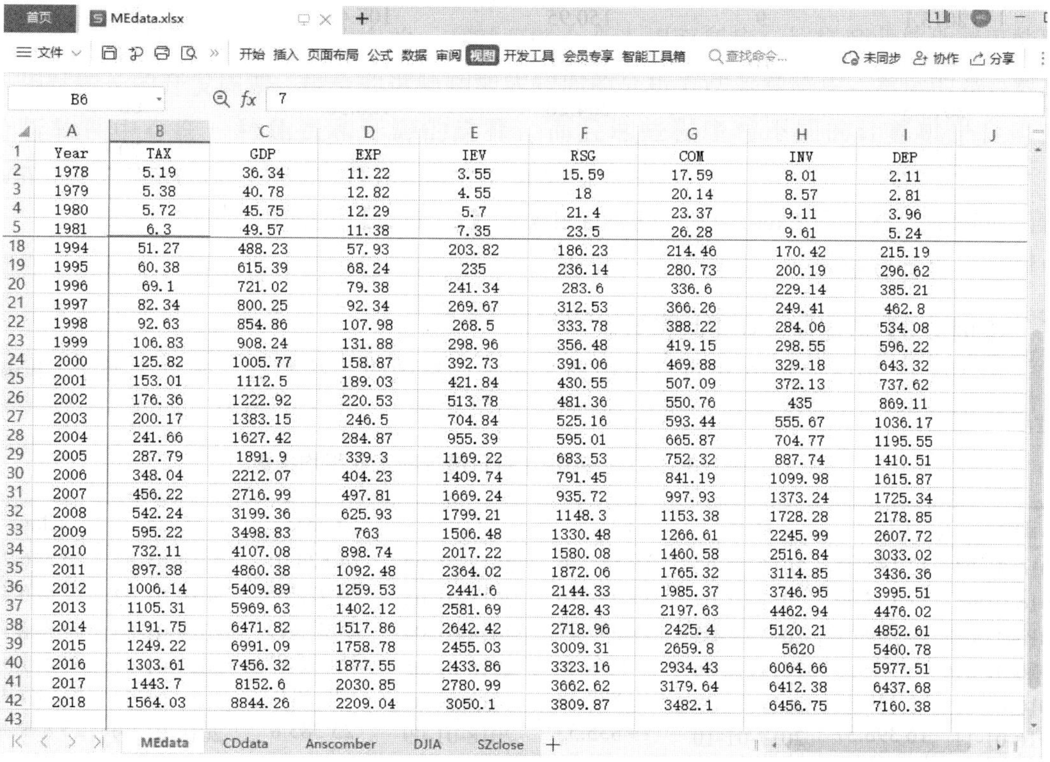

	A	B	C	D	E	F	G	H	I
1	Year	TAX	GDP	EXP	IEV	RSG	COM	INV	DEP
2	1978	5.19	36.34	11.22	3.55	15.59	17.59	8.01	2.11
3	1979	5.38	40.78	12.82	4.55	18	20.14	8.57	2.81
4	1980	5.72	45.75	12.29	5.7	21.4	23.37	9.11	3.96
5	1981	6.3	49.57	11.38	7.35	23.5	26.28	9.61	5.24
18	1994	51.27	488.23	57.93	203.82	186.23	214.46	170.42	215.19
19	1995	60.38	615.39	68.24	235	236.14	280.73	200.19	296.62
20	1996	69.1	721.02	79.38	241.34	283.6	336.6	229.14	385.21
21	1997	82.34	800.25	92.34	269.67	312.53	366.26	249.41	462.8
22	1998	92.63	854.86	107.98	268.5	333.78	388.22	284.06	534.08
23	1999	106.83	908.24	131.88	298.96	356.48	419.15	298.55	596.22
24	2000	125.82	1005.77	158.87	392.73	391.06	469.88	329.18	643.32
25	2001	153.01	1112.5	189.03	421.84	430.55	507.09	372.13	737.62
26	2002	176.36	1222.92	220.53	513.78	481.36	550.76	435	869.11
27	2003	200.17	1383.15	246.5	704.84	525.16	593.44	555.67	1036.17
28	2004	241.66	1627.42	284.87	955.39	595.01	665.87	704.77	1195.55
29	2005	287.79	1891.9	339.3	1169.22	683.53	752.32	887.74	1410.51
30	2006	348.04	2212.07	404.23	1409.74	791.45	841.19	1099.98	1615.87
31	2007	456.22	2716.99	497.81	1669.24	935.72	997.93	1373.24	1725.34
32	2008	542.24	3199.36	625.93	1799.21	1148.3	1153.38	1728.28	2178.85
33	2009	595.22	3498.83	763	1506.48	1330.48	1266.61	2245.99	2607.72
34	2010	732.11	4107.08	898.74	2017.22	1580.08	1460.58	2516.84	3033.02
35	2011	897.38	4860.38	1092.48	2364.02	1872.06	1765.32	3114.85	3436.36
36	2012	1006.14	5409.89	1259.53	2441.6	2144.33	1985.37	3746.95	3995.51
37	2013	1105.31	5969.63	1402.12	2581.69	2428.43	2197.63	4462.94	4476.02
38	2014	1191.75	6471.82	1517.86	2642.42	2718.96	2425.4	5120.21	4852.61
39	2015	1249.22	6991.09	1758.78	2455.03	3009.31	2659.8	5620	5460.78
40	2016	1303.61	7456.32	1877.55	2433.86	3323.16	2934.43	6064.66	5977.51
41	2017	1443.7	8152.6	2030.85	2780.99	3662.62	3179.64	6412.38	6437.68
42	2018	1564.03	8844.26	2209.04	3050.1	3809.87	3482.1	6456.75	7160.38
43									

图1-4 宏观经济数据Excel保存格式

本书为了读者使用方便，已将其放到网上，网址为 https://Rstat.leanote.com 和 https://47.113.88.40:3838/Rstat，大家可联网下载使用。

二、季度或月度数据

【例 1-2】某销售公司各季度有关资料如表 1-2 所示。

由于 EViews 具有上述特点，并且为使用者提供了一个很好的工作环境，能够迅速地进行编程、估计和使用新的工具和技术，因此在计量经济学教学中有着广泛的应用。

三、Stata

Stata 是一套完整的、集成的统计分析软件包，可以满足数据分析、数据管理和图形生成的所有需要。Stata 16 增加了许多新的特征，更多内容见 Stata 16 相关网站。

Stata 把成百个统计工具放在一起，从高级的技术，比如动态面板数据回归的生存模型、广义评估方程式、多层混合模型、带样本选择的模型、ARCH 和带有复杂生存样本的评估，到标准模型，比如线性和广义线性模型、带有计数和二元结果的回归、ANOVA/MANOVA、聚集分析、比率标准化、案例控制分析、基本表格和汇总统计。

Stata 的数据管理命令可以对所有类型的数据进行完整控制：能够组合和重新规划数据集，管理变量，跨组或重复搜集统计信息；能够处理字节型、整数型、长整型、浮点型、双字节型和字符型变量。Stata 同样也能够用于管理特殊数据，比如生存/连续数据、时间序列数据、面板/纵向数据，分类数据和调查数据。

Stata 是可编程的，每天开发人员和使用者都在增加新的功能来响应当今研究者日益增长的需要。通过 Stata 的 Internet 功能，只需点击一下，就能够通过互联网来下载和安装新的特征和官方更新。

四、R 语言

R 语言是用于数据分析和图表生成的一种源码公开的编程环境，它在四十多年的时间里，很快成长为一个统计分析的行业标准。运用此标准，许多热门的商业程序可能被加以衡量。用 R 语言作为计量方法的教学工具是很有吸引力的，它提供了最先进的统计方法，这些方法的 R 源码是公开的，可以很方便地获取。R 语言是稳定的、免费的，并且适用于许多平台，这些平台包括不同特点的 UNIX、Linux、Windows 和 MacOS。可以很方便地免费下载使用手册，还有大量供初学者使用的在线资料。

R 语言是一个用于统计计算的很成熟的免费软件，也可以把它理解为一种统计计算语言，实际上很多人都直接称呼它为“R”，它比 C++、FORTRAN 等简单得多。当一位数据分析的初学者面对众多数据分析软件感到困惑且难以抉择，又想快速地掌握统计计算、数据分析和图形绘制，甚至想使用目前比较流行的数据挖掘技术时，那么首选的语言就是 R。

五、Python

R 语言还不是真正意义上的一般编程语言，Python 作为一种新兴的编程语言已深入人心。现在我国许多地区高考试卷中都加入了 Python 编程的内容，一些中小学也开设了 Python 编程课程。另外，由于 Python 博采众长，不断吸收其他数据分析软件的优点，并加入了大量的数据分析功能，它已成为仅次于 Java、C 及 C++的第四大编程语言，且在数据处理领域有超过 R 语言的趋势。

Python 具有丰富而强大的拓展包，能够把其他语言制作的各种模块（尤其是 C 和 C++）轻松地联结在一起，常被昵称为“胶水语言”。常见的一种应用情形是：使用

Python 快速生成程序的原型（有时甚至是程序的最终界面），然后对其中有特别要求的部分用更合适的语言改写。比如，3D 游戏中的图形渲染模块对性能要求特别高，就可以用 C 或 C++重写，然后封装为 Python 可以调用的扩展包。

由于 Python 语言的简洁性、易读性及可扩展性，在国外用 Python 做科学计算的研究机构日益增多，一些知名大学已经采用 Python 来教授程序设计课程。因此，本书采用了 Python 作为分析和建模工具。

1.4 Python 的编程环境

1.4.1 Anaconda 的安装与使用

我们知道，基本的 Python 编程环境只包含基础的编程模块，几乎不包含数据分析和科学计算模块，也不包括计量经济模型。因此，作为数据分析工作者和计量经济模型建立者，我们需要选择一个方便的 Python 编程环境。

可喜的是，现在有许多公司为了迎接大数据时代的来临，构建了许多 Python 的发行版，其中包含了用于编程的集成开发环境、常用的编程和数据分析包。

这里给大家推荐一款用于科学计算和数据分析的 Python 的发行版——Anaconda，可登录 https://www.anaconda.com/下载其安装包，推荐使用 Python3.6 及以上版本。目前已更新到 Python3.8 版本了。

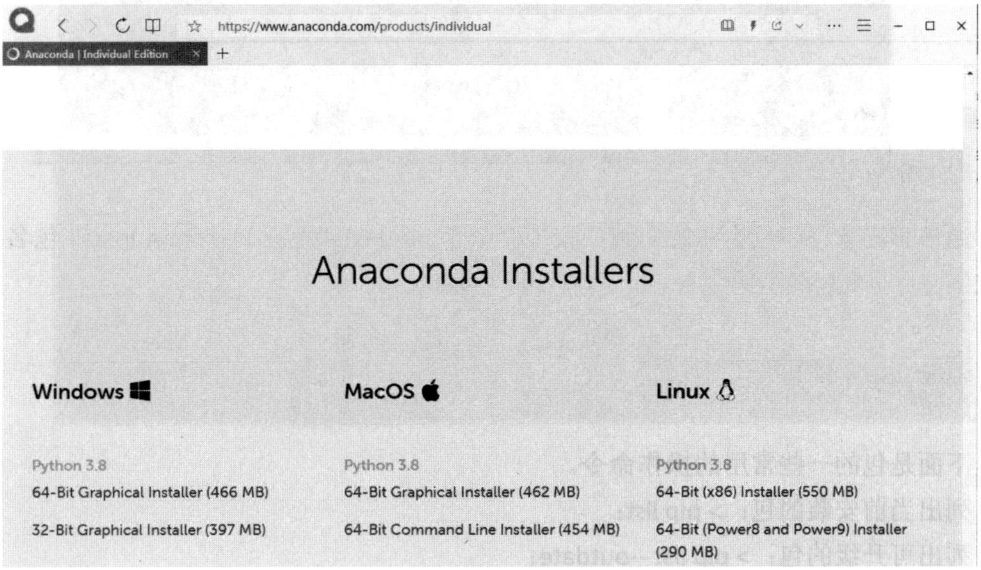

注意：Anaconda 指的是一个开源的 Python 发行版本，包含 NumPy、pandas、Matplotlib、Scipy 等 180 多个科学包及其依赖项。因为包含大量的科学计算包，故 Anaconda 的下载文件比较大(约 500 MB)，但安装后可满足大多数数据分析和统计建模的需求。

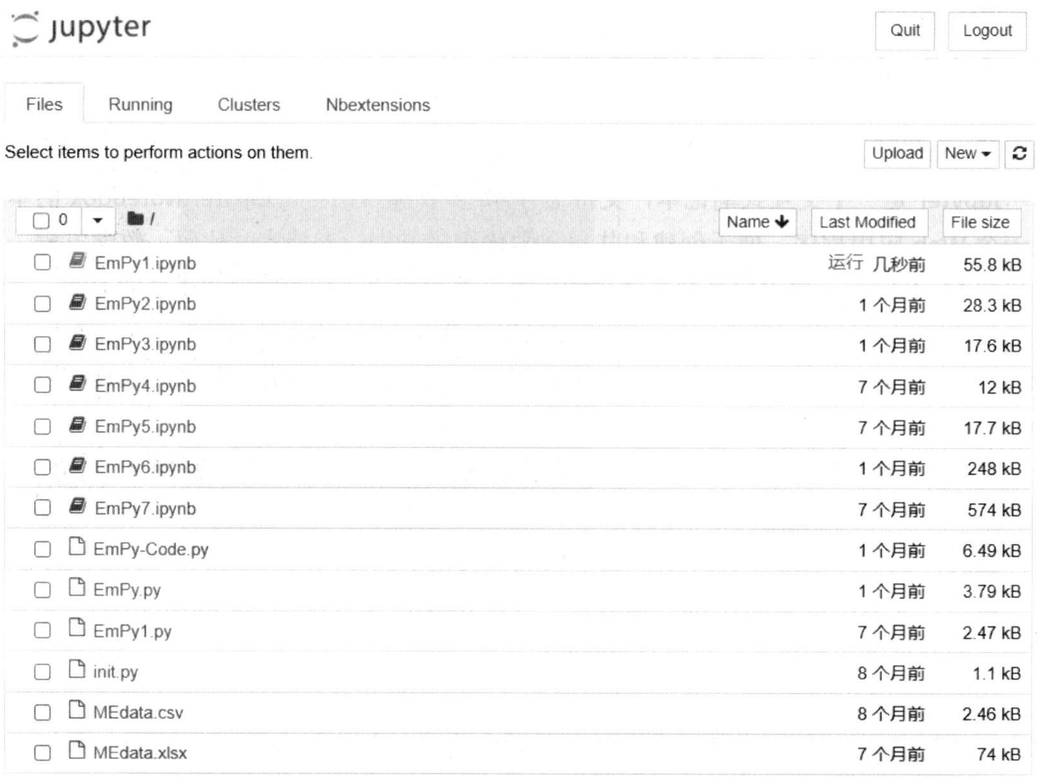

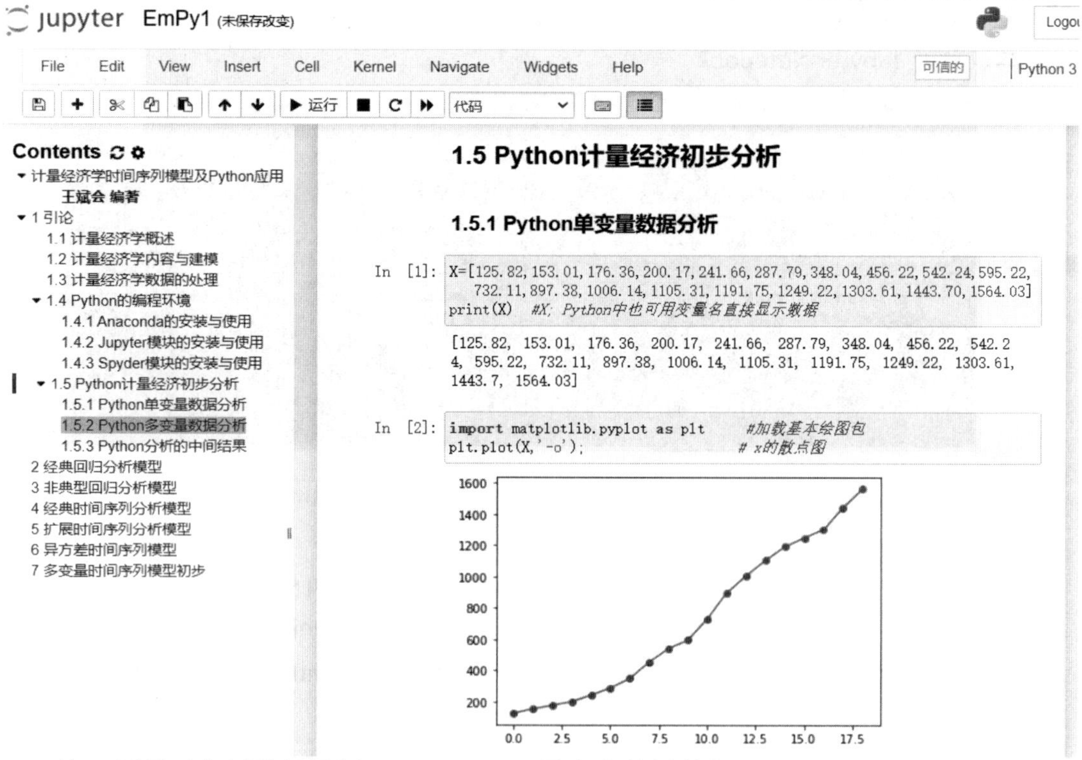

注：要显示左侧的目录树（Contents），需先安装插件包
pip install jupyter_contrib_nbextensions

三、打开 Jupyter Lab

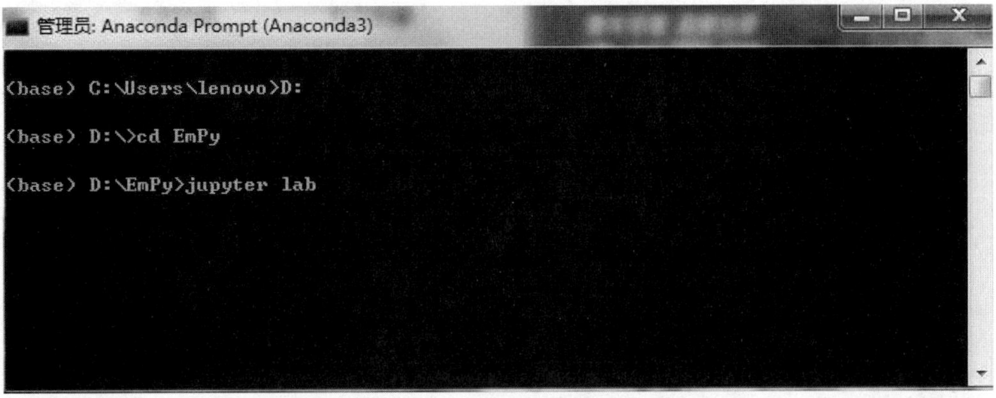

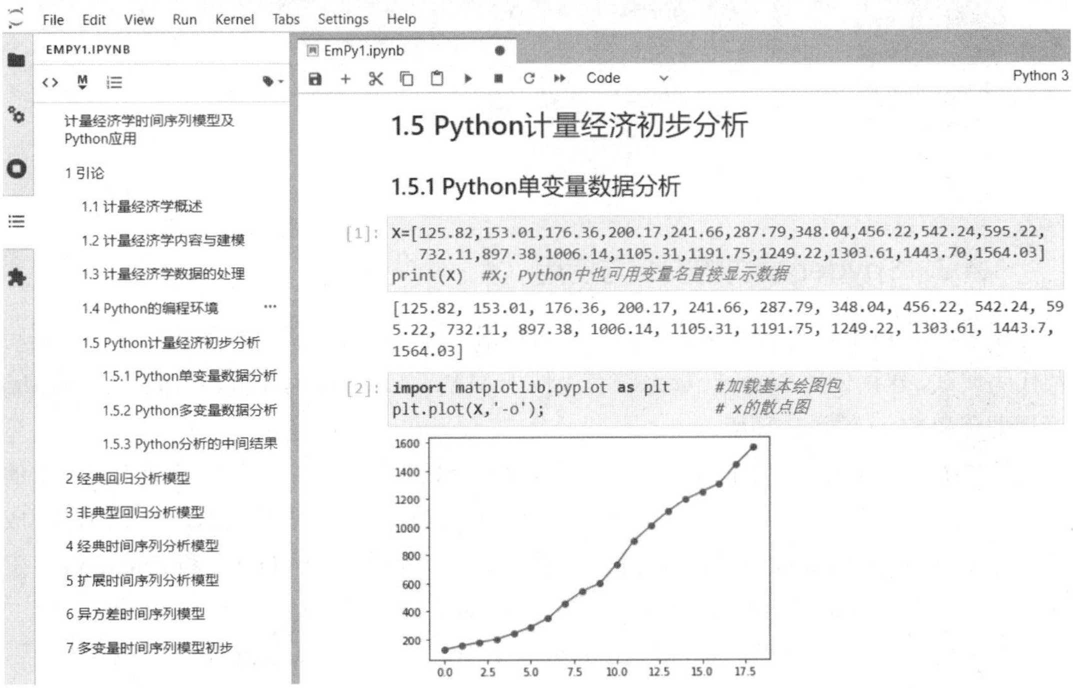

在此，我们就可以像在通常的编程环境中那样来编辑代码和进行数据分析了，还可建立章节目录，操作非常方便。

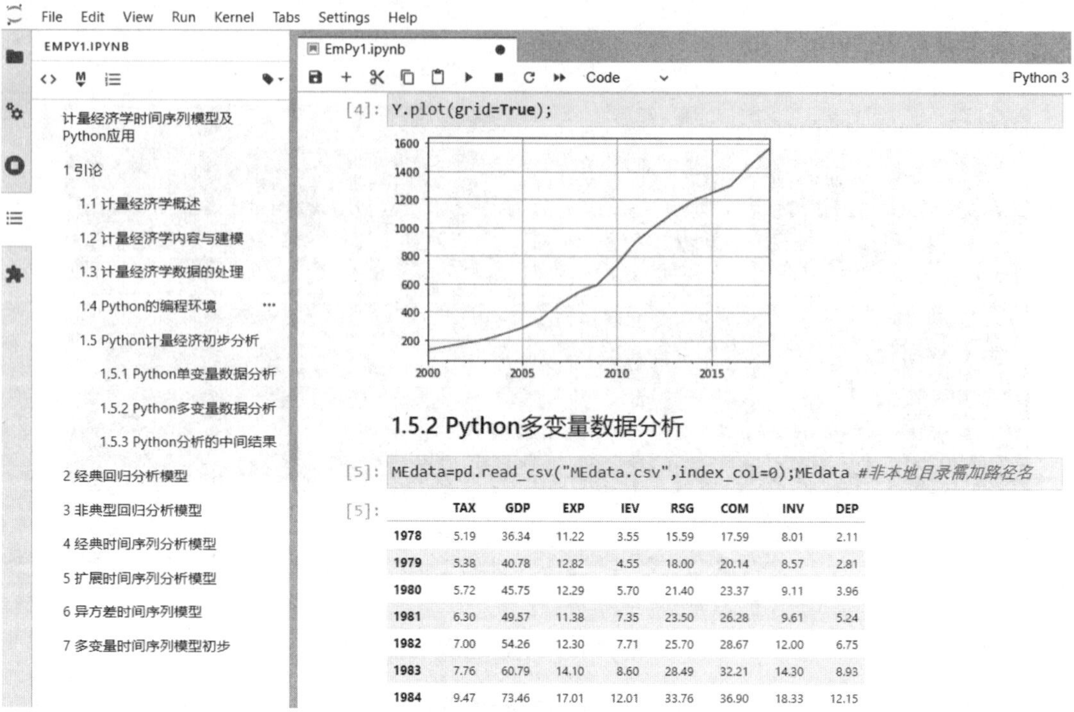

1.4.3 Spyder 模块的安装与使用

如果要用 Python 进行科学研究及大量的数据整理、统计分析、模型建立、程序编写及代码调试，建议使用 Spyder。该系统有类似于 MATLAB 的编程环境、R 语言的 RStudio 编程平台和 Stata 的操作环境。

如果要在 Anaconda 中使用 Python 作为数据分析与开发平台，则推荐使用其自带的 Spyder。Spyder 是 Python(x,y)(Python 的一个发行版)的作者为它开发的一个简单的集成开发环境。与其他 Python 开发环境相比，它最大的优点是模仿 MATLAB 和 RStudio 的“工作空间”功能，可以方便地编辑代码和修改数据的值。

如果要进行大量的编程、数据处理和分析工作，可使用 Spyder 编辑器实现。

下图所示是类似 MATLAB 和 RStudio 的 Spyder 开发环境。

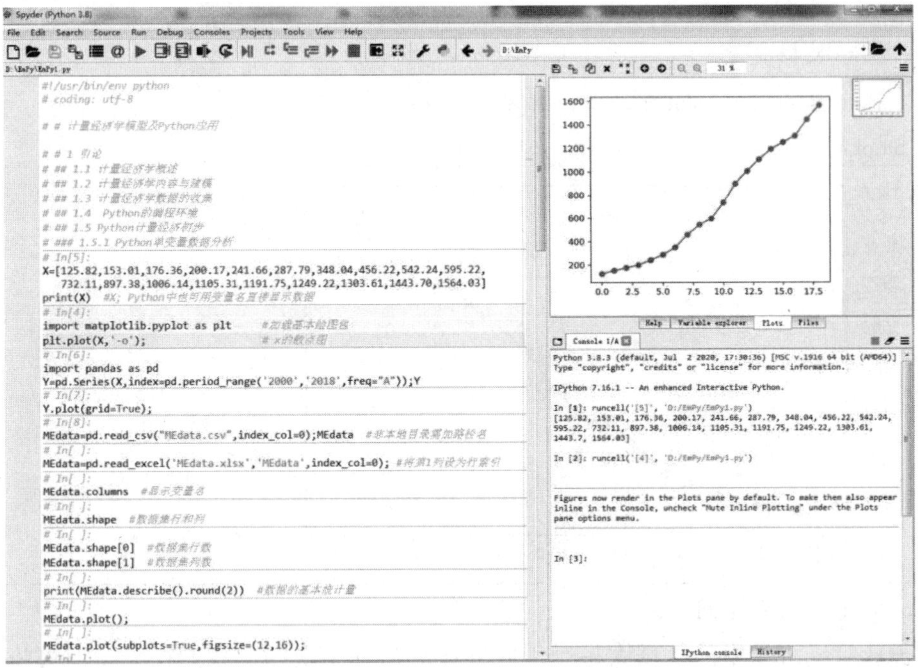

关于 Spyder 的详细介绍，参见 Spyder 网站。上图就是调整后的 Spyder 界面，实际与 MATLAB 和 RStudio 的编辑器差别不大，但更友好，熟悉 RStudio 和 MATLAB 的用户较易上手。

1.5 Python 计量经济初步分析

由于本书主要讲解如何应用 Python 进行计量经济学数据分析和时间序列建模，故在此重点介绍如何快速地将收集到的数据读入 Python 中，并进行各种计量经济学分析。首先介绍几种简单的读入数据的技巧和分析方法。

1.5.1 Python 单变量数据分析

如果是单变量（向量）数据，数据量不是很大，最简单、最直观的方法就是在 Python 中直接输入数据，如我们要 2000—2018 年我国税收收入情况，可用列表的形式直接输入。

125.82,153.01,176.36,200.17,241.66,287.79,348.04,456.22,542.24,595.22,732.11,897.38,1006.14,1105.31,1191.75,1249.22,1303.61,1443.70,1564.03

一、输入与输出数据

当数据较少时，直接按列表方式输入变量比较简单。

In	X=[125.82,153.01,176.36,200.17,241.66,287.79,348.04,456.22,542.24,595.22, 732.11,897.38,1006.14,1105.31,1191.75,1249.22,1303.61,1443.70,1564.03] print(X) #X; Python 中也可用变量名直接显示数据
Out	[125.82,153.01,176.36,200.17,241.66,287.79,348.04,456.22,542.24,595.22,732.11,897.38,1006.14, 1105.31,1191.75,1249.22,1303.61,1443.70,1564.03]

二、图示数据变量

In
```
import matplotlib.pyplot as plt    #加载基本绘图包
plt.plot(X,'-o');
```

Out

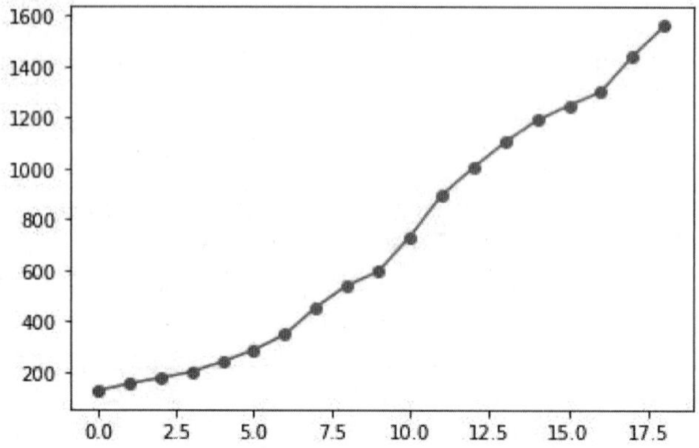

三、定义数据为时间序列

由于计量经济学中的数据大多是以时间序列形式出现的，我们在分析前可将其转化为时间序列格式。Python 中用于转化数据向量为时间序列格式的命令很简单，pandas 包中的 Serise 函数命令可生成时间序列。

In
```
import pandas as pd
Y=pd.Series(X,index=pd.period_range('2000','2018',freq="A"));Y
```

Out
```
2000      125.82
2001      153.01
2002      176.36
2003      200.17
2004      241.66
2005      287.79
2006      348.04
2007      456.22
2008      542.24
2009      595.22
2010      732.11
2011      897.38
2012     1006.14
2013     1105.31
2014     1191.75
2015     1249.22
2016     1303.61
2017     1443.70
2018     1564.03
Freq:   A-DEC, dtype:   float64
```

这时就可绘制时间序列图形了。

In	Y.plot(grid=True);
Out	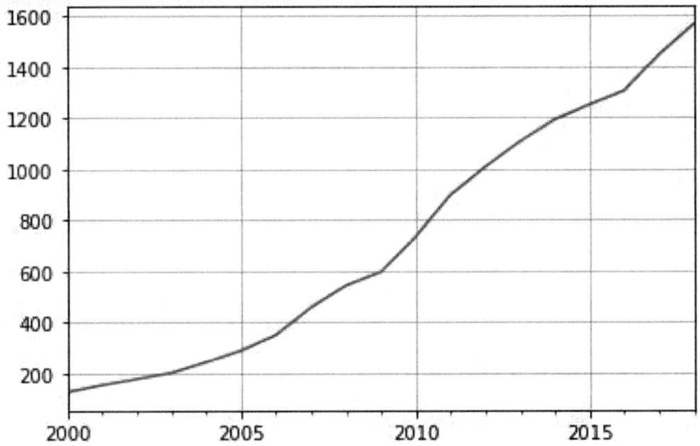

1.5.2 Python 多变量数据分析

一、读取多变量数据

对于多变量，大量数据对象常常是从外部数据文件读入，而不是在 Python 中直接键入的。外部的数据源很多，可以是文本文件、电子表格、数据库等形式。Python 的导入工具非常简单，但是对导入文件有一些限制。

1. 读取电子表格中表单数据

这是最为方便的读取数据方式，一次可以读入多个 Excel 表单中的数据和大量的数值。下面是按电子表格方式读取 MEdata.xlsx 文档中的【MEdata】表单数据。

In

```
import pandas as pd        #注意非本地目录需加路径名
MEdata=pd.read_excel('MEdata.xlsx','MEdata',index_col=0);   #将第 1 列设为行索引
```

Out

Year	TAX	GDP	EXP	IEV	RSG	COM	INV	DEP
1978	5.19	36.34	11.22	3.55	15.59	17.59	8.01	2.11
1979	5.38	40.78	12.82	4.55	18.00	20.14	8.57	2.81
1980	5.72	45.75	12.29	5.70	21.40	23.37	9.11	3.96
1981	6.30	49.57	11.38	7.35	23.50	26.28	9.61	5.24
1982	7.00	54.26	12.30	7.71	25.70	28.67	12.00	6.75
...	...	...	...	...	...	...	...	...
2014	1191.75	6471.82	1517.86	2642.42	2718.96	2425.40	5120.21	4852.61
2015	1249.22	6991.09	1758.78	2455.03	3009.31	2659.80	5620.00	5460.78
2016	1303.61	7456.32	1877.55	2433.86	3323.16	2934.43	6064.66	5977.51
2017	1443.70	8152.60	2030.85	2780.99	3662.62	3179.64	6412.38	6437.68
2018	1564.03	8844.26	2209.04	3050.10	3809.87	3482.10	6456.75	7160.38

41 rows × 8 columns

2. 读取电子表格中 csv 数据

虽然 Python 可以直接读取 Excel 数据，但也可以一次只读 Excel 工作薄的一个表格。例如将宏观经济数据集 MEdata.xlsx 另存为 MEdata.csv，这时 MEdata.csv 本质上也是文本文件的逗号形式，既可用记事本打开，也可用电子表格软件打开，是最通用的数据格式。

In

```
MEdata=pd.read_csv("MEdata.csv",index_col=0);MEdata     #结果同上
```

六、回归模型的检验

In	print(LM.summary())　　　　#模型检验

```
OLS Regression Results
==============================================================================
Dep. Variable:                    TAX   R-squared:                       0.997
Model:                            OLS   Adj. R-squared:                  0.997
Method:                 Least Squares   F-statistic:                 1.246e+04
Date:                Sat, 19 Sep 2020   Prob (F-statistic):           1.75e-50
Time:                        19:43:30   Log-Likelihood:                -192.07
No. Observations:                  41   AIC:                             388.1
Df Residuals:                      39   BIC:                             391.6
Df Model:                           1
Covariance Type:            nonrobust
==============================================================================
                 coef    std err          t      P>|t|      [0.025      0.975]
------------------------------------------------------------------------------
Intercept    -24.1468      5.374     -4.493      0.000     -35.016     -13.277
GDP            0.1817      0.002    111.616      0.000       0.178       0.185
==============================================================================
Omnibus:                       17.409   Durbin-Watson:                   0.185
Prob(Omnibus):                  0.000   Jarque-Bera (JB):                3.261
Skew:                           0.036   Prob(JB):                        0.196
Kurtosis:                       1.620   Cond. No.                     4.23e+03
==============================================================================
```
(Out)

七、回归模型的预测

In	LM.predict(pd.DataFrame({'GDP':[900]}))　　#估计 GDP=900 时的 TAX 值
Out	139.379788

1.5.3 Python 分析的中间结果

因为 Python 语言是一个面向对象的语言，所以它具有其他统计软件不具有的优点。其面向对象的功能，可帮助用户获得大量的中间结果，这对进一步的数据分析和建模有极大的帮助，并给出了进一步改进和研究统计方法的途径。

一、获取回归系数

若要得到单个值，可用序号去引用它们。

In	a=LM.params[0]; a　　　#这将得到截距 a 的值
Out	-24.14693315889847
In	b=LM.params[1]; b　　　#这将得到斜率 b 的值
Out	0.18169618101068916

二、提取拟合值和残差并绘图

In

```
X=MEdata.GDP; Y=MEdata.TAX; Yhat=LM.fittedvalues; e=LM.resid;
pd.DataFrame({'自变量 X':X,'因变量 Y':Y,'拟合值 Y^':Yhat,'残差 e':e})
```

Out

Year	自变量 X	因变量 Y	拟合值 Y^	残差 e
1978	36.34	5.19	-17.543992	22.733992
1979	40.78	5.38	-16.737260	22.117260
1980	45.75	5.72	-15.834230	21.554230
1981	49.57	6.30	-15.140150	21.440150
1982	54.26	7.00	-14.287995	21.287995

......

In

```
plt.plot(X,Y,'o',X,Yhat,'r-');
```

Out

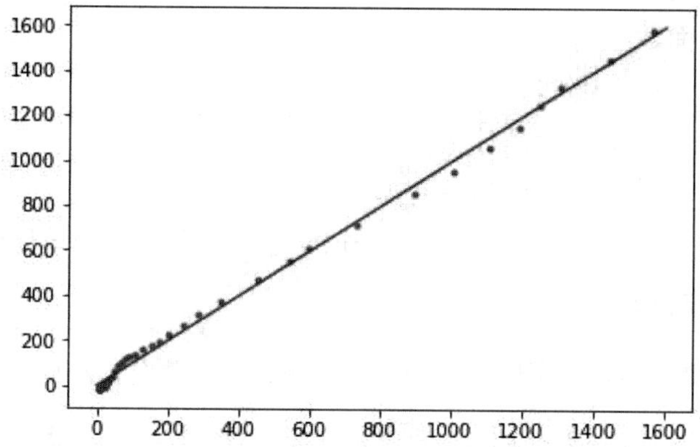

In

```
plt.plot(e,'o-');plt.axhline(y=0)   #plt.stem(e,use_line_collection=True);
```

Out

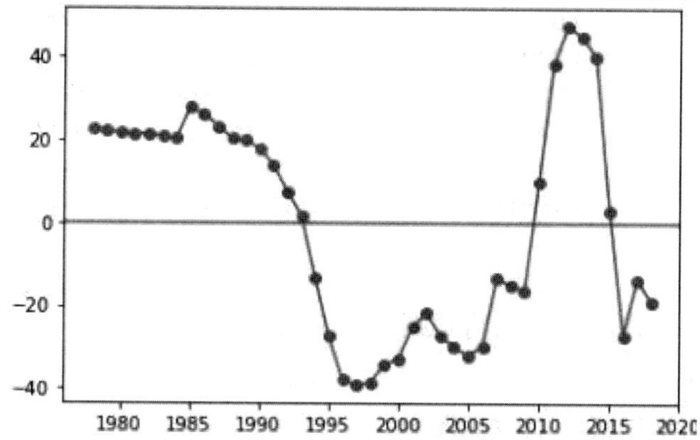

三、获取回归系数的检验表

In

```
LM.summary().tables[1]
```

Out

	coef	std err	t	P>|t|	[0.025	0.975]
Intercept	-24.1468	5.374	-4.493	0.000	-35.016	-13.277
GDP	0.1817	0.002	111.616	0.000	0.178	0.185

$\mathrm{var}(\varepsilon_i)=\sigma^2 \qquad i=1,2,\ldots,n$ （2-3）

$\mathrm{cov}(\varepsilon_i,\varepsilon_j)=0 \qquad i\neq j \quad i,j=1,2,\ldots,n$

（3）假设 3：随机误差项ε与解释变量 X 之间不相关：

$\mathrm{cov}(X_i,\varepsilon_i)=0 \qquad i=1,2,\ldots,n$ （2-4）

（4）假设 4：ε服从零均值、等方差、零协方差的正态分布：

$\varepsilon_i \sim N(0,\sigma^2) \qquad i=1,2,\ldots,n$ （2-5）

需要说明的是：

（1）如果假设 1、2 满足，则假设 3 也满足；

（2）如果假设 4 满足，则假设 2 也满足。

以上假设也称为线性回归模型的经典假设或高斯（Gauss）假设。满足该假设的线性回归模型，也称为经典线性回归模型（classical linear regression model，CLRM）。

三、模型估计

可通过画散点图来确定 y 与 x 之间的关系，若 n 个点基本在一条直线上，则可以建立线性回归模型：

$$\hat{y}=\hat{\beta}_0+\hat{\beta}_1 x \tag{2-6}$$

式中，$\hat{y}$ 表示因变量 y 的估计值或拟合值，x 为自变量的实际值，$\hat{\beta}_0$ 和 $\hat{\beta}_1$ 为待估参数。其几何意义是：$\hat{\beta}_0$ 是直线方程的截距，$\hat{\beta}_1$ 是斜率。其经济意义是：$\hat{\beta}_0$ 是当 x 为零时 y 的估计值，$\hat{\beta}_1$ 是当 x 每增加一个单位时，y 增加的数量，$\hat{\beta}_1$ 也叫回归系数。

1. 系数估计

一般来说，虽然 x 与 y 间有直线趋势存在，但并不是一一对应的。每一对 y_i 与 x_i $(i=1,2,\ldots,n)$经回归方程估计的 $\hat{y}_i$ 值（即直线上的点）或多或少存在一定的差距。这些差距可以用 $e_i=y_i-\hat{y}_i$ 来表示，称为估计误差或残差（residual）。要使回归方程比较“理想”，就应该使这些估计误差尽量小一些，也就是使估计误差平方和达到最小，见下式：

$$Q=\sum_{i=1}^{n}e_i^2=\sum_{i=1}^{n}\left(y_i-\hat{y}_i\right)^2=\sum_{i=1}^{n}\left[y_i-\left(\hat{\beta}_0+\hat{\beta}_1x_i\right)\right]^2 \tag{2-7}$$

该方法即为最小二乘估计（least square estimation）法。对 Q 求关于 $\hat{\beta}_0$ 和 $\hat{\beta}_1$ 的偏导数，并令其等于零，可得回归系数：

$$\hat{\beta}_1=\frac{\sum_{i=1}^{n}(x_i-\overline{x})(y_i-\overline{y})}{\sum_{i=1}^{n}(x_i-\overline{x})^2},\ \hat{\beta}_0=\overline{y}-\hat{\beta}_1\overline{x} \tag{2-8}$$

2. 方差估计

（1）σ^2 的方差估计：

$$\hat{\sigma}^2 = \frac{\sum_{i=1}^{n}(y_i - \hat{y}_i)^2}{n-2} = \frac{\sum_{i=1}^{n}\left[y_i - \left(\hat{\beta}_0 + \hat{\beta}_1 x_i\right)\right]^2}{n-2} \quad (2\text{-}9)$$

（2）β 的方差估计：

$$\mathrm{var}(\hat{\beta}\ ) = \hat{\sigma}^2(\frac{}{n} + \frac{\overline{x}^2}{\sum_{i=}^{n}(x_i - \overline{x})^2})\ ,\quad \mathrm{var}(\hat{\beta}_1) = \frac{\hat{\sigma}^2}{\sum_{i=1}^{n}(x_i - \overline{x})^2} \quad (2\text{-}10)$$

四、回归系数的假设检验

由样本资料建立回归方程的目的是对两变量的回归关系进行推断，也就是对总体回归方程作估计。由于抽样误差，样本回归系数 $\hat{\beta}$ 往往不会恰好等于总体回归系数 β_1。如果总体回归系数 $\hat{\beta} = 0$，那么 $\hat{y}$ 是常数，无论 x 如何变化都不会影响 $\hat{y}$，如此回归方程就没有意义。当总体回归系数 β= 0 时，由样本资料计算得到的样本回归系数 $\hat{\beta}$ 不一定为 0，因此有必要对估计得到的样本回归系数 $\hat{\beta}$ 进行统计检验。检验一般常用方差分析或 t 检验，对一个自变量两者的检验结果是等价的。方差分析主要针对整个模型，而 t 检验是关于回归系数的。

对回归方程进行显著性检验，假设检验为 H_0：$\beta_1=0$ 和 H_1：$\beta_1 \neq 0$，通常可采用 t 检验法。

当$\beta_1=0$ 成立时，样本回归系数 $\hat{\beta}$ 服从正态分布。因此，也可用 t 检验法检验 $\hat{\beta}$ 是否有统计学意义。检验时用的统计量：

$$t = \frac{\hat{\beta}\ \text{-}\ \beta}{s_{\hat{\beta}}} \sim t(n\text{-}2) \quad (2\text{-}11)$$

$$s_{\hat{\beta}_1} = \frac{\hat{\sigma}}{\sqrt{\sum_{i=1}^{n}\left(x_i - \overline{x}\right)^2}} \quad (2\text{-}12)$$

$$\hat{\sigma} = \sqrt{\frac{\sum_{i=1}^{n}\left(y_i - \hat{y}_i\right)^2}{n-2}} \quad (2\text{-}13)$$

上式中 $\hat{\sigma}$ 称为残差的标准误差（residual standard error），是为误差的均方根。它反映了因变量 y 在扣除自变量 x 的线性影响后的离散程度；$\hat{\sigma}$ 可以与 y 的标准差 $\hat{\sigma}_y$ 比较，从而可看出自变量 x 对 y 的线性影响的大小。上式中 $s_{\hat{\beta}}$ 称为样本回归系数 $\hat{\beta}$ 的标准误差。

下面通过一个模拟例子和实际例子来介绍 Python 建立线性回归模型的过程。

【例 2-1】模拟研究：假设有一线性模型 $y = 1 + 2x + e$，其中 β_0=1，β_1=2，$e \sim N(\mu,\sigma^2)$，μ=0, σ= 0.1：

（1）模拟直线方程（数学模型，不包括误差项）。

In
```
import numpy as np                          #导入数值分析 numpy 库
n=25                                        #例数  n=25
x=np.arange(1,n+1,1)                        #1~25 的等差数列
y=1+2*x                                     #直线方程
import matplotlib.pyplot   as plt           #导入画图库
plt.plot(x,y,'o-');                         #数据点线图
```

Out

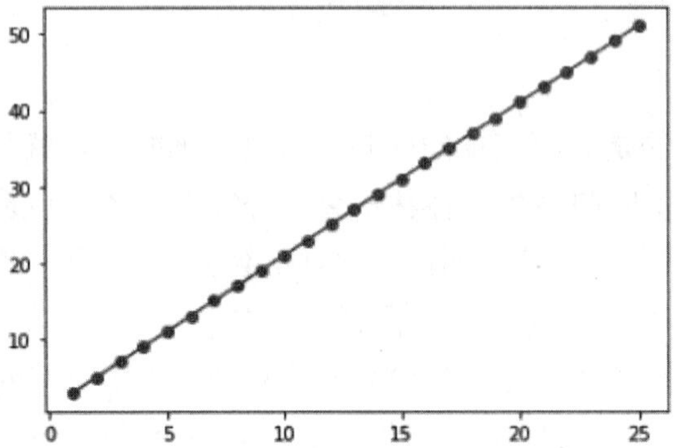

（2）模拟回归方程（统计模型，包含误差项）。

In
```
import statsmodels.api as sm                #导入线性回归库
np.random.seed(1)                           #设置随机种子数以保证其他人能重复
e=np.random.normal(0,1,n)                   #e~N(0,1²)
y=1+2*x+e                                   #模拟线性模型
fm21=sm.OLS(y,sm.add_constant(x)).fit()     #拟合回归模型
fm21.summary().tables[1];                   #回归系数及其检验表
```

Out

	coef	std err	t	P>|t|	[0.025	0.975]
const	0.7073	0.458	1.545	0.136	-0.239	1.654
x1	2.0215	0.031	65.664	0.000	1.958	2.085

In
```
plt.plot(x,y,'o',x, fm21.fittedvalues,'r-');       #绘制回归线
```

Out

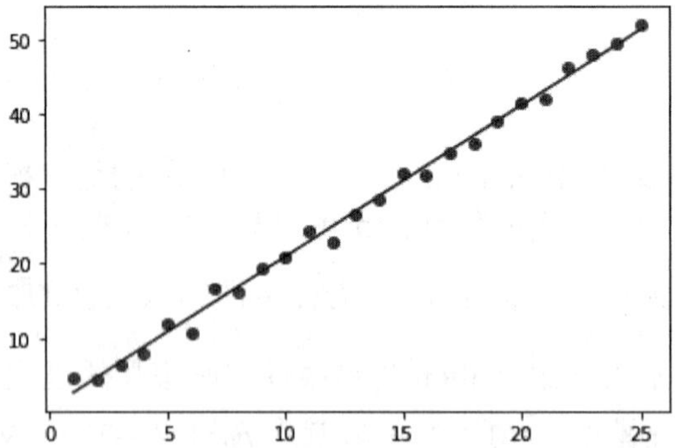

由于模拟数据基本符合模型的建立假设要求，所以我们拟合的回归模型的系数（0.707 3, 2.021 5）跟真值（1,2）基本一致（例数越大越接近真值），模型有显著的统计学意义（$P < 0.05$）。

【例 2-2】实证分析：对例 1-1 我国宏观经济数据建立回归分析模型。

在我们的宏观经济数据集 MEdata 中，收集了 1978 年改革开放以来到 2018 年共 41 年的税收（*TAX*，百亿元）和国内生产总值（*GDP*，百亿元）数据，下面来分析税收与经济增长之间的依存关系。要考察它们之间的数量关系，需建立线性回归方程，以便进行分析、估计和预测。

（1）绘制散点图。

In
```
import pandas as pd                                          #导入数据分析 pandas 库
MEdata=pd.read_csv('MEdata.csv',index_col=0); #Medata      #读取数据
```

In
```
plt.plot(MEdata.GDP,MEdata.TAX,'o'); plt.xlabel('GDP'); plt.ylabel('TAX');
```

Out

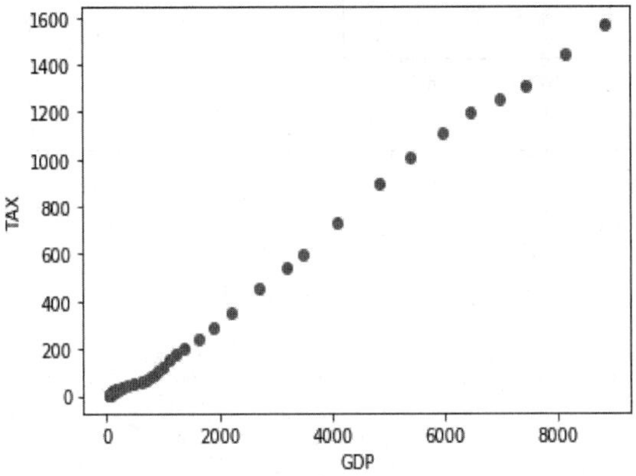

（2）估计回归系数。

In
```
import statsmodels.formula.api as smf          #导入线性模型库
fm22=smf.ols('TAX~GDP',MEdata).fit()
```

Out
```
const    -24.146932
GDP        0.181696
dtype: float64
```

于是得回归方程：$TAX = -24.147 + 0.182GDP$

（3）进行回归系数的检验。

In
```
print(fm22.summary().tables[1])
```

Out
```
==============================================================================
                 coef    std err          t      P>|t|      [0.025      0.975]
------------------------------------------------------------------------------
Intercept    -24.1468      5.374     -4.493      0.000     -35.016     -13.277
GDP            0.1817      0.002    111.616      0.000       0.178       0.185
==============================================================================
```

（4）绘制回归直线。

建立回归方程后，一般应将回归方程在散点图上表示出来，也就是作回归直线。

In
```
plt.plot(MEdata.GDP,MEdata.TAX,'o',MEdata.GDP,fm22.fittedvalues,'r-')
plt.xlabel('GDP'); plt.ylabel('TAX');
```

Out

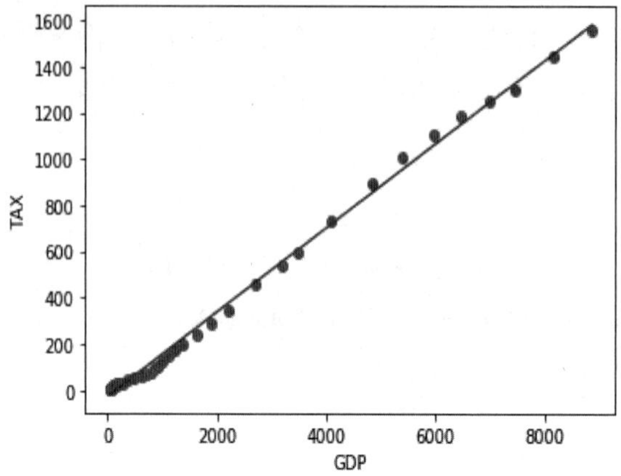

五、回归模型的估计与预测

建立模型有三个主要的作用：

（1）影响因素分析；

（2）估计；

（3）预测。

上面我们主要探讨了线性回归模型的统计推断，下面分别用模型来进行估计和预测。其实它们是同一个问题，估计就是在自变量范围内对因变量的估算，预测是在自变量范围以外对因变量的推算。在 Python 中所用的命令都是 predict（相当于将自变量值代入模型中计算），如 fm2.predict()相当于模型的拟合值 fm2.fittedvalues。

In	fm2.predict(pd.DataFrame({'GDP':[900]})) #估计 GDP=900 时的 TAX 值
Out	0 139.379788
In	fm2.predict(pd.DataFrame({'GDP':[6000]})) #估计 GDP=6000 时的 TAX 值
Out	0 1066.030641

下面我们就利用 Python 的编程特点来一一建立各种回归模型。

相对于其他统计软件来说，由于 Python 是一种面向函数的编程语言，因此通过其建立批命令来进行模型分析就显得非常方便，这也是应用 Python 的优势。

下面对其他宏观经济数据的单因素进行回归分析。

In
```
print(smf.ols('TAX~EXP',MEdata).fit().summary().tables[1])
```

Out
```
==============================================================================
                 coef    std err          t      P>|t|      [0.025      0.975]
------------------------------------------------------------------------------
Intercept     17.9322      7.395      2.425      0.020       2.975      32.889
EXP            0.7306      0.009     77.599      0.000       0.712       0.750
==============================================================================
```

In
```
print(smf.ols('TAX~IEV',MEdata).fit().summary().tables[1])
```

Out	``` == coef std err t P>|t| [0.025 0.975] -- Intercept -38.1794 23.708 -1.610 0.115 -86.134 9.775 IEV 0.4508 0.018 25.255 0.000 0.415 0.487 == ```

```
Out
==============================================================================
                 coef    std err          t      P>|t|      [0.025      0.975]
------------------------------------------------------------------------------
Intercept    -38.1794     23.708     -1.610      0.115     -86.134       9.775
IEV            0.4508      0.018     25.255      0.000       0.415       0.487
==============================================================================
In
print(smf.ols('TAX~RSG',MEdata).fit().summary().tables[1])
Out
==============================================================================
                 coef    std err          t      P>|t|      [0.025      0.975]
------------------------------------------------------------------------------
Intercept     -5.6703      8.927     -0.635      0.529     -23.726      12.386
RSG            0.4238      0.006     65.797      0.000       0.411       0.437
==============================================================================
In
print(smf.ols('TAX~COM',MEdata).fit().summary().tables[1])
Out
==============================================================================
                 coef    std err          t      P>|t|      [0.025      0.975]
------------------------------------------------------------------------------
Intercept    -33.0915      9.501     -3.483      0.001     -52.309     -13.874
COM            0.4785      0.008     63.601      0.000       0.463       0.494
==============================================================================
In
print(smf.ols('TAX~INV',MEdata).fit().summary().tables[1])
Out
==============================================================================
                 coef    std err          t      P>|t|      [0.025      0.975]
------------------------------------------------------------------------------
Intercept     39.1197     10.669      3.667      0.001      17.540      60.699
INV            0.2311      0.004     52.521      0.000       0.222       0.240
==============================================================================
In
print(smf.ols('TAX~DEP',MEdata).fit().summary().tables[1])
Out
==============================================================================
                 coef    std err          t      P>|t|      [0.025      0.975]
------------------------------------------------------------------------------
Intercept      3.3111      7.649      0.433      0.667     -12.160      18.783
DEP            0.2298      0.003     76.138      0.000       0.224       0.236
==============================================================================
```

可以看出，其他自变量对因变量（税收）都有显著的影响，但影响的大小是不同的。当然，我们可以建立任意组合的一元线性回归分析模型。

2.1.2 多变量线性回归模型建立

在实际中，我们常会遇到一个因变量与多个自变量关系的问题。上面我们考察了全国税收与国内生产总值之间的线性关系，如果我们想进一步考察税收和国内生产总值、财政支出、进出口贸易总额等之间的依存关系，就需要建立多元回归模型。

与一元线性回归（直线回归）类似，一个因变量与多个自变量间的这种线性数量关系可以用多元线性回归方程来表示。

在例 2-2 中我们发现 1978—2018 年税收与 *GDP* 之间的确存在线性回归关系。为了进一步考察它们和其他变量之间的数量关系，需建立多元线性回归方程，以便进行分析与预测，步骤如下：

In	fm24=smf.ols('TAX~GDP+EXP+IEV+RSG+COM+INV+DEP',MEdata).fit() fm24.params
Out	Intercept -3.547065 GDP 0.137439 EXP 0.643398 IEV 0.066494 RSG -0.035542 COM -0.112296 INV 0.009520 DEP -0.114163 dtype: float64

于是得到多元线性回归方程：

$$TAX = -3.5471 + 0.1374\,GDP + 0.6434\,EXP + 0.0665\,IEV - 0.0355\,RSG - 0.1123\,COM + 0.0095\,INV - 0.1142\,DEP$$

四、回归方程的假设检验

由样本计算得到的这些偏回归系数 $\hat{\beta}_j$ 是总体偏回归系数 β_j 的估计值。如果这些总体偏回归系数等于 0，多元回归方程就没有意义。因此，与直线回归一样，我们在建立起方程后有必要对这些偏回归系数作检验，对多元回归方程作假设检验也可以用方差分析法。

因变量 $\hat{y}$ 的离均差平方和经回归分析被分解成两个部分：

$$SS_T = \sum_{i=1}^{n}(y_i - \bar{y})^2 = \sum_{i=1}^{n}(\hat{y}_i - \bar{y})^2 + \sum_{i=1}^{n}(y_i - \hat{y}_i)^2 = SS_R + SS_E \tag{2-20}$$

第一部分，其本质是估计误差的平方和，这部分反映了这组实测值 y_i 扣除了 x 对 y 的线性影响后剩下的变异；第二部分反映了 x 对 y 的线性影响，称为回归平方和或回归贡献。

根据方差分析的原理，对回归贡献是否有意义可以用方差分析进行检验。这时总变异的自由度 $df_T = n-1$；回归自由度 $df_R=1$；误差自由度 $df_E=df_T - df_R = n-2$。有了离差平方和与自由度，即可分别计算回归均方与误差均方，进而得到 F 值。

由此可分别计算两部分的均方：

$$MS_R = SS_R/df_R = \sum_{i=1}^{n}(\hat{y}_i - \bar{y})^2/p$$

$$MS_E = SS_E/df_E$$

回归模型的检验假设是：$H_0: \beta_1=\beta_2=\ldots=\beta_p=0$，这就意味着因变量 y 与所有的自变量 x_j 都不存在回归关系，多元回归方程没有意义。相应的备择假设：$H_1: \beta_1$、β_2、…、β_p 不全为 0，H_0 成立时，有：

$$F = \frac{MS_R}{MS_E} \sim F(p, n-p-1) \tag{2-21}$$

即 F 服从 F 分布。这样就可以用 F 统计量来检验回归方程是否有意义。

五、回归系数的假设检验

多元回归方程有统计学意义并不说明每一个偏回归系数都有意义。因此，有必要对每个偏回归系数作检验。在 $\beta_j=0$ 时，偏回归系数 $\hat{\beta}_j$ (j=1,2,…, p)服从正态分布，所以可用 t 统计量对偏回归系数作检验。

检验假设 $H_{0j}:\beta_j=0$，H_{1j}：$\beta_j\neq 0$。

当 H_{0j} 成立时，而 $\hat{\beta}\sim N(\beta,\sigma^2(X'X)^{-1})$，记 $(X'X)^{-1}=(c_{ij})$。

则我们构造的 t 统计量为：

$$t_j=\frac{\hat{\beta}_j-\beta_j}{s_{\hat{\beta}_j}}\qquad j=1,2,\ldots,p \tag{2-22}$$

式中 $s_{\hat{\beta}_j}$ 是第 j 个偏回归系数的标准误差。其计算比较复杂，如下式：

$$s_{b_j}=\sqrt{c_{jj}}s_{y.x}$$

$$s_{y.x}=\sqrt{\frac{\sum_{i=}^{n}\varepsilon}{n-p-}}=\sqrt{\frac{\sum_{i=}^{n}(y_i-\hat{y}_i)}{n-p-}}=\sqrt{\frac{SS_E}{df_E}}=\sqrt{MS_E} \tag{2-23}$$

与单变量情形一样，$s_{y.x}$ 称为剩余标准差或标准估计误差，也反映了因变量 y 在扣除各自变量 x 的线性影响后的变异程度；$s_{y.x}$ 可以与 y 的标准差 s_y 比较，从而可看出所有自变量 x 对 y 的线性影响大小。

当原假设 $H_{0j}:\beta_j=0$ 成立时，上面的 t 统计量服从自由度为 n-p-1 的 t 分布。给定显著性水平 α，查出双侧检验的临界值 $t_{1-\alpha/2}$。当 $|t_j|\geqslant t_{1-\alpha/2}$ 时拒绝零假设 $H_{0j}:\beta_j=0$，认为 β_j 显著不为零，自变量 x_j 对因变量 y 的线性效果显著；当 $|t_j|<t_{1-\alpha/2}$ 时接受零假设 $H_{0j}:\beta_j=0$，认为 β_j 为零，自变量 x_j 对因变量 y 的线性效果不显著。

一般统计软件在完成多元回归分析的同时都会输出方差分析与 t 检验的结果。其中 t 检验结果给出了每个偏回归系数和常数项的值、标准误差、t 值与相应的 P 值。

In
```
print(fm24.summary())
```

Out
```
OLS Regression Results
==============================================================================
Dep. Variable:                    TAX   R-squared:                       1.000
Model:                            OLS   Adj. R-squared:                  1.000
Method:                 Least Squares   F-statistic:                 1.237e+04
Date:                Sat, 19 Sep 2020   Prob (F-statistic):           1.63e-54
Time:                        21:20:44   Log-Likelihood:                -148.96
No. Observations:                  41   AIC:                             313.9
Df Residuals:                      33   BIC:                             327.6
Df Model:                           7
Covariance Type:            nonrobust
```

adjR^2 与 R^2 之间存在如下关系：

$$\text{adj}R^2 = 1 - (1 - R^2)\frac{(n-1)}{(n-p-1)} \tag{2-26}$$

模型对象 fm24 包含了模型检验的一些统计量，如可决系数 r.squared，调整的可决系数 adj.r.squared 以及 F 检验统计量 fstatistic。这就是 Python 的强大之处，比如我们可获得模型的可决系数，调整的可决系数以及 F 统计量。

In	R2=fm24.rsquared print('　可决系数 =　%0.4f'%R2)
Out	可决系数 = 0.9996
In	adjR2=fm24.rsquared_adj print('　调整的可决系数 =　%0.4f'%adjR2)
Out	调整的可决系数 = 0.9995

2.1.3 获取模型分析的中间结果

由于 Python 语言是一个面向对象的语言，因此它具有其他统计软件不具有的优点。其面向对象的功能，即可帮助我们获得大量的中间分析结果，这对进一步分析有很大帮助，并给出了进一步改进和研究数据分析方法的途径。

1. 查看对象 LM 中的元素

dir 将给出对象 LM 的大部分对象信息。

In
```
print(dir(fm24))            #查看 fm24 包含的对象
```

Out
```
['HC0_se', 'HC1_se', 'HC2_se', 'HC3_se', '_HCCM', '__class__',
'__delattr__', '__dict__', '__dir__', '__doc__', '__eq__',
'__format__', '__ge__', '__getattribute__', '__gt__', '__hash__',
'__init__', '__init_subclass__', '__le__', '__lt__', '__module__',
'__ne__', '__new__', '__reduce__', '__reduce_ex__', '__repr__',
'__setattr__', '__sizeof__', '__str__', '__subclasshook__',
'__weakref__', '_cache', '_data_attr', '_get_robustcov_results',
'_is_nested', '_use_t', '_wexog_singular_values', 'aic', 'bic',
'bse', 'centered_tss', 'compare_f_test', 'compare_lm_test',
'compare_lr_test', 'condition_number', 'conf_int', 'conf_int_el',
'cov_HC0', 'cov_HC1', 'cov_HC2', 'cov_HC3', 'cov_kwds', 'cov_params',
'cov_type', 'df_model', 'df_resid', 'diagn', 'eigenvals', 'el_test',
'ess', 'f_pvalue', 'f_test', 'fittedvalues', 'fvalue',
'get_influence', 'get_prediction', 'get_robustcov_results',
'initialize', 'k_constant', 'llf', 'load', 'model', 'mse_model',
'mse_resid', 'mse_total', 'nobs', 'normalized_cov_params',
'outlier_test', 'params', 'predict', 'pvalues', 'remove_data',
'resid', 'resid_pearson', 'rsquared', 'rsquared_adj', 'save',
'scale', 'ssr', 'summary', 'summary2', 't_test', 't_test_pairwise',
'tvalues', 'uncentered_tss', 'use_t', 'wald_test',
'wald_test_terms', 'wresid']
```

2. 获取回归系数

若要得到单个值，可用对象的序号去引用它们。

In	a=fm24.params[0]; a　　　#常数项 a 的值
Out	-3.5470652160865086
In	b=fm24.params[1]; b　　　#回归系数 b 的值
Out	0.13743905571362408

3. 获取回归系数的检验值

为得到回归系数的 t 值和 P 值，引用第 2 行第 3 列和第 4 列，可利用序号来操作：

In	t=fm24.tvalues[1]; t	#回归系数的 t 值
Out	3.361309594707149	
In	P=fm24.pvalues[1]; P	#回归系数的 P 值
Out	0.0019734455747333055	

4. 获取模型的检验结果

检验结果有 F 统计量的 F 值及 P 值。

In	F=fm24.fvalue;F	#回归模型的 F 值
Out	12373.028307195013	
In	P=fm24.f_pvalue;P	#回归模型的 P 值
Out	1.6340139220203558e-54	

2.1.4 建立有用的回归分析模型

一、回归变量的选择

多元回归分析在实际中被广泛应用，由上章分析知，其主要用途有：①用于描述解释现象，这时希望回归方程中所包含的自变量尽可能少一些； ②用于估计与预测，这时希望预测的均方误差较小；③用于控制，这时希望各回归系数具有较小的方差和均方误差。在实际问题中可以提出许多对因变量有影响的自变量，选择的变量太少或不恰当，会使建立的模型与实际有较大的偏离；而选择的变量太多，就会使用不便，并且有时也会削弱估计和预测的稳定性。因此，变量选择是一个十分重要的问题。也就是说，在多元回归分析中，并不是变量越多越好。变量太多，容易引起以下几个问题：①模型的复杂度增加；②计算量增大；③估计和预测的精度下降；④模型应用费用增加。

在上例中，虽然回归方程的检验是高度显著的，但是回归系数的检验结果中有些是显著的，而另外一些却不显著，这样的回归方程不能称为最佳回归方程。因此，我们总是希望，不但求得的回归方程是显著的，而且在回归方程中的自变量也都是尽可能显著的，也就是要选择最佳的回归模型。选择最佳回归模型的方法很多，而逐步回归分析方法就是其中较为常用的一种。

由于在许多实际问题的数据中，自变量 $x_1, x_2, \ldots, x_p$ 之间往往并不是独立的，而是有一定的相关性存在，这就会使得随着回归方程中变量的增加或减少，某些自变量对回归方程的贡献也会发生变化。因而产生一种很自然的想法：对每一个自变量来说，随着其对回归方程贡献的变化，它随时可能被引入回归方程或被剔除出去。最终的回归模型是，在回归方程中的自变量均为显著的，不在回归方程中的自变量均为不显著的。可见，逐步筛选法是综合上述两种方法的特点建立的一种新方法，其基本思想是，在所考虑的全部变量中，按其对预报变量 y 作用的显著程度大小，挑选一个最重要的变量，建立只包含这个变量的回归方程。 接着，对其他变量计算偏回归平方和，引入一个显著性的变量，建立具有两个变量的回归方程。从此，逐步回归的每一步（引入一个变量或从回归方程中剔除一个变量都算作一步）前后都要作显著性检验，即反复进行两个步骤：第一，对已在回归方程中的变量作显著性检验，显著者保留，把最不显著的那个变量从方程中剔除；第二，对不在回归方程中的其余变量，挑选最重要的那一个进入回归方程，直至最后回归方程中再也不能剔除任一变量，同时也不能再引入变量为止，保证最后所得回归方程中所有变量都为显著变量。这种方法和所谓选择全部回归子集的方法在一般情况下是很好用的，特别是当整个模型满足线性回归的基本假定时，效果较好。

目前用得较多的选择变量的统计量是 *AIC* 准则：

$$AIC = n\ln\left(\frac{RSS_p}{n}\right) + 2p \tag{2-27}$$

AIC 选择变量的准则是：按“*AIC* 愈小愈好”选取自变量。

逐步回归的计算步骤为，从一个变量开始做：①每次选入一个对 y 影响显著的变量，直到无法选入时转到②；②每次剔除一个对 y 影响不显著的变量，直到无法剔除时转到①。当无法选入也无法剔除时停止筛选，以使最后回归方程只保留重要的变量。

In

```
def forward_select(data, target, method):   #自定义逐步回归函数
    #data：数据集框；#target：因变量名；
    #method：评估模型效果的方法（这里选用的是 AIC/BIC，越小越好）
    variate = set(data.columns)
    variate.remove(target)              # 原始自变量集
    selected = []                       # 最终自变量集
    current_score,   best_new_score = float('inf'), float('inf')
    # 设置分数的初始值为无穷大（因为 Aic/Bic 越小越好）
    while variate:
        score_with_variate = []       #记录遍历过程的分
        for candidate in variate:     # 遍历自变量
            formula = "{}~{}".format(target,"+".join(selected+[candidate]))
            if method == 'AIC':
                score = smf.ols(formula=formula, data=data).fit().aic
            else:
                score=smf.ols(formula=formula, data=data).fit().bic
            score_with_variate.append((score, candidate))
        score_with_variate.sort(reverse=True)
        best_new_score, best_candidate = score_with_variate.pop()
        if current_score > best_new_score:
            variate.remove(best_candidate)
            selected.append(best_candidate)
            current_score = best_new_score
        else:
            break
    formula="{}~{}".format(target,"+".join(selected))
    model=smf.ols(formula=formula, data=data).fit()
    return(model)
```

In

```
step24=forward_select(MEdata,'TAX','AIC')
step24.summary()
```

Out

```
OLS Regression Results
==============================================================================
Dep. Variable:                    TAX   R-squared:                       1.000
Model:                            OLS   Adj. R-squared:                  1.000
```

```
Method:                 Least Squares   F-statistic:                 1.823e+04
Date:                Tue, 10 Mar 2020   Prob (F-statistic):           1.02e-58
Time:                        17:23:29   Log-Likelihood:                -149.11
No. Observations:                  41   AIC:                             310.2
Df Residuals:                      35   BIC:                             320.5
Df Model:                           5
Covariance Type:            nonrobust
==============================================================================
                 coef    std err          t      P>|t|      [0.025      0.975]
------------------------------------------------------------------------------
Intercept     -3.8945      3.315     -1.175      0.248     -10.624       2.835
GDP            0.1394      0.038      3.671      0.001       0.062       0.217
COM           -0.1386      0.068     -2.030      0.050      -0.277   -1.02e-05
EXP            0.6516      0.081      8.056      0.000       0.487       0.816
DEP           -0.1168      0.030     -3.858      0.000      -0.178      -0.055
IEV            0.0672      0.019      3.593      0.001       0.029       0.105
==============================================================================
Omnibus:                        6.662   Durbin-Watson:                   1.285
Prob(Omnibus):                  0.036   Jarque-Bera (JB):                9.392
Skew:                           0.239   Prob(JB):                      0.00913
Kurtosis:                       5.296   Cond. No.                     9.83e+03
==============================================================================
```

通过逐步回归可以选取较优的回归模型，但不是最优的回归模型。要从中找到最优模型，需要建立 2^7=128 个模型，工作量是相当大的。关于最优回归模型的选择，见相关文献，限于篇幅，此处从略。逐步回归方法的优点是可以快速选择变量，但也有一些缺点：一是没有考虑变量之间的多重共线性；二是没有考虑模型中变量间的非线性关系。

二、多变量回归模型的预测

对多变量模型的预测跟单变量回归预测一样，增加相应的自变量取值即可。

前面，我们用逐步回归方法获得了一个较优的回归模型 step24，下面我们用该模型进行预测。比如取 *GDP*=9000，*COM*=3500，*EXP*=1500，*IEV*=2800，*DEP*=5000。

In
```
dat=pd.DataFrame({'GDP':[9000],'COM':[3500],'EXP':[1500],'IEV':[2800],'DEP':[5000]})
step24.predict(dat)
```

Out
```
0    1347.140267
dtype: float64
```

三、回归模型中变量的变换

在上面的变量选择中，我们最终选择了几个对税收有显著影响的因素：*EXP*、*IEV*、*RSG*、*DEP*。按常理来说，至少国内生产总值 *GDP* 应该是一个影响因素。因此，我们需要进一步分析模型。从宏观数据的时间序列图可知，大多数经济变量是随时间指数的增长而增长的，但并不完全是线性增长的，故通常需要对变量进行变换。对指数增长类数据，我们首先采用的是对数变换方式。下面是我们分别对变量做对数变换后的模型，这也是应用 Python 的方便之处，可直接写模型和做变换，比用其他软件方便。

```
COM              -0.0018      0.001     -1.549      0.131     -0.004      0.001
INV           -5.221e-05      0.000     -0.204      0.839     -0.001      0.000
DEP               0.0003      0.000      0.741      0.464     -0.001      0.001
==============================================================================
Omnibus:                       15.872   Durbin-Watson:                   0.684
Prob(Omnibus):                  0.000   Jarque-Bera (JB):               18.499
Skew:                           1.307   Prob(JB):                     9.61e-05
Kurtosis:                       5.000   Cond. No.                     5.08e+04
==============================================================================
```

In

```
smf.ols('log(TAX)~log(GDP)+log(EXP)+log(IEV)+RSG+COM+INV+DEP',MEdata).fit().summary()
```

Out

```
OLS Regression Results
==============================================================================
Dep. Variable:                   lTAX   R-squared:                       0.997
Model:                            OLS   Adj. R-squared:                  0.996
Method:                 Least Squares   F-statistic:                    1559.0
Date:                Tue, 10 Mar 2020   Prob (F-statistic):           1.09e-39
Time:                        17:47:22   Log-Likelihood:                 36.260
No. Observations:                  41   AIC:                            -56.52
Df Residuals:                      33   BIC:                            -42.81
Df Model:                           7
Covariance Type:            nonrobust
==============================================================================
                 coef    std err          t      P>|t|      [0.025      0.975]
------------------------------------------------------------------------------
Intercept      0.7249      0.514      1.411      0.168     -0.321      1.770
log(GDP)      -0.4245      0.236     -1.799      0.081     -0.905      0.056
log(EXP)       0.6728      0.133      5.076      0.000      0.403      0.942
log(IEV)       0.6258      0.127      4.939      0.000      0.368      0.884
RSG            0.0010      0.001      1.027      0.312     -0.001      0.003
COM           -0.0009      0.001     -1.032      0.310     -0.003      0.001
INV         3.145e-05      0.000      0.169      0.867     -0.000      0.000
DEP        -5.369e-05      0.000     -0.170      0.866     -0.001      0.001
==============================================================================
Omnibus:                        4.552   Durbin-Watson:                   1.008
Prob(Omnibus):                  0.103   Jarque-Bera (JB):                3.324
Skew:                           0.650   Prob(JB):                        0.190
Kurtosis:                       3.505   Cond. No.                     1.32e+05
==============================================================================
```

In

```
smf.ols('log(TAX)~log(GDP)+log(EXP)+log(IEV)+log(RSG)+COM+INV+DEP',MEdata).fit().summary()
```

Out

```
OLS Regression Results
==============================================================================
Dep. Variable:               log(TAX)   R-squared:                       0.997
Model:                            OLS   Adj. R-squared:                  0.996
Method:                 Least Squares   F-statistic:                    1560.0
Date:                Sat, 19 Sep 2020   Prob (F-statistic):           1.08e-39
Time:                        22:05:25   Log-Likelihood:                 36.269
No. Observations:                  41   AIC:                            -56.54
Df Residuals:                      33   BIC:                            -42.83
Df Model:                           7
Covariance Type:            nonrobust
==============================================================================
```

```
                 coef    std err          t      P>|t|      [0.025      0.975]
------------------------------------------------------------------------------
Intercept      0.7251      0.514      1.411      0.168      -0.320       1.770
log(GDP)      -0.4244      0.236     -1.799      0.081      -0.904       0.056
log(EXP)       0.6725      0.132      5.076      0.000       0.403       0.942
log(IEV)       0.6259      0.127      4.940      0.000       0.368       0.884
log(RSG)       0.0010      0.001      1.025      0.313      -0.001       0.003
COM           -0.0009      0.001     -1.031      0.310      -0.003       0.001
INV         3.159e-05      0.000      0.169      0.866      -0.000       0.000
DEP        -5.333e-05      0.000     -0.168      0.867      -0.001       0.001
==============================================================================
Omnibus:                        4.565   Durbin-Watson:                   1.009
Prob(Omnibus):                  0.102   Jarque-Bera (JB):                3.334
Skew:                           0.651   Prob(JB):                        0.189
Kurtosis:                       3.508   Cond. No.                     1.32e+05
==============================================================================
```

In

```
smf.ols('log(TAX)~log(GDP)+log(EXP)+log(IEV)+log(RSG)+log(COM)+INV+DEP',MEdata).
fit().summary()
```

Out

```
OLS Regression Results
==============================================================================
Dep. Variable:               log(TAX)   R-squared:                       0.998
Model:                            OLS   Adj. R-squared:                  0.998
Method:                 Least Squares   F-statistic:                     2770.0
Date:                Sat, 19 Sep 2020   Prob (F-statistic):           8.45e-44
Time:                        22:19:27   Log-Likelihood:                 48.020
No. Observations:                  41   AIC:                            -80.04
Df Residuals:                      33   BIC:                            -66.33
Df Model:                           7
Covariance Type:            nonrobust
==============================================================================
                 coef    std err          t      P>|t|      [0.025      0.975]
------------------------------------------------------------------------------
Intercept      1.0216      0.423      2.413      0.022       0.160       1.883
log(GDP)      -1.4312      0.415     -3.452      0.002      -2.275      -0.588
log(EXP)       0.5976      0.100      5.975      0.000       0.394       0.801
log(IEV)       0.5011      0.099      5.045      0.000       0.299       0.703
log(RSG)       2.1731      0.432      5.029      0.000       1.294       3.052
log(COM)      -0.8552      0.415     -2.061      0.047      -1.699      -0.011
INV         -2.66e-05   9.27e-05     -0.287      0.776      -0.000       0.000
DEP        -1.758e-05   9.62e-05     -0.183      0.856      -0.000       0.000
==============================================================================
Omnibus:                       12.885   Durbin-Watson:                   1.515
Prob(Omnibus):                  0.002   Jarque-Bera (JB):               14.570
Skew:                           1.040   Prob(JB):                     0.000686
Kurtosis:                       5.051   Cond. No.                     1.73e+05
==============================================================================
```

In

```
smf.ols('log(TAX)~log(GDP)+log(EXP)+log(IEV)+log(RSG)+log(COM)+log(INV)+DEP',MEdata).
fit().summary()
```

Out

```
OLS Regression Results
==============================================================================
Dep. Variable:               log(TAX)   R-squared:                       0.998
Model:                            OLS   Adj. R-squared:                  0.998
Method:                 Least Squares   F-statistic:                     2843.0
```

$$r=\frac{\sum(x-\overline{x})(y-\overline{y})}{\sqrt{\sum(x-\overline{x})^2\sum(y-\overline{y})^2}} \tag{2-28}$$

相关系数 r 没有单位，在-1～+1 范围内波动，其绝对值愈接近 1，两个变量间的直线相关愈密切；愈接近 0，直线相关愈不密切。

显然，x 与 y 的相关系数和 y 与 x 的相关系数是一样的，通常可以表示成矩阵形式。

【例 2-5】模拟数据：$y=1+2x+e$，$e\sim N(0,1)$。

In

```
import numpy as np
n=30                        #模拟例数
x=np.arange(1,n+1,1)        #n 个等差数列
y=1+2*x                     #直线方程
plt.plot(x,y,'o');plt.xlabel('x');plt.ylabel('y');
```

Out

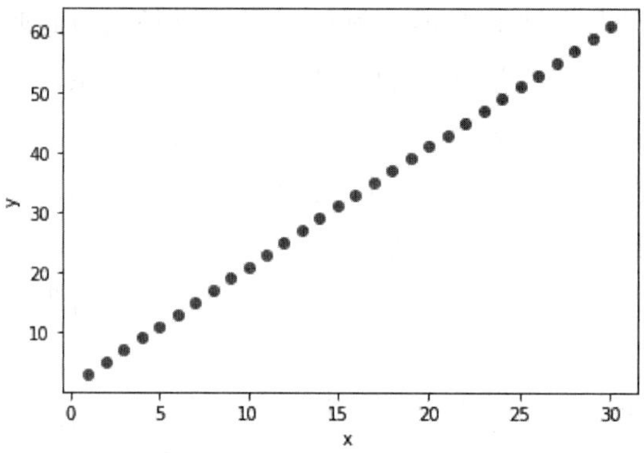

In

```
np.corrcoef([x,y])          #一定为 1
```

Out

```
array([[1., 1.],
       [1., 1.]])
```

In

```
np.random.seed(123)
x=np.arange(1,n+1,1)
e=np.random.normal(0,1,n)     #误差项
y=1+0.9*x+e                   #线性模型
plt.plot(x,y,'o');plt.xlabel('x');plt.ylabel('y');
```

Out

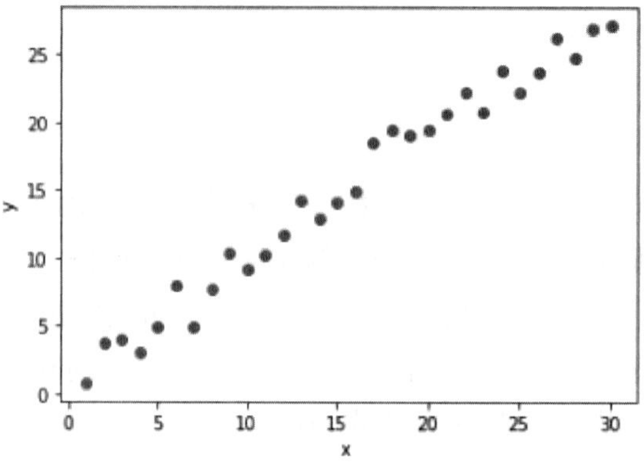

Box-Pierce和Ljung-Box检验序列各阶自相关的结果。

In
```
from statsmodels.stats.diagnostic import acorr_ljungbox
ac_test=acorr_ljungbox(yt,lags = (1),boxpierce = True)
print("    Q = %.3f ,P-value = %.3f \n LB = %.3f ,P-value = %.3f"
      %(ac_test[2][0],ac_test[3][0],ac_test[0][0],ac_test[1][0]))
```
Out
```
 Q = 0.649 ,P-value = 0.420;
LB = 0.689 ,P-value = 0.407
```

Box-Pierce和Ljung-Box检验法都检验出序列y_t没有自相关性（p>0.05），跟模拟结果一致。关于时间序列平稳性的检验请参看第5章的单位根检验。

4.2 时间序列自回归 AR 模型

建模的一个主要目的是预测，那么，随机过程的元素 y_t 对它的过去的依赖性就很重要。这使我们能够利用已经收集的样本观测值的过去信息预测变量的未来值。存在这种依赖性的简单例子是自回归（Autoregression，简称 AR）过程，定义如下：

$$y_t=\phi_1 y_{t-1}+u_t \tag{4-6}$$

它便是这样一种一阶自回归模型，其中 u_t 为白噪声。

自回归模型描述序列$\{y_t\}$在某一时刻 t 和前 p 时刻序列值之间的线性关系，表示为：

$$y_t=\phi_1 y_{t-1}+\phi_2 y_{t-2}+\ldots+\phi_p y_{t-p}+u_t \tag{4-7}$$

这里随机序列$\{u_t\}$是白噪声，服从均值为 0、方差为σ^2的正态分布，且$\{u_t\}$与序列$\{y_t\}$（$k<t$）不相关，称模型（4-7）是 p 阶自回归模型，记为 AR（p）。实参数ϕ_1，ϕ_2，…，ϕ_p称为自回归系数，是模型的待估参数。

4.2.1 AR 模型的平稳性条件

只有产生时间序列的随机过程是平稳的，用自回归模型进行预测才有意义。因此，我们首先应研究自回归过程的平稳条件。

一、一阶自回归过程

对于一阶自回归过程(4-6)式：

$$\begin{aligned}
y_t &= \phi y_{t-1}+u_t \\
&= u_t+\phi(\phi y_{t-2}+u_{t-1}) \\
&= u_t+\phi u_{t-1}+\phi^2(\phi y_{t-3}+u_{t-2}) \\
&= u_t+\phi u_{t-1}+\phi^2 u_{t-2}+\phi^3 y_{t-3} \\
&\ \ \vdots \\
&= u_t+\phi u_{t-1}+\phi^2 u_{t-2}+\phi^3 u_{t-3}+\cdots
\end{aligned} \tag{4-8}$$

可以看到，一阶自回归过程（4-6）式表示成白噪声序列的线性组合。

由于 $E(u_t)=0$，因此 $E(y_t)=0$ 平稳条件 1 显然满足。对（4-8）式两端取方差：

$$\mathrm{var}(y_t)=\sigma_u^2(1+\phi^2+\phi^4+\phi^6+\cdots) \tag{4-9}$$

仅当$|\phi|<1$时，（4-9）式才有：

$$\mathrm{var}(y_t)=\frac{\sigma_u^2}{1-\phi^2} \tag{4-10}$$

这表明，只有当$|\phi|<1$时，平稳条件 2 才成立。

由（4-8）式有：

$$y_{t+k}=u_{t+k}+\phi u_{t+k-1}+\phi^2 u_{t+k-2}+\cdots+\phi^k u_t+\cdots \tag{4-11}$$

$$\begin{aligned}\mathrm{cov}(y_t,y_{t+k})&=\mathrm{E}(y_t y_{t+k})=\phi^k\sigma_u^2+\phi^{k+2}\sigma_u^2+\phi^{k+4}\sigma_u^2+\cdots\\&=\sigma_u^2\phi^k(1+\phi^2+\phi^4+\cdots)\end{aligned} \tag{4-12}$$

当$|\phi|<1$时，（4-12）式便有：

$$\mathrm{cov}(y_t,y_{t+k})=\phi^k\frac{\sigma_u^2}{1-\phi^2}=\phi^k\sigma_y^2 \tag{4-13}$$

其中 $\sigma_y^2=\mathrm{var}(y_t)$。

（4-13）式表明，$\mathrm{cov}(y_t,y_{t+k})$ 仅与间隔时期数 k 有关，而与时间点 t 无关，平稳条件 3 成立。

综上所述，对于一阶自回归过程（4-6）式，只要系数ϕ绝对值$|\phi|<1$，便是平稳过程。

由 ACF 的性质可知，对于 AR（p）模型，其 ACF 不能在某一步后为零（截尾），而应按指数率衰减，称其具有拖尾性。

二、p 阶自回归过程

将（4-7）式改写成：

$$(1-\phi_1 L-\phi_2 L^2-\cdots-\phi_p L^p)y_t=u_t \tag{4-14}$$

引进算符多项式：

$$\phi_p(L)=1-\phi_1 L-\phi_2 L^2-\cdots-\phi_p L^p \tag{4-15}$$

则（4-14）式可改写成：

$$\phi_p(L)y_t=u_t \quad 或 \quad y_t=\phi_p^{-1}(L)u_t \tag{4-16}$$

这里 L 是滞后算子，即 $Ly_t=y_{t-1}$ 等。

若（4-7）式是平稳随机过程，则$\phi_p^{-1}(L)$必定收敛，即可表示为白噪声的无穷加权和。

可以证明，$\phi_p^{-1}(L)$收敛的充要条件是算符多项式$\phi_p(L)$的特征方程：

$$\phi_p(z)=1-\phi_1 z-\phi_2 z^2-\phi_3 z^3-\cdots-\phi_p z^p=0 \tag{4-17}$$

其根全部在复平面上单位圆周之外，或所有根的模$|z|>1$。即p阶自回归过程的平稳条件为：

$$|z|=\sqrt{z_1^2+z_2^2}>1 \tag{4-18}$$

z_1和z_2分别在实部和虚部。

当p=1时，（4-17）式写成：

$$1-\phi z=0$$

解方程$z=\dfrac{1}{\phi}$平稳条件：$|z|=\dfrac{1}{|\phi|}>1$，即$|\phi|<1$，与前面的结论相同。

为了研究方便，如果不作特殊说明，总是假定所有自回归过程都是平稳过程。

自回归过程中每个元素的期望值都为0，即$E(y_t)=0$。如果实际的时间序列均值$\overline{y}\neq 0$，则可对它进行中心化$(y_t-\overline{y})$，中心化后的时间序列必然有零期望值。

【例4-2】模拟研究：模拟100个AR(1)模型的随机序列：$y_t=0.8y_{t-1}+e_t$，$e_t\sim N(0,1)$；写成算子的形式为：$(1-0.8L)\,y_t=e_t$。

In

```
np.random.seed(123456)
from statsmodels.tsa.arima_process import arma_generate_sample as arma_s
y1 = arma_s([1,-0.8],[1],100);
plt.plot(y1,'.-');
```

Out

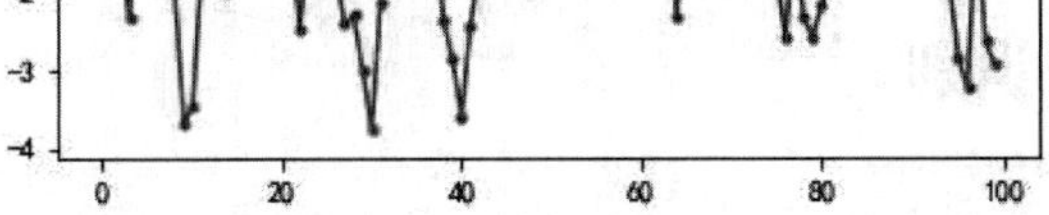

In

```
acf(y1)[:8]
```

Out

```
array([1.     , 0.715 , 0.485 , 0.3102, 0.1941, 0.122 , 0.0771, 0.0926])
```

In

```
ac1=acorr_ljungbox(y1,lags = (1),boxpierce = True)
print("    Q = %.3f ,P-value = %.3f \n LB = %.3f ,P-value = %.3f"
        %(ac1[2][0],ac1[3][0],ac1[0][0],ac1[1][0]))
```

Out	Q = 51.122 ,P-value = 0.000; LB = 52.671 ,P-value = 0.000

各种检验都表明，序列存在自相关性。由于$\phi = 0.8 < 1$，因此说该序列应该是平稳的，这点也可以从其散点图上看出。

4.2.2 AR 模型的自相关函数

一阶自相关过程 AR(1)的自相关函数，利用（4-2）式可直接写出：

$$\rho_k = \frac{r_k}{r_0} = \frac{\phi^k \sigma_y^2}{\sigma_y^2} = \phi^k \tag{4-19}$$

AR(p)的自相关函数，由于$r_k = \operatorname{cov}(y_t, y_{t+k}) = \operatorname{cov}(y_t, y_{t-k})$，将（4-7）式代入得：

$$\begin{aligned} r_k &= \phi_1 \operatorname{cov}(y_{t-1}, y_{t-k}) + \phi_2 \operatorname{cov}(y_{t-2}, y_{t-k}) + \cdots + \phi_p \operatorname{cov}(y_{t-p}, y_{t-k}) \\ &= \phi_1 r_{k-1} + \phi_2 r_{k-2} + \cdots + \phi_p r_{k-p} \qquad (k > 0) \end{aligned} \tag{4-20}$$

当 k=0 时，

$$\begin{aligned} r_0 &= \operatorname{var}(y_t) = \mathrm{E}(y_t^2) \\ &= \mathrm{E}[y_t(\phi_1 y_{t-1} + \phi_2 y_{t-2} + \cdots + \phi_p y_{t-p} + u_t)] \\ &= \phi_1 r_1 + \phi_2 r_2 + \cdots + \phi_p r_p + \sigma_u^2 \end{aligned}$$

对 AR(1)便有$r_0 = \phi_1 r_1 + \sigma_u^2$，再由（4-19）式有$r_1 = \phi_1 r_0$，于是有：

$$r_0 = \frac{\sigma_u^2}{1 - \phi_1^2} (= \sigma_y^2) \tag{4-21}$$

此结果与（4-10）式相同。

用$r_0 = \sigma_y^2$除（4-20）式两端，得：

$$\rho_k = \phi_1 \rho_{k-1} + \phi_2 \rho_{k-2} + \phi_3 \rho_{k-3} + \cdots + \phi_p \rho_{k-p} \tag{4-22}$$

（4-22）式便是自回归过程 AR(p)自相关函数的表达式（也称递推公式）。

4.2.3 AR 模型的估计与识别

一、Yule-Walker 估计

在自相关函数表达式（4-22）中，令 k = 1，2，3，...，p，则得一组方程式，称之为 Yule-Walker 方程：

$$\begin{cases}\rho_1=\phi_1+\phi_2\rho_1+\phi_3\rho_2+\cdots+\phi_p\rho_{p-1}\\ \rho_2=\phi_1\rho_1+\phi_2+\phi_3\rho_1+\cdots+\phi_p\rho_{p-2}\\ \rho_3=\phi_1\rho_2+\phi_2\rho_1+\phi_3+\cdots+\phi_p\rho_{p-3}\\ \vdots\\ \rho_p=\phi_1\rho_{p-1}+\phi_2\rho_{p-2}+\phi_3\rho_{p-3}+\cdots+\phi_p\end{cases} \tag{4-23}$$

其矩阵表达式为：

$$\begin{pmatrix}1&\rho_1&\rho_2&\cdots&\rho_{p-1}\\ \rho_1&1&\rho_1&\cdots&\rho_{p-2}\\ \rho_2&\rho_1&1&\cdots&\rho_{p-3}\\ \vdots&\vdots&\vdots&&\vdots\\ \rho_{p-1}&\rho_{p-2}&\rho_{p-3}&\cdots&1\end{pmatrix}\begin{pmatrix}\phi_1\\ \phi_2\\ \phi_3\\ \vdots\\ \phi_p\end{pmatrix}=\begin{pmatrix}\rho_1\\ \rho_2\\ \rho_3\\ \vdots\\ \rho_p\end{pmatrix} \tag{4-24}$$

简记为：

$$P_p\phi_p=\rho_p \tag{4-25}$$

其中 P_p 为 $p\times p$ 矩阵，ϕ_p 和ρ_p 均为 $p\times1$ 阶向量。

利用 Yule-Walker 方程式，即可估计 ϕ_p 值。显然，对 AR(1)模型，有$\phi_1=\rho_1$。而对 AR(2)模型，由（4-24）式便有

$$\begin{pmatrix}1&\rho_1\\ \rho_1&1\end{pmatrix}\begin{pmatrix}\phi_1\\ \phi_2\end{pmatrix}=\begin{pmatrix}\rho_1\\ \rho_2\end{pmatrix}$$

解之得：

$$\begin{pmatrix}\phi_1\\ \phi_2\end{pmatrix}=\begin{pmatrix}1&\rho_1\\ \rho_1&1\end{pmatrix}^{-1}\begin{pmatrix}\rho_1\\ \rho_2\end{pmatrix}$$

于是：

$$\begin{cases}\phi_1=\dfrac{\rho_1-\rho_1\rho_2}{1-\rho_1^2}\\ \phi_2=\dfrac{\rho_2-\rho_1^2}{1-\rho_1^2}\end{cases} \tag{4-26}$$

如果将 ρ_1 和 ρ_2 的估计值 $\hat{\rho}_1$ 和 $\hat{\rho}_2$ 代入（4-26）式，便可求得 ϕ_1 和 ϕ_2 的估计值 $\hat{\phi}_1$ 和 $\hat{\phi}_2$。

由（4-25）式可得：

$$\phi_p=P_p^{-1}\rho_p \tag{4-27}$$

ϕ_p 中最后一个参数 ϕ_p 称为偏自相关系数，序列$\{\phi_p\}$（$p=1$，2，3，…）称为偏自

检验，模型系数显著，跟模拟的理论模型参数基本一致。

三、自回归阶数 p 的识别

对 AR(p)模型，关键是模型的识别，即如何确定阶数 p，一旦 p 值确定下来，就转化为自回归阶数 p 已知的情况，问题就解决了。这里我们采用直观的偏自相关系数法。

自相关函数 ACF(k)给出了 X_t 与 X_{t-k} 的总体相关性，但总体相关性可能掩盖了变量间完全不同的隐含关系。

例如，在 AR(1)随机过程中，X_t 与 X_{t-2} 间有相关性可能主要是由它们各自与 X_{t-1} 间的相关性带来的:

$$\rho_2=\varphi^2=\rho_1^2=E(X_tX_{t-1})E(X_{t-1}X_{t-2})$$

即自相关函数中包含了这种所有的“间接”相关。

与之相反，X_t 与 X_{t-k} 间的偏自相关函数（partial autocorrelation function，简记为 PACF）则具有消除中间变量 X_{t-1}，...，X_{t-k+1} 带来的间接相关后的直接相关性，它是在已知序列值 X_{t-1}，...，X_{t-k+1} 的条件下，X_t 与 X_{t-k} 间关系的度量。

偏自相关的含义类似于偏相关，偏自相关系数是指在排除了 k-1 个中间量滞后变量 y_{t-1}，y_{t-2}，...，y_{t-k+1} 的影响后，y_t 和 y_{t-k} 的自相关系数。在实际应用中偏自相关系数函数可由样本的自相关函数值通过递推的方法给出，其关系为:

$$\begin{aligned}&\hat{\varphi}_1=\hat{\rho}_1\\&\hat{\varphi}_{k+1,j}=\hat{\varphi}_{k,j}+\hat{\varphi}_{k+1,k+1}\hat{\varphi}_{k,k-j+1}\ (j=1,2,\dots,k)\\&\hat{\varphi}_{k+1,k+1}=\left(\hat{\rho}_{k+1}-\sum_{j=1}^{k}\hat{\rho}_{k+1-j}\hat{\varphi}_{k,j}\right)\left(1-\sum_{j=1}^{k}\hat{\rho}_j\hat{\varphi}_{k,j}\right)^{-1}\end{aligned}\tag{4-31}$$

可以证明，平稳的零均值序列$\{y_t\}$为 p 阶自回归的充分必要条件是$\{y_t\}$的偏自相关函数为 p 阶截尾（当 $k\leqslant p$ 时，$\hat{\varphi}_{kk}\neq 0$，而当 $k>p$ 时，$\hat{\varphi}_{kk}=0$），因此若序列$\{y_t\}$的偏自相关函数在 p 步以后截尾，则可判断该序列为 AR（p）序列。由于任何可逆的 MA（q）序列都可以转化成一个无限阶的 AR 序列，因此 MA（q）序列的偏自相关函数也呈拖尾性。

在 AR（1）中，从 X_t 中去掉 X_{t-1} 的影响，则只剩下随机扰动项ε_t，显然它与 X_{t-2} 无关，因此我们说 X_t 与 X_{t-2} 的偏自相关系数为零，记为:

$$\varphi_2=\mathrm{Corr}(X_t,X_{t-2})=0$$

同样地，在 AR(p)过程中，对所有的 $k>p$，X_t 与 X_{t-k} 间的偏自相关系数为零。

AR(p)的一个主要特征是：$k>p$ 时，$\varphi_k=\mathrm{Corr}(X_t, X_{t-k})=0$，即$\varphi_k$ 在 p 以后是截尾的。

一随机时间序列的识别原则：若 X_t 的偏自相关函数在 p 以后截尾，即 $k>p$ 时，$\varphi_k=0$，而它的自相关函数φ_k 是拖尾的，则此序列是自回归 AR(p)序列。

这种方法是在自回归阶数 k 逐步增加的过程中，通过对偏自相关系数φ_k 的显著性检验来确定适当阶数 p 的方法。偏自相关系数中的第 k 个系数φ_k 我们用φ_{kk} 表示。

为了对φ_{kk}进行检验，必须知道 OLS 估计量的抽样分布。可以证明，对于大样本来讲，如果自回归过程（AR）的阶数为p，那么，在$k>p$时，偏自相关系数估计量近似服从期望值为 0、方差为 $1/n$ 的正态分布，这里的 n 为样本容量。

要判断在 0.05 显著性水平下φ_{kk}是否为 0，只要考察其估计值是否落在下面区间内：

$$[-\frac{1.96}{\sqrt{n}},\frac{1.96}{\sqrt{n}}]$$

如果估计值落在这个区间内，则φ_{kk}不显著，即确认$\varphi_{kk}=0$；如果估计值落在此区间之外，则φ_{kk}显著，即确认$\varphi_{kk}\neq 0$。

In
```
plot_pacf(y1);
```
Out

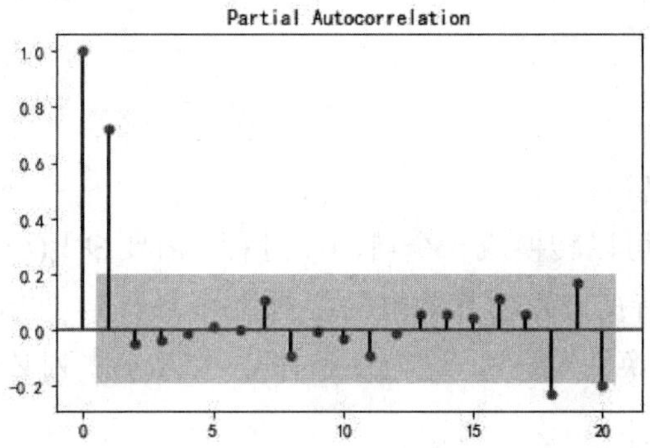

In
```
pacf(y1)[:5]
```
Out
```
array([ 1.      ,  0.7222,  -0.0559,  -0.0362,  -0.0017])
```

从偏自相关图中可以看出，y_1序列只存在一阶自相关性，二阶及以上偏自相关系数很小，且都落入可信区间之内，符合 AR(1)模型的拟合结果。

In
```
plot_pacf(y2);
```
Out

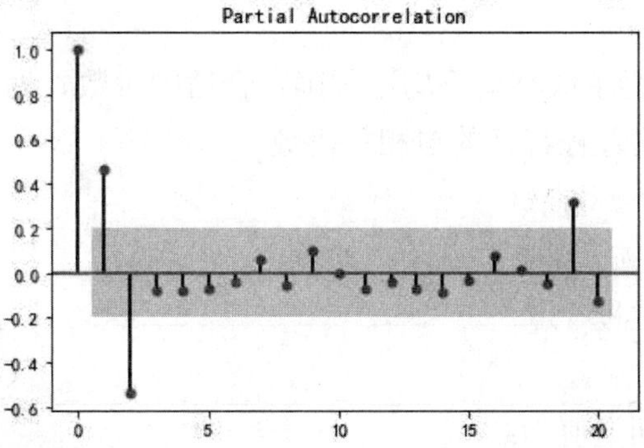

In
```
pacf(y2)[:5]
```
Out
```
array([ 1.      ,  0.4675,  -0.54   ,  -0.0812,  -0.0784])
```

从偏自相关图中可以看出，除前两个偏自相关系数超出可信区间界限以外，其余符合我们的理论模型（模拟序列）。即 y_2 序列的确只存在二阶自相关性，三阶及以上偏自相关系数很小，且都落入可信区间之内，符合拟合的 AR(2)模型。

4.3 时间序列移动平均 MA 模型

4.3.1 MA 模型的基本形式

移动平均模型将序列$\{y_t\}$表示为白噪声的线性加权。q 阶移动平均模型表示为：

$$y_t = u_t+\theta_1 u_{t-1}+\theta_2 u_{t-2}+\cdots+\theta_p u_{t-q} \tag{4-32}$$

利用滞后算子则模型可简单表示为：

$$y_t = \Theta_q(L)\, u_t \tag{4-33}$$

或

$$u_t = \Theta^{-1}{}_q(L) y_t \tag{4-34}$$

其中

$$\Theta_q(L) = 1+\theta_1 L+\theta_2 L^2+\cdots+\theta_q L^q \tag{4-35}$$

从（4-35）式可见，为使 MA(q)过程可以转换成一个自回归过程，需要$\Theta^{-1}{}_q(L)$收敛。而$\Theta^{1}{}_q(L)$收敛的充分必要条件是$\Theta_q(L)$的特征方程所有的根的绝对值都大于 1，即$|z|>1$，这个条件称为移动平均序列的可逆性（可转换性）条件，可逆性条件是 MA(q)序列必须满足的。

$$\Theta_q(z) =1+\theta_1 z+\theta_2 z^2+\cdots+\theta_q z^q \tag{4-36}$$

上式为q 阶移动平均模型，记为 MA(q)，参数 $\theta_1,\theta_2,\ldots,\theta_q$ 为移动平均系数，是模型的待估参数。

4.3.2 MA 模型的阶数确定

对于给定的样本 y_1，y_2，…，y_n，怎样为生成移动平均过程确定合适的阶数？为了回答这个问题，我们首先来研究反映移动平均过程特征的自相关函数。

一、自相关函数法

1. MA(1)模型

为了讨论方便，我们先研究 MA(1)过程

$$y_t = u_t - \theta u_{t-1} \tag{4-37}$$

因为 u_t 和 u_{t-1} 是白噪声，所以它的期望值为：

$$\mathrm{E}(y_t) = \mathrm{E}(u_t) - \theta_1 \mathrm{E}(u_{t-1}) = 0$$

方差为：

$$\begin{aligned}\mathrm{var}(y_t) &= \mathrm{E}(u_t - \theta_1 u_{t-1})^2 \\ &= \mathrm{E}(u_t^2) + \theta_1^2 \mathrm{E}(u_{t-1}^2) - 2\theta_1 \mathrm{E}(u_t u_{t-1}) \\ &= \sigma_u^2 + \theta_1^2 \sigma_u^2\end{aligned}$$

协方差为：

$$\begin{aligned}\operatorname{cov}(y_t, y_{t+k}) &= \mathrm{E}[(u_t - \theta_1 u_{t-1})(u_{t+k} - \theta_1 u_{t+k-1})] \\ &= \mathrm{E}(u_t u_{t+k}) - \theta_1 \mathrm{E}(u_{t-1} u_{t+k}) - \theta_1 \mathrm{E}(u_t u_{t+k-1}) + \theta_1^2 \mathrm{E}(u_{t-1} u_{t+k-1}) \\ &= \begin{cases} (1+\theta_1^2)\sigma_u^2 & k=0 \\ -\theta_1 \sigma_u^2 & k=1 \\ 0 & k=2,3,\cdots \end{cases}\end{aligned} \tag{4-38}$$

以上讨论表明 MA(1)过程是平稳的。因为$\operatorname{cov}(y_t, y_{t+k})$不依赖时间 t，而只依赖k，所以可以用r_k表示。于是，自相关函数为：

$$\rho_k = \frac{r_k}{r_0} = \begin{cases} \dfrac{-\theta_1}{1+\theta_1^2} & k=1 \\ 0 & k=2,3,\cdots \end{cases} \tag{4-39}$$

（4-39）式表明 MA(1)只有 1 期记忆，即当$k>1$时，$\rho_k = 0$。

2. MA(q)模型

$$y_t = u_t - \theta_1 u_{t-1} - \theta_2 u_{t-2} - \cdots - \theta_k u_{t-k} - \cdots - \theta_q u_{t-q} \ (k \leqslant q) \tag{4-40}$$

与 MA(1)的推导过程类似，可得结果：

$$r_0 = \sigma_u^2(1+\theta_1^2 + \cdots + \theta_q^2)$$

$$r_k = \sigma_u^2(-\theta_k + \theta_1\theta_{k+1} + \theta_2\theta_{k+2} + \cdots + \theta_{q-k}\theta_q) \quad (k=1,2,\cdots,q)$$

于是

$$\rho_k = \frac{r_k}{r_0} = \begin{cases} 1 & k=0 \\ \dfrac{-\theta_k + \theta_1\theta_{k+1} + \theta_2\theta_{k+2} + \cdots + \theta_{q-k}\theta_q}{1+\theta_1^2 + \cdots + \theta_q^2} & k=1,2,\cdots,q \\ 0 & k>q \end{cases} \tag{4-41}$$

对平稳过程，方差$\operatorname{var}(y_t) = r_0$必须有限，因此要求$(1+\theta_1^2+\cdots+\theta_q^2)<\infty$，对无穷阶移动平均过程要求$(1+\theta_1^2+\theta_2^2+\cdots)<\infty$。这意味着 θ_q 的绝对值必须随 q 的增大而减小。由（4-41）式计算可以看出，MA(q)的$|\rho_k|$也将随k的增大而减小，与自回归过程不同的是，当$k>q$时，$\rho_k=0$。这表明 MA(q)只有 q 期记忆，即当$k>q$时，$\rho_k=0$。

二、阶数的确定

MA(q)只有 q 期记忆这一重要性质，可以帮助我们对模型进行识别。

（1）先计算自相关函数 ρ_k 的估计值：

$$\hat{\rho}_k = \frac{\sum_{t=k+1}^{n} y_t y_{t-k}}{\sum_{t=1}^{n} y_t^2} \tag{4-42}$$

这里根据我们的约定，y_t已经中心化了，即$\overline{y}_t = 0$。利用上式计算出$\hat{\rho}_1$，$\hat{\rho}_2$，…，$\hat{\rho}_k$。

（2）以$\hat{\rho}_k(k = 0,1,2,\cdots)$为纵坐标，以$k$为横坐标作图，这样得出的图形称为样本自相关函数图。

（3）将样本自相关函数图与总体自相关函数图比较，由于总体自相关函数图与阶数p有关，因此通过比较便可确定p值，从而进行显著性检验。

可以证明，当样本容量很大时，$\hat{\rho}_k$近似服从期望值为0，方差为$1/n$的正态分布。

于是可以有与自回归过程类似的检验方法：

（1）构造95%的置信区间：

$$[-\frac{1.96}{\sqrt{n}}, \frac{1.96}{\sqrt{n}}] \approx [-\frac{2}{\sqrt{n}}, \frac{2}{\sqrt{n}}]$$

（2）计算样本的各阶自相关系数$\hat{\rho}_k(k = 0,1,2,\cdots)$。

（3）考察$\hat{\rho}_k$是否落在这一区间之内。如果$\hat{\rho}_k$的数值落在此区间之外，表明$\hat{\rho}_k$显著（即$\rho_k \neq 0$），否则不显著（即$\rho_k = 0$）。若对$k \leqslant q$时，ρ_k皆显著；对$k > q$时，ρ_k皆不显著，则在0.05显著水平下，产生样本的移动平均的阶数确定为q。

4.3.3 MA模型的参数估计

设有移动平均过程MA(q)：

$$y_t = u_t - \theta_1 u_{t-1} - \theta_2 u_{t-2} - \cdots - \theta_q u_{t-q} \tag{4-43}$$

估计参数θ的直观想法是利用ρ_k与θ之间的关系：

$$\rho_k = \frac{-\theta_k + \theta_1\theta_{k+1} + \cdots + \theta_{q-k}\theta_q}{1 + \theta_1^2 + \theta_2^2 + \cdots + \theta_q^2} \quad (k = 1, 2, \ldots, q) \tag{4-44}$$

将此式中的ρ_k用相应的估计值$\hat{\rho}_k$代替，便得到关于θ的q个非线性代数方程，解这个非线性方程便可得到q个θ的估计值。这样得出的参数估计量是一致的。

非线性方程组求解是比较困难的，一般可用迭代法近似求解。由于实际问题中遇到的移动平均过程多数都是MA(1)或MA(2)等低阶过程，因此迭代过程也不算太繁复。

这种估计方法的优点是简单易行，缺点是它只注意如何去拟合 q 个自相关函数，而没有考虑如何选择有利于提高预测精度的参数。因此，往往把它作为首期估计值。为此可以考虑误差平方和：

$$S(\theta)=\sum_{t=1}^{n}u_t^2 \tag{4-45}$$

选择适当的参数 θ 使 $S(\theta)$达到极小，可得到参数 θ 的一致估计量。

【例 4-4】模拟研究：模型 MA(1)估计的结果为 $y_t=u_t-0.8u_{t-1}$。

In
```
np.random.seed(123456)
y3 = arma_s([1],[1,-0.8],100);
plt.plot(y3,'k.-');
```

Out

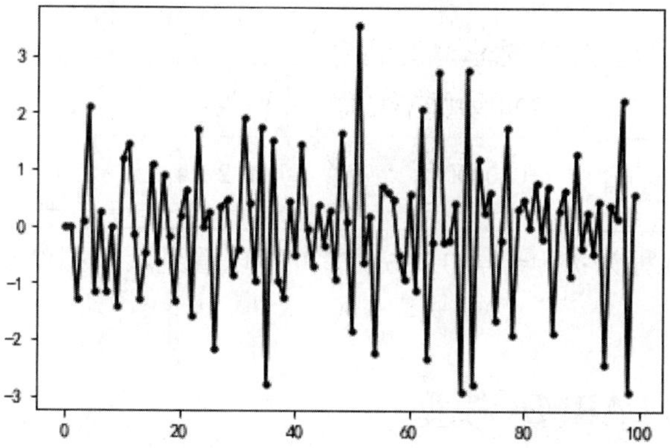

In
```
from statsmodels.graphics.tsaplots import acf,plot_acf
plot_acf(y3);
```

Out

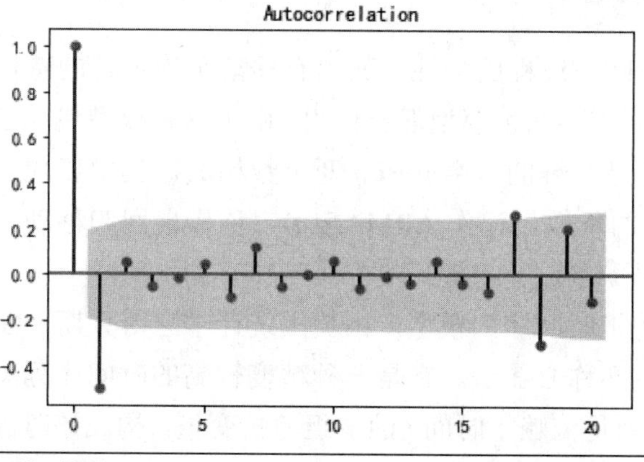

In
```
acf(y3)[:7]
```

Out
```
array([ 1.,  -0.4934,   0.0477,  -0.0625,  -0.0054,   0.0414,  -0.0927])
```

Python 结果分析：同理得出前 15 个自相关系数只有 $\hat{\rho}_1=-0.493\ 4$，落在置信区间之外，其余 $\hat{\rho}_k$ 皆落在区间之内。这表明，该样本的移动平均过程阶数为 1，即选定 MA(1)过程：$y_t=u_t-\theta_1u_{t-1}$。

模型的估计与识别如下：

In
```
print(ARMA(y3, order = (0,1)).fit(trend='nc').summary())
```

Out
```
ARMA Model Results
==============================================================================
Dep. Variable:                      y   No. Observations:                  100
Model:                     ARMA(0, 1)   Log Likelihood:               -144.103
Method:                       css-mle   S.D. of innovations:             1.017
Date:                Thu, 24 Sep 2020   AIC:                           292.207
Time:                        22:25:49   BIC:                           297.417
Sample:                             0   HQIC:                          294.315
==============================================================================
                 coef    std err          z      P>|z|      [0.025      0.975]
------------------------------------------------------------------------------
ma.L1.y       -0.7865      0.062    -12.689      0.000      -0.908      -0.665
                                    Roots
=============================================================================
                  Real          Imaginary           Modulus         Frequency
-----------------------------------------------------------------------------
MA.1            1.2714           +0.0000j            1.2714            0.0000
-----------------------------------------------------------------------------
```

由模拟样本生成的 MA(1)过程为：$y_t = u_t - 0.786\,5u_{t-1}$，可以看到，模拟结果与理论模型也比较接近：$y_t = u_t - 0.8u_{t-1}$。

4.4 自回归移动平均 ARMA 模型

4.4.1 ARMA 模型的概念

如果平稳随机过程既具有自回归过程的特性，又具有移动平均过程的特性，则不宜单独使用 AR(p)或 MA(q)模型，而需要两种模型混合使用。由于这种模型包含了自回归和移动平均两种成分，因此它的阶是二维的，由 p 和 q 两个数构成，其中 p 代表自回归成分的阶数，q 代表移动平均成分的阶数，记作 ARMA(p,q)，称作自回归移动平均混合模型或自回归移动平均 ARMA 模型。

ARMA 模型是一类常用的随机时间序列模型，由美国统计学家博克斯（G.E.P.Box）和詹金斯（G.M.Jenkins）创立，亦称 B-J 法。它是一种精度较高的时间序列短期分析方法，其基本思想是：某些时间序列是依赖于时间 t 的一组随机变量，构成该时间序列的单个序列值虽然具有不确定性，但整个序列的变化却有一定的规律性，可以用相应的数学模型近似描述，通过对该数学模型的分析研究，能够从本质上认识时间序列的结构与特征，并得到最有效的预测结果。

自回归移动平均模型 ARMA(p,q)的一般表达式为：

$$y_t = \phi_1 y_{t-1} + \phi_2 y_{t-2} + \cdots + \phi_p y_{t-p} + u_t - \theta_1 u_{t-1} - \theta_2 u_{t-2} - \cdots - \theta_q u_{t-q} \tag{4-46}$$

该模型中 p 为自回归部分的阶数，q 为移动平均部分的阶数，因此记为 ARMA(p,q)。利用滞后算子多项式$\Phi_p(L)$和$\Theta_q(L)$，ARMA(p,q)可改写为：

$$\Phi_p(L)y_t=\Theta_q(L)u_t \tag{4-47}$$

对 ARMA(p,q)模型，其平稳条件与 AR(p)的平稳条件相同，其可逆条件与 MA(q)的可逆条件相同。

最简单的自回归移动平均模型是 ARMA(1,1)，其具体形式为：

$$y_t=\phi_1 y_{t-1}+u_t-\theta_1 u_{t-1} \tag{4-48}$$

显然，ARMA$(0,q)$=MA(q)，ARMA$(p,0)$= AR(p)，因此，MA(q)和 AR(p)分别看作 ARMA(p,q)当 p=0 和 q=0 时的特例。

ARMA(p,q)模型的优点是能以较少的参数描写单用 AR(p)或 MA(q)过程不能经济地描写的数据生成过程。在实际应用中，用 ARMA(p,q)拟合实际数据时所需阶数较低，p 和 q 的数值很少超过 2。因此，ARMA 模型在预测中具有很大的实用价值。

4.4.2 ARMA 模型的相关分析

一、自相关分析

首先我们考察 ARMA(p,q)中最简单的模型 ARMA(1,1)：

$$y_t=\phi_1 y_{t-1}+u_t-\theta_1 u_{t-1}$$

$$\begin{aligned} r_0&=\mathrm{E}(y_t^2)=\mathrm{E}(\phi_1 y_{t-1}+u_t-\theta_1 u_{t-1})^2\\ &=\phi_1^2 r_0+\sigma_u^2+\theta_1^2\sigma_u^2-2\phi_1\theta_1\sigma_u^2 \end{aligned}$$

$$r_0(1-\phi_1^2)=\sigma_u^2(1+\theta_1^2-2\phi_1\theta_1)$$

$$r_0=\frac{1+\theta_1^2-2\phi_1\theta_1}{1-\phi_1^2}\sigma_u^2$$

$$\begin{aligned} r_1&=\mathrm{E}(y_{t-1}y_t)=\mathrm{E}[y_{t-1}(\phi_1 y_{t-1}+u_t-\theta_1 u_{t-1})]\\ &=\phi_1 r_0-\theta_1\sigma_u^2 \end{aligned}$$

$$=\frac{(\phi_1-\theta_1)(1-\phi_1\theta_1)}{1-\phi_1^2}\sigma_u^2$$

$$\begin{aligned} r_2&=\mathrm{E}[y_{t-2}y_t]\\ &=\mathrm{E}[y_{t-2}(\phi_1 y_{t-1}+u_t-\theta_1 u_{t-1})]\\ &=\phi_1 r_1 \end{aligned}$$

同样有：

$$r_3 = \phi_1 r_2$$

$$\vdots$$

$$r_k = \phi_1 r_{k-1}$$

于是有自相关函数：

$$\rho_1 = \frac{r_1}{r_0} = \frac{(\phi_1 - \theta_1)(1 - \phi_1\theta_1)}{1 + \theta_1^2 - 2\phi_1\theta_1}$$

$$\rho_k = \phi_1 \rho_{k-1} \quad (k \geqslant 2) \tag{4-49}$$

二、偏自相关分析

主要考虑 ARMA(1,1)的偏自相关系数。

将 AR(1)式推迟 1 期乘以 θ_1，推迟 2 期乘以 θ_1^2，依此类推，得到：

$$\begin{aligned} y_t &= \phi_1 y_{t-1} + u_t - \theta_1 u_{t-1} \\ \theta_1 y_{t-1} &= \theta_1 \phi_1 y_{t-2} + \theta_1 u_{t-1} - \theta_1^2 u_{t-2} \\ \theta_1^2 y_{t-2} &= \theta_1^2 \phi_1 y_{t-3} + \theta_1^2 u_{t-2} - \theta_1^3 u_{t-3} \\ &\vdots \end{aligned}$$

将以上各式两边对应相加：

$$y_t + \theta_1 y_{t-1} + \theta_1^2 y_{t-2} + \cdots = \phi_1 y_{t-1} + \theta_1 \phi_1 y_{t-2} + \theta_1^2 \phi_1 y_{t-3} + \cdots + u_t$$

整理得无限自回归模型：

$$y_t = (\phi_1 - \theta_1)(y_{t-1} + \theta_1 y_{t-2} + \theta_1^2 y_{t-3} + \cdots) + u_t$$

该模型与 ARMA(1,1)等价。

记 $\psi_1 = \phi_1 - \theta_1$，$\psi_2 = (\phi_1 - \theta_1)\theta_1$，$\psi_3 = (\phi_1 - \theta_1)\theta_1^2$ 等，显然，ψ 就是模型 ARMA(1,1)的偏相关系数。由于 $|\theta_1| < 1$，$|\phi_1| < 1$，知 ψ_k 的绝对值随 k 的增加而减少，其符号由乘积 $(\phi_1 - \theta_1)\theta_1^{k-1} (k = 1, 2, \cdots)$ 来决定。零阶偏相关系数定义为 $\psi_0 = 1$。

根据以上的讨论，我们可以根据自相关函数和偏自相关函数的变化规律，画出图形。下面给出了典型 ARMA(1,1)过程的自相关函数 ACF 和偏自相关函数 PACF 的图形。

【例 4-5】模拟研究：模型 ARMR(1,1)估计的结果为 $y_t = 0.8y_{t-1} + u_t - 0.6u_{t-1}$，写成算子的形式为：$(1-0.8L)\, y_t = u_t - 0.6u_{t-1}$。

In
```
np.random.seed(12345)
y4 = arma_s([1,-0.8],[1,-0.6],100);
plt.plot(y4,'k.-');
```
Out

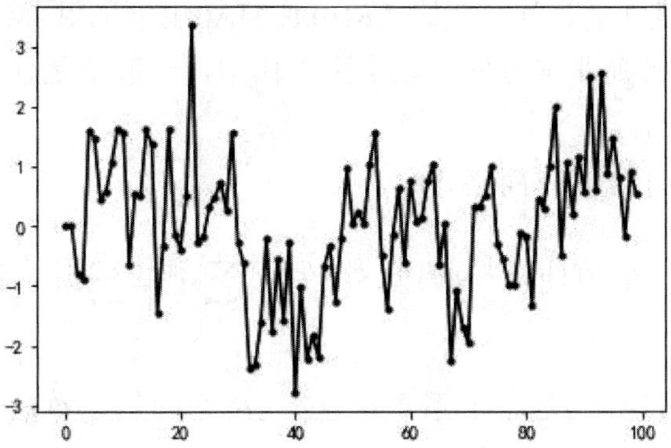

In
```
plot_acf(y4);
```
Out
```
array([1., 0.4392, 0.376 , 0.2898, 0.3335, 0.191 , 0.1349, 0.1156])
```

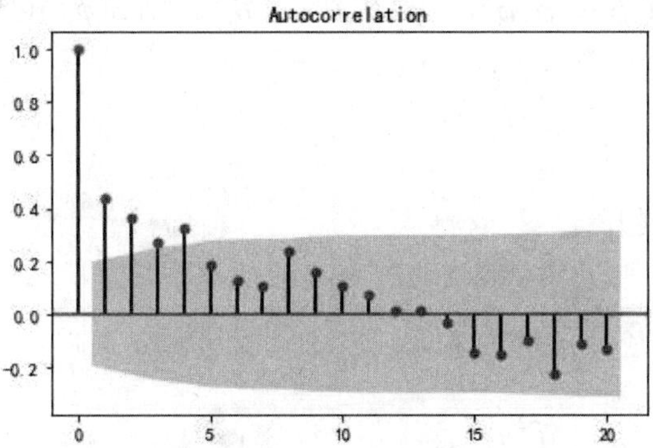

In
```
plot_pacf(y4);
```
Out
```
array([ 1.,    0.4436,    0.2327,    0.0855,    0.1799, -0.062 , -0.0535,0.0114])
```

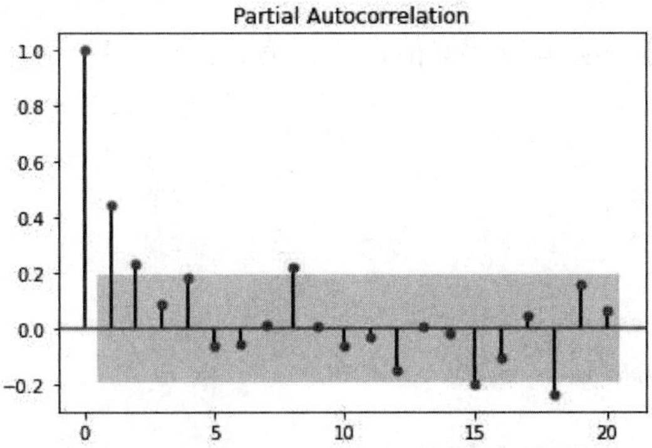

显然，这时仅靠自相关图和偏自相关图不好判断模型的阶数，需用 AIC 和 BIC 等准则进行判断。

4.4.3 ARMA 模型的统计推断

一、ARMA 模型的参数估计

ARMA(p,q)的估计，需要用非线性估计法，要比 AR(p)或 MA(q)的估计困难得多。它的计算过程颇为复杂，但使用计算机则非常方便。在实际工作中，一般都是使用通用软件（如 TSP）利用计算机进行估计的。

下面仅对 ARMA(p,q)的一种估计方法作简略介绍。

我们的问题是找出适当的 p 和 q 的值使 ϕ、θ 误差 $S(\phi,\theta)=\sum_{t=1}^{n}u_t^2=\sum_{t=1}^{n}(u_t\mid\phi,\theta,\omega)^2$ 达到最小。其中 ω 是 n 个观测值的向量，θ是 q 个系数 $\theta_1,\theta_2,\cdots,\theta_q$ 的向量，ϕ 是 p 个系数 $\phi_1,\phi_2,\cdots,\phi_p$ 的向量。$u_t\mid\phi,\theta,\omega$ 表示 u_t 值的大小由条件 ϕ、θ 及 ω 而定。

现在以向量 β 代表向量 ϕ 和 θ，即 $\beta=(\phi_1,\phi_2,\cdots,\phi_p,\theta_1,\theta_2,\cdots,\theta_q)$。则 $S(\phi,\theta)$可写成：

$$S(\beta)=\sum_{t=1}^{n}(u_t\mid\omega,\beta)^2=\sum_{t=1}^{n}u_t^2$$

我们将 u_t 在 β_0 处泰勒（Taylor）展开：

$$u_t=(u_t\mid\omega,\beta_0)+\sum_{i=1}^{p+q}(\beta_i-\beta_{i,0})\frac{\partial u_t}{\partial\beta_i}\Big|_{\beta=\beta_0}+$$

$$\frac{1}{2}\sum_{i=1}^{p+q}\sum_{j=1}^{p+q}(\beta_i-\beta_{i,0})(\beta_j-\beta_{j,0})\frac{\partial^2 u_t}{\partial\beta_i\partial\beta_j}\Big|_{\beta=\beta_0}+\cdots$$

记 $x_{i,t}=\frac{-\partial u_t}{\partial\beta_i}\Big|_{\beta=\beta_0}$，上式右边取前二项作为近似值，于是有：

$$u_t=(u_t\mid\omega,\beta_0)-\sum_{i=1}^{p+q}(\beta_i-\beta_{i0})x_{it}$$

或

$$(u_t\mid\omega,\beta_0)+\sum_{i=1}^{p+q}\beta_{i,0}x_{i,t}=\sum_{i=1}^{p+q}\beta_i x_{i,t}+u_t$$

将上式左端视为因变量，右端视为自变量和误差项。记：

$$Y=\begin{bmatrix}[u_1\mid\omega,\beta_0]+\sum_{i=1}^{p+q}\beta_{i,0}x_{i,1}\\ [u_2\mid\omega,\beta_0]+\sum_{i=1}^{p+q}\beta_{i,0}x_{i,2}\\ \vdots\\ [u_n\mid\omega,\beta_0]+\sum_{i=1}^{p+q}\beta_{i,0}x_{i,n}\end{bmatrix}$$

$$X=\begin{bmatrix}x_{1,1} & x_{2,1} & \cdots & x_{p+q,1}\\ x_{1,2} & x_{2,2} & \cdots & x_{p+q,2}\\ \vdots & \vdots & & \vdots\\ x_{1,n} & x_{2,n} & \cdots & x_{p+q,n}\end{bmatrix},\quad \beta=\begin{bmatrix}\beta_1\\ \beta_2\\ \vdots\\ \beta_{p+q}\end{bmatrix},\quad U=\begin{bmatrix}u_1\\ u_2\\ \vdots\\ u_n\end{bmatrix}$$

其中 Y 为 $n\times1$ 向量，X 为 $n\times(p+q)$ 矩阵，β 为 $(p+q)\times1$ 向量，U 为 $n\times1$ 向量。则有：

$$Y=X\beta+U \tag{4-50}$$

对模型应用 OLS 法，便可得到 β 的最小二乘估计量：

$$\hat{\beta}=(X'X)^{-1}X'Y \tag{4-51}$$

从原始向量估计值 $\hat{\beta}_0$ 开始，如此反复进行计算可依次得到 $\hat{\beta}_1$，…，$\hat{\beta}_k$ 直至差 $|\beta_k-\hat{\beta}_k|$ 小于预先指定的精度为止。

In
```
print(ARMA(y4,order = (1,1)).fit(trend='nc').summary())
```
Out
```
ARMA Model Results
==============================================================================
Dep. Variable:                      y   No. Observations:                  100
Model:                     ARMA(1, 1)   Log Likelihood                -144.215
Method:                       css-mle   S.D. of innovations:             1.022
Date:                Thu, 24 Sep 2020   AIC:                           294.429
Time:                        22:27:06   BIC:                           302.245
Sample:                             0   HQIC:                          297.592
==============================================================================
                 coef    std err          z      P>|z|      [0.025      0.975]
------------------------------------------------------------------------------
ar.L1.y        0.8446      0.094      8.979      0.000       0.660       1.029
ma.L1.y       -0.5431      0.150     -3.614      0.000      -0.838      -0.249
                                    Roots
=============================================================================
                  Real          Imaginary           Modulus         Frequency
-----------------------------------------------------------------------------
AR.1            1.1840           +0.0000j            1.1840            0.0000
MA.1            1.8412           +0.0000j            1.8412            0.0000
-----------------------------------------------------------------------------
```
In
```
print(ARMA(y4,order = (2,1)).fit(trend='nc').summary())
```
Out
```
ARMA Model Results
==============================================================================
Dep. Variable:                      y   No. Observations:                  100
Model:                     ARMA(2, 1)   Log Likelihood                -144.215
Method:                       css-mle   S.D. of innovations:             1.022
Date:                Thu, 24 Sep 2020   AIC:                           296.429
Time:                        22:27:44   BIC:                           306.850
Sample:                             0   HQIC:                          300.647
==============================================================================
```

```
coef    std err          z      P>|z|      [0.025      0.975]
------------------------------------------------------------------------------
ar.L1.y        0.8450      0.294      2.875      0.004       0.269       1.421
ar.L2.y       -0.0003      0.184     -0.001      0.999      -0.360       0.360
ma.L1.y       -0.5435      0.277     -1.960      0.050      -1.087   -7.82e-05
                                    Roots
=============================================================================
                  Real          Imaginary           Modulus         Frequency
-----------------------------------------------------------------------------
AR.1            1.1839           +0.0000j            1.1839            0.0000
AR.2         3260.6367           +0.0000j         3260.6367            0.0000
MA.1            1.8401           +0.0000j            1.8401            0.0000
-----------------------------------------------------------------------------
```

In

```
print(ARMA(y4,order = (1,2)).fit(trend='nc').summary())
```

Out

```
ARMA Model Results
==============================================================================
Dep. Variable:                      y   No. Observations:                  100
Model:                     ARMA(1, 2)   Log Likelihood                -144.215
Method:                       css-mle   S.D. of innovations              1.022
Date:                Thu, 24 Sep 2020   AIC                            296.429
Time:                        22:29:53   BIC                            306.850
Sample:                             0   HQIC                           300.647
==============================================================================
                 coef    std err          z      P>|z|      [0.025      0.975]
------------------------------------------------------------------------------
ar.L1.y        0.8447      0.111      7.618      0.000       0.627       1.062
ma.L1.y       -0.5431      0.151     -3.597      0.000      -0.839      -0.247
ma.L2.y       -0.0002      0.114     -0.001      0.999      -0.223       0.223
                                    Roots
=============================================================================
                  Real          Imaginary           Modulus         Frequency
-----------------------------------------------------------------------------
AR.1            1.1839           +0.0000j            1.1839            0.0000
MA.1            1.8402           +0.0000j            1.8402            0.0000
MA.2        -3518.9553           +0.0000j         3518.9553            0.5000
-----------------------------------------------------------------------------
```

In

```
print(ARMA(y4,order = (2,2)).fit(trend='nc').summary())
```

Out

```
ValueError: The computed initial AR coefficients are not stationary
You should induce stationarity, choose a different model order, or you can
pass your own start_params.
```

从上面的建模过程可以看到，ARMA(p,q)模型的阶数 p 和 q 的识别是拟合 ARMA 模型首先遇到的问题，即 p 和 q 到底取多大合适。

二、模型的识别

模型的识别是根据时间序列的样本自相关函数、偏自相关函数的特点来选择模型的类型，并初步判定时间序列所适合的阶数。

（1）AR(p)序列的识别：如果序列$\{y_t\}$的偏自相关函数在 p 步后截尾，则可判定该序列为 AR(p)序列。

（2）MA(q)序列的识别：如果序列$\{y_t\}$的自相关函数在 q 步后截尾，则可判定该序列为 MA(q)序列。

（3）ARMA(p,q)序列的识别：如果序列$\{y_t\}$的自相关函数和偏自相关函数皆无截断点，也即它们均是拖尾的，则可判定该序列为 ARMA(p,q)序列，如表 4-1 所示。

表4-1 ARMA(p, q)模型的ACF和PACF理论模式

模型	ACF	PACF
AR(p)	衰减趋于 0 或振荡	p 阶截尾
MA(q)	q 阶截尾	衰减趋于 0 或振荡
ARMA(p,q)	q 阶后衰减趋于 0 或振荡	p 阶后衰减趋于 0 或振荡

自相关函数和偏自相关函数只能初步断定序列$\{y_t\}$为 ARMA 模型（因为自相关函数和偏自相关函数都是拖尾的），但是不能确定其阶数，这时需要采用一定的定阶准则。常用的定阶准则是 AIC 准则，也即赤池（Akaike）信息准则。

对于序列$\{y_t\}$，取$\hat{\sigma}_e^2$为模型拟合残差的方差：

$$\text{AIC}(p,q)=\ln\hat{\sigma}_e^2+2(p+q)/T \tag{4-52}$$

对于由低阶到高阶不同的 p、q 取值分别建立模型并进行参数估计，比较各模型的 AIC 值，使其达到最小的 p_0,q_0，这时的(p_0,q_0)为最佳模型阶数，有：

$$\text{AIC}(p_0,q_0)=\min_{0\leqslant n\leqslant N_0}\text{AIC}(p,q) \tag{4-53}$$

除了赤池信息准则（AIC），还有施瓦兹（Schwarz）信息准则（SIC），即选择最佳的(p,q)使 SIC 达到最小。

ARMA 模型阶数的确定是一件困难的事，目前还没有最好的方法，在 Python 里，statsmodels.tsa.stattools 包中的 arma_order_select_ic()函数提供一种自动给出 ARMA(p,q)的 p 值和 q 值的算法。

In
```
import statsmodels.tsa.stattools as ts
ts.arma_order_select_ic(y4,max_ar = 3,max_ma = 3,ic = ['aic','bic','hqic'])
```

Out
```
{'aic':          0           1           2           3
 0  320.654985  308.994113  303.477313  305.047246
 1  301.391458  296.365493  298.365399  300.329942
 2  298.128199  298.365390  299.727619  301.192395
 3  299.492955  300.333256  301.362281  299.223465,
 'bic':          0           1           2           3
 0  325.865325  316.809624  313.897994  318.073097
 1  309.206969  306.786174  311.391250  315.960963
 2  308.548880  311.391241  315.358640  319.428587
 3  312.518806  315.964277  319.598473  320.064826,
 'hqic':         0           1           2           3
 0  322.763704  312.157191  307.694750  310.319043
 1  304.554536  300.582930  303.637195  306.656098
 2  302.345636  303.637186  306.053775  308.572910
 3  304.764752  306.659412  308.742796  307.658339,
 'aic_min_order': (1, 1),
 'bic_min_order': (1, 1),
 'hqic_min_order': (1, 1)}
```

在 Python 中，由信息量准则得知，y_4序列的阶数为（1,1），也符合我们的模拟。

三、ARMA 模型的预测

若实际的数据生成过程是已知的，并且$\{y_t\}$和$\{u_t\}$的现在和过去各期的数值也已知，则可以现在为原点，根据已掌握的信息，使用条件期望的方法对序列$\{y_t\}$未来各期数值进行预测。预测式为：

$$E_t y_{t+j}=E(y_{t+j}|\ y_t,y_{t-1},y_{t-2},\ldots,u_t,u_{t-1},u_{t-2},\ldots) \tag{4-54}$$

现在以 ARMA(2,1)为例详述 ARMA 模型点预测。

对于参数都已知的 ARMA(2,1)模型：

$$Y_t=\phi_1 y_{t-1}+\phi_2 y_{t-2}+u_t+\theta u_{t-1}$$

向前推j期，有：

$$y_{t+j}=\phi_1 y_{t+j-1}+\phi_2 y_{t+j-2}+u_{t+j}+\theta u_{t+j-1}$$

在t是已知信息的条件下，求期望值，得：

向前j步预测：

$$E_t y_{t+j}=\phi_1 E_t y_{t+j-1}+\phi_2 E_t y_{t+j-2} \qquad j\geqslant 2$$

j 步预测误差：

$$e_{t(j)}=y_{t+j}-E_t y_{t+j}=\phi_1 e_{t(j-1)}+\phi_2 e_{t(j-2)} y_{t+j}+u_{t+j}+\theta u_{t+j-1}$$

在$\{e_t\}$服从正态分布的假设下，对于给定的置信水平$1-\alpha$，可建立y_{t+j}的预测区间为：

$$E_t y_{t+j}\pm Z_{\alpha/2}[\mathrm{var}(e_{t(j)})]^{1/2}$$

四、ARMA 模型的计算步骤

1. 预处理

运用 B-J 法的前提条件是：作为分析对象的时间序列是一组零均值的平稳随机序列。平稳随机序列的统计特性不随时间的推移而变化。直观地说，平稳随机序列的折线图无明显的上升或下降趋势。但是，大量的社会经济现象随时间的推移，总表现出某种上升或下降趋势，构成非零均值的非平稳的时间序列。对此的解决方法是在应用模型之前，对时间序列先进行零均值化和差分平稳化处理。

2. 模型的选择

首先，作出相应的时间序列图，判断时间序列有无趋势、异常点、缺失点和结构变化。如存在趋势，则需进行差分；如存在异常点，则需要修正或者去除等。其次，作样本自相关函数（ACF）图和偏自相关函数（PACF）图，并与理论 ARMA 模型的自相关函数（ACF）和偏自相关函数（PACF）图进行比较，选择可能合适的模型。再次，对模型进行估计和筛选。最后，用 OLS、MLE 等估计各模型参数，按照吝啬原则（principle of parsimony）在所估计出的模型中选出最终使用的模型，其中模型选择的准则可以采用 AIC 或 BIC。

3. 模型的定阶

B-J 法是以时间序列的自相关分析为基础的，以便识别时间序列的模式，实现建模的任务。自相关分析就是对时间序列求其本期与不同滞后期的一系列自相关系数和偏自相关系数，据以识别时间序列的特性。偏自相关系数被用来配合自相关系数，共同辨认适当的 ARMA 模型。在自回归模型的识别中，可以使用偏自相关系数来初步判定模型的阶数；在移动平均模型中，可以用自相关系数来识别移动平均模型。

4. 模型参数的估计

（1）p 阶自回归模型 AR(p)参数估计：可以使用 Yule-Walker 法、OLS 法或极大似然法（MLE）来估计，其中 AR(p)的 OLS 和 MLE 估计是相同的。在 Python 中已有基于（条件）OLS 和 MLE 的函数 arima。

（2）q 阶移动平均模型 MA(q)可用矩估计法，由方程组：

$$r_k=\sigma^2(\theta_0\cdot\theta_k+\theta_1\cdot\theta_{k+1}+\cdots+\theta_q\cdot\theta_q)\qquad 0\leqslant k\leqslant p \tag{4-55}$$

求得参数 $\theta_1,\theta_2,\ldots,\theta_q$ 的估计值。Python 的函数 arima 可以实现 MA(q)模型的估计。

（3）ARMA(p, q)模型可用极大似然法或者条件最小平方和法估计。Python 的函数 arima 同样可以解决 ARMA(p,q)模型的估计问题。

5. 模型检验

对所建立的 ARMA 模型优劣的检验，是通过检验原始时间序列与所建立的 ARMA 模型之间的误差序列 e_t 来实现的。若误差序列 e_t 具有随机性，就意味着所建立的模型已包含了原始时间序列的所有趋势（包括周期性变动），从而说明所建立的模型是对原始时间序列的合适的描述。反之，若误差序列 e_t 不具有随机性，则说明所建立的模型还有改善的余地，应对模型进行修正或重新建立新的模型。误差序列的这种随机性可利用 B-P 检验法的 Q 统计量来进行检验。Q 统计量为：

$$Q=n\sum_{k=1}^{m}r_k^2 \tag{4-56}$$

（4-56）式中：m 为 ARMA 模型中所含的最大时滞；n 为时间序列观测值的个数，且 $Q\sim\chi^2(m)$。对于给定的置信度 $1-\alpha$，将计算的 Q 值与 $\chi^2(m)$ 比较：若 $Q\leqslant\chi^2(m)$，则判定所选用的 ARMA 模型是合适的；若 $Q>\chi^2(m)$，则判定选用的 ARMA 模型是不适合的。

4.4.4 道琼斯工业平均指数模型

下面针对道琼斯工业平均指数（DJIA）收盘价建立 ARMA 模型，取 2016 年 1 月 4 日到 2020 年 1 月 23 日的收盘数据作为训练样本，2020 年 2 月的数据作为预测对照样本。数据来源于 choice 金融终端，并以指数的对数收益率 R_t 作为第 t 日的股票对数收益率，即这里的 $R_t=\log(P_t/P_{t-1})\times100$，$P_t$ 表示股票价格指数。

一、数据的读取与可视化分析

In

```
DJIA = pd.read_excel('MEdata.xlsx','DJIA')
DJIA.info()
```

Out

```
<class 'pandas.core.frame.DataFrame'>
RangeIndex: 1027 entries, 0 to 1026
Data columns (total 2 columns):
 #   Column  Non-Null Count  Dtype
---  ------  --------------  -----
 0   Date    1027 non-null   object
 1   Close   1027 non-null   float64
dtypes: float64(1), object(1)
memory usage: 16.2+ KB
```

In

```
DJIA.plot();
```

Out

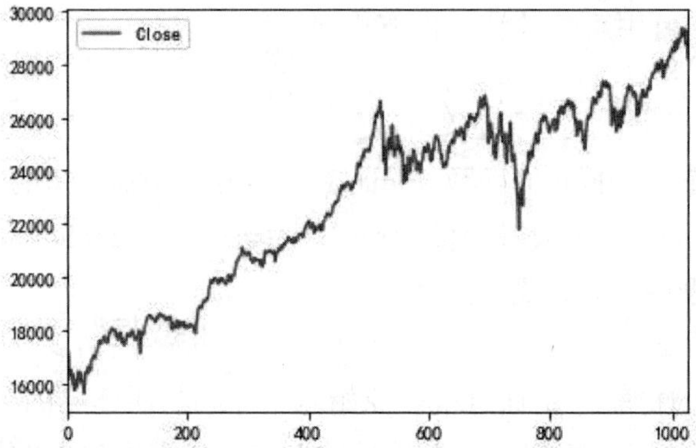

In

```
Pt = DJIA.Close; Pt_1=Pt.shift(1)
Rt = (np.log(Pt/Pt_1)*100).dropna();
Rt.plot();
```

Out

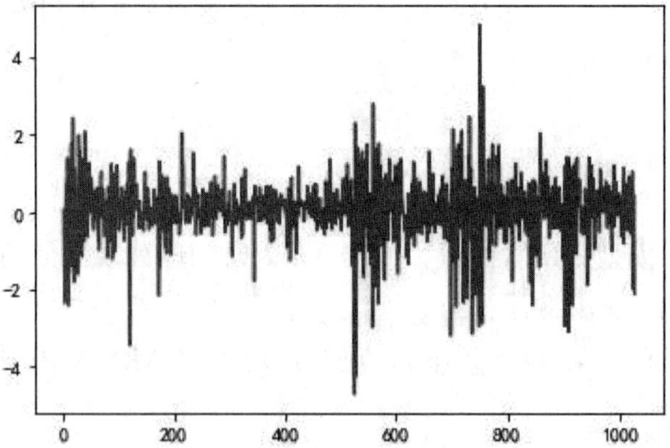

从上图可以看出，收益率 R_t 的数据基本是一个平稳序列。

二、模型阶数选择

In

```
plot_acf(Rt);
```

Out

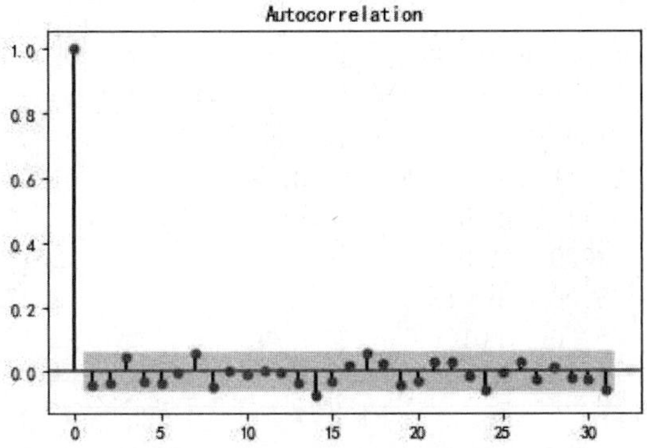

In

```
plot_acf(Rt);
```

Out

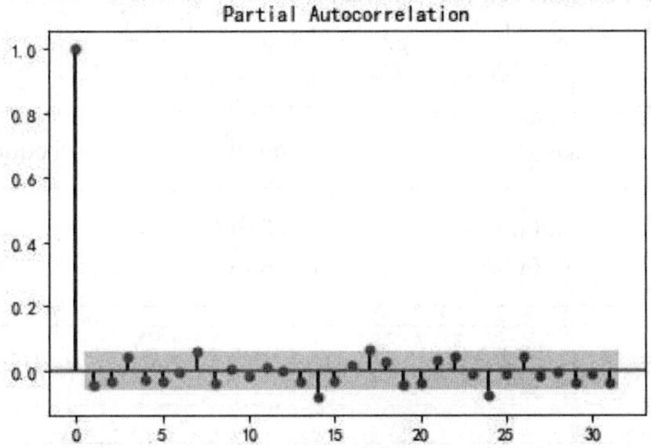

从图形中难以判断 ARMA 的阶数，这时可用 statsmodels.tsa.stattools 包中的 arma_order_select_ic()函数提供的自动算法给出 ARMA(p,q)的 p 值和 q 值。

In

```
ts.arma_order_select_ic(Rt,max_ar = 3,max_ma = 3,ic = ['aic','bic','hqic'])
```

Out

```
{'aic':    0          1          2          3
0  2509.440  2509.374  2510.356  2510.557
1  2509.511  2507.398  2508.639  2510.610
2  2510.173  2508.484  2509.126  2512.587
3  2510.199  2511.824  2508.030  2509.998,
'bic':    0          1          2          3
0  2519.307  2524.175  2530.090  2535.224
1  2524.312  2527.132  2533.306  2540.210
2  2529.907  2533.152  2538.726  2547.121
3  2534.867  2541.424  2542.564  2549.465,
'hqic':   0          1          2          3
0  2513.185  2514.992  2517.847  2519.921
1  2515.129  2514.889  2518.002  2521.846
2  2517.664  2517.848  2520.362  2525.696
3  2519.563  2523.060  2521.139  2524.979,
'aic_min_order': (1, 1),
'bic_min_order': (0, 0),
'hqic_min_order': (0, 0)}
```

根据信息量准则，可选取 ARMA(1,1)模型。

三、参数的估计与检验

In

```
Rt_arma = ARMA(Rt, order = (1,1)).fit(trend='nc')
Rt_arma.summary()
```

Out

```
                              ARMA Model Results
==============================================================================
Dep. Variable:                  Close   No. Observations:                 1026
Model:                     ARMA(1, 1)   Log Likelihood               -1253.548
Method:                       css-mle   S.D. of innovations:             0.821
Date:                Fri, 21 Feb 2020   AIC:                          2513.095
Time:                        20:45:06   BIC:                          2527.895
Sample:                             0   HQIC:                         2518.713
==============================================================================
                 coef    std err          z      P>|z|      [0.025      0.975]
------------------------------------------------------------------------------
ar.L1.Close    0.2318      0.505      0.459      0.046      -0.758       1.222
ma.L1.Close   -0.2743      0.499     -0.550      0.582      -1.252       0.703
                                    Roots
==============================================================================
                  Real          Imaginary           Modulus          Frequency
------------------------------------------------------------------------------
AR.1            4.3142            +0.0000j            4.3142            0.0000
MA.1            3.6452            +0.0000j            3.6452            0.0000
------------------------------------------------------------------------------
```

输出的结果为：$(1-0.231\,8L)\,R_t=(1-0.274\,3)u_t$，或：$R_t=0.231\,8R_{t-1}+u_t-0.274\,3u_{t-1}$。

四、模型的预测

In

```
Rt_arma.predict(start = 0,end = 9,dynamic=False)
```

Out

```
1     0.000000
2    -0.002381
3     0.062261
4     0.116967
5     0.075491
6     0.007169
7    -0.028442
8    -0.028442
9    -0.035610
10    0.092998
dtype: float64
```

也就是说，未来几天的预期对数收益率分别为-0.002381，0.062261，0.116967，0.075491，0.007169，-0.028442，-0.028442，-0.035610，0.092998，跟我们现实相似度较高，模型拟合不错。

练习题

一、手工解答题（纸质作业）

1. 举例说明经济现象中的自相关性的存在。说明什么是一阶自相关和高阶自相关。

2. 自相关与偏自相关有何不同？

3. 序列自相关图示法的判断依据是什么？

4. AR 模型的平稳性条件是什么？

5. 如何根据自相关函数和偏自相关函数初步判断某个平稳随机过程为 AR 模型、MA 模型，还是 ARMA 模型？

6. ARMA 模型的分析步骤有哪些？

二、软件计算题（电子作业）

1. 下表数据是 1970—1991 年美国制造业固定厂房设备投资 Y 和销售量 X，以 10 亿美元计价，且经过季节调整，根据该数据判断厂房开支和销售量序列是否平稳。

年份	Y	X	年份	Y	X
1970	36.99	52.805	1981	128.68	168.129
1971	33.60	55.906	1982	123.97	163.351
1972	35.42	63.027	1983	117.35	172.547
1973	42.35	72.027	1984	139.61	190.682
1974	52.48	84.790	1985	182.88	194.538
1975	53.66	86.589	1986	137.95	194.657
1976	58.53	98.797	1987	141.06	206.326
1977	67.48	113.201	1988	163.45	223.541
1978	78.13	126.905	1989	183.80	232.724
1979	95.13	143.936	1990	192.61	239.459
1980	112.60	154.390	1991	182.81	235.142

2. 对全国居民消费价格指数进行分析。请选取 2006 年 1 月至 2020 年 12 月的全国居民消费价格指数 *CPI*（月度数据，上年同月=100）作为样本数据，用 Python 命令建立相应的 AR 模型、MA 模型和 ARMA 模型，并从中选一个合适的模型。

3. 股票收益率的研究。请选取 2011 年 1 月 1 日至 2020 年 12 月 31 日的沪深 300 指数作为样本数据，对我国证券市场沪深 300 指数股票收益率的变动进行分析。并用 Python 命令建立相应的 AR 模型、MA 模型和 ARMA 模型，并从中选一个合适的模型。

5　扩展时间序列分析模型

5.1　分布滞后与自回归模型

在现实经济活动中，滞后现象是普遍存在的。比如货币供给的变化对经济影响很大，货币政策总是备受关注，其影响效应存在着时间上的滞后。在货币政策的传导过程中，货币扩张首先促使利率降低，或者一般价格水平上升，这需要一段时间。这些因素对以 *GDP* 为代表的经济增长的影响，更是需要一段时间才能显示出来。只有经过一段时间以后，支出对利率的反应增强，投资、进出口和消费才会不断上升，货币政策才最终促使 *GDP* 增加。通常，货币扩张对 *GDP* 影响的最高点可能是在政策实施以后的一到两年间达到。这就要求我们在做经济分析时应该考虑时间上滞后的影响，那么怎样才能把这类时间上滞后的经济关系纳入计量经济模型呢？

5.1.1　滞后效应与滞后变量模型

一、经济活动中的滞后现象

解释变量与被解释变量的因果联系不可能在短时间内完成，在这一过程中通常都存在时间滞后，也就是说解释变量需要通过一段时间才能完全作用于被解释变量。

此外，由于经济活动的惯性，一个经济指标以前的变化态势往往会延续到本期，从而形成被解释变量的当期变化同自身过去取值水平相关的情形。

这种被解释变量受自身或其他经济变量过去值影响的现象称为滞后效应。

【例 5-1】消费滞后：消费者的消费水平，不仅依赖于当年的收入，还同以前的收入有关。一般来说，消费者不会把当年的收入全部花完。假定消费者将每一年 40%的收入用于当年的花费，30%用于第二年的花费，20%用于第三年的花费，其余用作长期储蓄。于是该消费者的消费函数就可以表示成：

$$Y_t = \alpha + 0.4\,X_t + 0.3\,X_{t-1} + 0.2\,X_{t-2} + u_t \tag{5-1}$$

其中，Y_t、X_t 分别为第 t 年的消费和收入，α为常数。

产生滞后效应的原因：

（1）心理因素：人们的心理定式、行为方式滞后于经济形势的变化，如中彩票的人不可能很快改变其生活方式。

（2）技术原因：如当年的产出在某种程度上依赖于过去若干期内投资形成的固定资产。

（3）制度原因：如定期存款到期后才能提取，使得它对社会购买力的影响具有滞后性。

二、滞后变量模型

滞后变量是指过去时期的、对当前被解释变量产生影响的变量。滞后变量分为滞后解释变量与滞后被解释变量。把滞后变量引入回归模型，这种回归模型称为滞后变量模型。

滞后变量模型的一般形式为：

$$Y_t=\alpha+\beta_0X_t+\beta_1X_{t-1}+\beta_2X_{t-2}+\cdots+\beta_sX_{t-s}+\gamma_1Y_{t-1}+\gamma_2Y_{t-2}+\cdots+\gamma_qY_{t-q}+u_t \tag{5-2}$$

其中 s、q 分别为滞后解释变量和滞后被解释变量的滞后期长度。

滞后变量模型考虑了时间因素的作用，使静态分析的问题有可能成为动态分析。含有滞后解释变量的模型，又称动态模型（dynamical model）。

1. 分布滞后模型

模型中没有滞后被解释变量，仅有解释变量 X 的当期值及其若干期的滞后值。被解释变量受解释变量的影响分布在解释变量不同时期的滞后值上，即模型如下：

$$Y_t=\alpha+\beta_0X_t+\beta_1X_{t-1}+\beta_2X_{t-2}+\cdots+\beta_sX_{t-s}+u_t \tag{5-3}$$

具有这种滞后分布结构的模型称为分布滞后模型，其中 s 为滞后长度。根据滞后长度 s 取为有限和无限，模型分别称为有限分布滞后模型和无限分布滞后模型。

在分布滞后模型中，各系数体现了解释变量的各个滞后值对被解释变量的不同影响程度，即通常所说的乘数效应：

（1）β_0 称为短期乘数（short-run）或即期乘数（impact multiplier），表示本期 X 变动一个单位对 Y 值的平均影响大小；

（2）β_i（$i=1,2,\ldots,s$）称为延迟乘数或动态乘数，表示过去各时期 X 变动一个单位对 Y 值的平均影响大小；

（3）$\sum_{i=0}^{s}\beta_i$ 称为长期乘数（long-run）或总分布乘数（total distributed-lag multiplier），表示 X 变动一个单位时，由于滞后效应而形成的对 Y 值总的影响大小。

2. 自回归分布滞后模型

如果滞后变量模型的解释变量仅包括自变量 X 的当期值和被解释变量的若干期滞后值，即模型如下：

$$Y_t=\alpha+\beta_0X_t+\gamma_1Y_{t-1}+\gamma_2Y_{t-2}+\cdots+\gamma_qY_{t-q}+u_t \tag{5-4}$$

则称这类模型为自回归分布滞后模型（autoregressive distributed-lag model，ADL）：既含有 Y 对自身滞后变量的回归，还包括 X 分布在不同时期的滞后变量，其中 q 称为自回归模型的阶数。

（1）有限自回归分布滞后模型：滞后期长度有限；

（2）无限自回归分布滞后模型：滞后期无限。

模型：

$$Y_t = \alpha_0 + \alpha_1 X_t + \alpha_2 Y_{t-1} + u_t \tag{5-5}$$

称为一阶自回归分布滞后模型。

5.1.2 分布滞后模型的参数估计

一、分布滞后模型估计的困难

1. 无限期的分布滞后模型

由于样本观测值的有限性，无法直接对其进行估计。

2. 有限期的分布滞后模型

OLS 会遇到如下问题：

（1）没有先验准则确定滞后期长度，即滞后长度难以确定的问题；

（2）如果滞后期较长，将缺乏足够的自由度进行估计和检验，即自由度问题；

（3）同名变量滞后值之间可能存在高度线性相关，即模型存在多重共线性。

处理的基本思想：人们提出了一系列的修正估计方法，但并不很完善。各种方法的基本思想大致相同，都是通过对各滞后变量加权，组成线性合成变量而有目的地减少滞后变量的数目，以缓解多重共线性，保证自由度。对于有限分布滞后模型，其基本思想是设法有目的地减少需要直接估计的模型参数个数，以缓解多重共线性，保证自由度。对于无限分布滞后模型，主要是通过适当的模型变换，使其转化为只需估计有限个参数的自回归模型。

二、经验加权估计法

经验加权估计法，是根据实际经济问题的特点及经验判断，赋予滞后变量一定的权数，利用这些权数构成各滞后变量的线性组合，以形成新的变量，再应用最小二乘法进行估计。

常见的滞后结构类型有递减滞后结构、Λ型滞后结构和不变滞后结构。

例如下面三组权数分别代表了递减滞后结构、Λ型滞后结构和不变滞后结构：

（1）1，1/2，1/4，1/8；

（2）1/4，1/2，2/3，1/4；

（3）1/4，1/4，1/4，1/4。

优点：简单易行、不损失自由度、避免多重共线性干扰、参数估计具有一致性。

缺点：设置权数的主观随意性较大，要求分析者对实际问题的特征有比较透彻的了解。大家通常的做法是，依据先验信息，多选几组权数分别估计多个模型，然后根据可决系数、F 检验值、t 检验值、估计标准误以及 R^2 值，从中选出最佳估计方程。

由于权重设置较难，所以实际操作有一定的难度。

【例 5-2】经验加权估计法：我们知道国内生产总值（*GDP*）与全社会固定资产投资总额（*INV*）有关，而且 *INV* 对 *GDP* 有明显的滞后效应。为表述方便，记 X_t=log(*GDP*)，Y_t=log(*INV*)。

设定有限分布滞后模型为：

$$Y_t = \alpha + \beta_0 X_t + \beta_1 X_{t-1} + \beta_2 X_{t-2} + \beta_3 X_{t-3} + u_t$$

首先我们用传统的最小二乘法进行分布滞后模型的估计。

In
```
import numpy as np
import pandas as pd
MEdata=pd.read_excel('MEdata.xlsx',index_col = 0);
Xt=np.log(MEdata.GDP);Yt=np.log(MEdata.INV);
Xt_1=Xt.shift(1);Xt_2=Xt.shift(2);Xt_3=Xt.shift(3);
LogME1=pd.DataFrame({'Yt':Yt,'Xt':Xt,'Xt_1':Xt_1,'Xt_2':Xt_2,'Xt_3':Xt_3});
print(LogME1)
```

Out
```
            Yt         Xt        Xt_1       Xt_2       Xt_3
Year
1978   2.080691   3.592919        NaN        NaN        NaN
1979   2.148268   3.708192   3.592919        NaN        NaN
1980   2.209373   3.823192   3.708192   3.592919        NaN
1981   2.262804   3.903386   3.823192   3.708192   3.592919
1982   2.484907   3.993787   3.903386   3.823192   3.708192
1983   2.660260   4.107425   3.993787   3.903386   3.823192
1984   2.908539   4.296741   4.107425   3.993787   3.903386
1985   3.235930   4.519612   4.296741   4.107425   3.993787
1986   3.440739   4.651481   4.519612   4.296741   4.107425
.......
```

In
```
import statsmodels.formula.api as smf
smf.ols('Yt~Xt',LogME1).fit().summary()
```

Out
```
OLS Regression Results
==============================================================================
Dep. Variable:                     Yt   R-squared:                       0.996
Model:                            OLS   Adj. R-squared:                  0.996
Method:                 Least Squares   F-statistic:                     8978.0
Date:                Fri, 02 Oct 2020   Prob (F-statistic):            1.01e-47
Time:                        10:41:10   Log-Likelihood:                 21.984
No. Observations:                  41   AIC:                            -39.97
Df Residuals:                      39   BIC:                            -36.54
Df Model:                           1
Covariance Type:            nonrobust
==============================================================================
                 coef    std err          t      P>|t|      [0.025      0.975]
------------------------------------------------------------------------------
Intercept     -2.5193      0.088    -28.605      0.000      -2.697      -2.341
Xt             1.2385      0.013     94.754      0.000       1.212       1.265
==============================================================================
```

```
Omnibus:                        8.600   Durbin-Watson:                   0.281
Prob(Omnibus):                  0.014   Jarque-Bera (JB):                2.892
Skew:                          -0.278   Prob(JB):                        0.235
Kurtosis:                       1.823   Cond. No.                         26.7
==============================================================================
```

In

```
print(smf.ols('Yt~Xt+Xt_1',LogME1).fit().summary())
```

Out

```
                            OLS Regression Results
==============================================================================
Dep. Variable:                     Yt   R-squared:                       0.996
Model:                            OLS   Adj. R-squared:                  0.995
Method:                 Least Squares   F-statistic:                    4166.0
Date:                Fri, 02 Oct 2020   Prob (F-statistic):           2.77e-44
Time:                        10:42:33   Log-Likelihood:                 21.852
No. Observations:                  40   AIC:                            -37.70
Df Residuals:                      37   BIC:                            -32.64
Df Model:                           2
Covariance Type:            nonrobust
==============================================================================
                 coef    std err          t      P>|t|      [0.025      0.975]
------------------------------------------------------------------------------
Intercept     -2.6046      0.120    -21.670      0.000      -2.848      -2.361
Xt             1.5392      0.409      3.759      0.001       0.710       2.369
Xt_1          -0.2944      0.406     -0.725      0.473      -1.117       0.528
==============================================================================
Omnibus:                        9.853   Durbin-Watson:                   0.274
Prob(Omnibus):                  0.007   Jarque-Bera (JB):                2.683
Skew:                          -0.137   Prob(JB):                        0.261
Kurtosis:                       1.761   Cond. No.                        242.0
==============================================================================
```

In

```
print(smf.ols('Yt~Xt+Xt_1+Xt_2',LogME1).fit().summary())
```

Out

```
                            OLS Regression Results
==============================================================================
Dep. Variable:                     Yt   R-squared:                       0.995
Model:                            OLS   Adj. R-squared:                  0.995
Method:                 Least Squares   F-statistic:                    2508.0
Date:                Fri, 02 Oct 2020   Prob (F-statistic):           6.76e-41
Time:                        10:44:13   Log-Likelihood:                 21.330
No. Observations:                  39   AIC:                            -34.66
Df Residuals:                      35   BIC:                            -28.00
Df Model:                           3
Covariance Type:            nonrobust
==============================================================================
                 coef    std err          t      P>|t|      [0.025      0.975]
------------------------------------------------------------------------------
Intercept     -2.6186      0.131    -20.014      0.000      -2.884      -2.353
Xt             1.8218      0.568      3.210      0.003       0.670       2.974
Xt_1          -0.9244      1.030     -0.897      0.376      -3.016       1.167
Xt_2           0.3506      0.560      0.625      0.536      -0.787       1.488
==============================================================================
```

| | ```
Omnibus:                    6.611   Durbin-Watson:                  0.289
Prob(Omnibus):              0.037   Jarque-Bera (JB):               2.162
Skew:                      -0.057   Prob(JB):                       0.339
Kurtosis:                   1.852   Cond. No.                       624.0
==========================================================================
``` |
| In | `print(smf.ols('Yt~Xt+Xt_1+Xt_2+Xt_3',LogME1).fit().summary())` |
| Out | see below |

```
OLS Regression Results
==========================================================================
Dep. Variable:                 Yt   R-squared:                      0.995
Model:                        OLS   Adj. R-squared:                 0.994
Method:             Least Squares   F-statistic:                   1663.0
Date:            Fri, 02 Oct 2020   Prob (F-statistic):          1.52e-37
Time:                    10:45:20   Log-Likelihood:                20.587
No. Observations:              38   AIC:                           -31.17
Df Residuals:                  33   BIC:                           -22.99
Df Model:                       4
Covariance Type:        nonrobust
==========================================================================
                coef    std err         t      P>|t|     [0.025    0.975]
--------------------------------------------------------------------------
Intercept    -2.5971      0.149   -17.475      0.000     -2.899    -2.295
Xt            1.6859      0.621     2.715      0.010      0.423     2.949
Xt_1         -0.4018      1.304    -0.308      0.760     -3.056     2.252
Xt_2         -0.4563      1.300    -0.351      0.728     -3.101     2.189
Xt_3          0.4204      0.611     0.688      0.496     -0.823     1.663
==========================================================================
Omnibus:                    4.764   Durbin-Watson:                  0.311
Prob(Omnibus):              0.092   Jarque-Bera (JB):               1.828
Skew:                      -0.003   Prob(JB):                       0.401
Kurtosis:                   1.925   Cond. No.                    1.05e+03
==========================================================================
```

四个回归方程的 R^2 都很高，第一个方程的自变量 X_t 的系数十分显著，但随着滞后变量的加入，X_t 系数的显著性在降低，并且几乎所有滞后系数都不显著，甚至出现符号相反的情况，这是典型多重共线性的现象。由此得出，滞后模型存在多重共线性问题。

下面我们运用经验加权法，选择下列三组权数：

$$\begin{aligned}&1,\ 1/2,\ 1/4,\ 1/8\\&1/4,\ 1/2,\ 2/3,\ 1/4\\&1/4,\ 1/4,\ 1/4,\ 1/4\end{aligned}\tag{5-6}$$

分别估计上述模型，并从中选择最佳的方程。

记新的线性组合变量分别为：

$$\begin{aligned}Z_1 &= X_t + 1/2X_{t-1} + 1/4X_{t-2} + 1/8X_{t-3}\\Z_2 &= 1/4\,X_t + 1/2X_{t-1} + 2/3X_{t-2} + 1/4X_{t-3}\\Z_3 &= 1/4\,X_t + 1/4X_{t-1} + 1/4X_{t-2} + 1/4X_{t-3}\end{aligned}\tag{5-7}$$

由上述公式生成线性组合变量 Z_1、Z_2、Z_3 的数据，然后分别估计如下经验加权模型：

$$Y = \alpha + \beta Z_k + u \qquad (k=1,2,3)$$
```

回归分析结果整理如下：

In

```
Z1 = Xt+1/2*Xt_1+1/4*Xt_2+1/8*Xt_3
Z2 = 1/4*Xt+1/2*Xt_1+2/3*Xt_2+1/4*Xt_3
Z3 = 1/4*Xt+1/4*Xt_1+1/4*Xt_2+1/4*Xt_3
LogME2 = pd.DataFrame({'Yt':Yt,'Z1':Z1,'Z2':Z2,'Z3':Z3});
print(LogME2)
```

Out

```
            Yt         Z1         Z2         Z3
Year
1978  2.080691        NaN        NaN        NaN
1979  2.148268        NaN        NaN        NaN
1980  2.209373        NaN        NaN        NaN
1981  2.262804   7.191145   6.257800   3.756922
1982  2.484907   7.364802   6.425982   3.857139
1983  2.660260   7.558064   6.581805   3.956948
1984  2.908539   7.836824   6.766269   4.075335
1985  3.235930   8.194063   7.015004   4.229391
1986  3.440739   8.498901   7.314027   4.393815
```

In

```
print(smf.ols('Yt~Z1',LogME2).fit().summary())
```

Out

```
OLS Regression Results
==============================================================================
Dep. Variable:                     Yt   R-squared:                       0.994
Model:                            OLS   Adj. R-squared:                  0.994
Method:                 Least Squares   F-statistic:                     5969.0
Date:                Fri, 02 Oct 2020   Prob (F-statistic):           1.33e-41
Time:                        10:46:34   Log-Likelihood:                 16.894
No. Observations:                  38   AIC:                            -29.79
Df Residuals:                      36   BIC:                            -26.51
Df Model:                           1
Covariance Type:            nonrobust
==============================================================================
                 coef    std err          t      P>|t|      [0.025      0.975]
------------------------------------------------------------------------------
Intercept     -2.3842      0.109    -21.832      0.000      -2.606      -2.163
Z1             0.6593      0.009     77.258      0.000       0.642       0.677
==============================================================================
Omnibus:                        4.520   Durbin-Watson:                   0.311
Prob(Omnibus):                  0.104   Jarque-Bera (JB):                2.534
Skew:                          -0.400   Prob(JB):                        0.282
Kurtosis:                       2.020   Cond. No.                         54.4
==============================================================================
```

In

```
print(smf.ols('Yt~Z2',LogME2).fit().summary())
```

Out

```
 OLS Regression Results
==============================================================================
Dep. Variable:                     Yt   R-squared:                       0.992
Model:                            OLS   Adj. R-squared:                  0.992
Method:                 Least Squares   F-statistic:                     4463.0
Date:                Fri, 02 Oct 2020   Prob (F-statistic):           2.40e-39
```

```
Time:                         10:47:12   Log-Likelihood:                 11.407
No. Observations:                   38   AIC:                            -18.81
Df Residuals:                       36   BIC:                            -15.54
Df Model:                            1
Covariance Type:             nonrobust
==============================================================================
                 coef    std err          t      P>|t|      [0.025      0.975]
------------------------------------------------------------------------------
Intercept     -2.1725      0.123    -17.631      0.000      -2.422      -1.923
Z2             0.7352      0.011     66.803      0.000       0.713       0.758
==============================================================================
Omnibus:                         2.936   Durbin-Watson:                   0.342
Prob(Omnibus):                   0.230   Jarque-Bera (JB):                2.148
Skew:                           -0.414   Prob(JB):                        0.342
Kurtosis:                        2.180   Cond. No.                         46.5
==============================================================================
```

In

```
print(smf.ols('Yt~Z3',LogME2).fit().summary())
```

Out

```
OLS Regression Results
==============================================================================
Dep. Variable:                      Yt   R-squared:                       0.992
Model:                             OLS   Adj. R-squared:                  0.992
Method:                  Least Squares   F-statistic:                    4687.0
Date:                 Fri, 02 Oct 2020   Prob (F-statistic):           9.99e-40
Time:                         10:47:30   Log-Likelihood:                 12.332
No. Observations:                   38   AIC:                            -20.66
Df Residuals:                       36   BIC:                            -17.39
Df Model:                            1
Covariance Type:             nonrobust
==============================================================================
                 coef    std err          t      P>|t|      [0.025      0.975]
------------------------------------------------------------------------------
Intercept     -2.1906      0.120    -18.181      0.000      -2.435      -1.946
Z3             1.2268      0.018     68.462      0.000       1.190       1.263
==============================================================================
Omnibus:                         2.954   Durbin-Watson:                   0.329
Prob(Omnibus):                   0.228   Jarque-Bera (JB):                2.215
Skew:                           -0.433   Prob(JB):                        0.330
Kurtosis:                        2.194   Cond. No.                         28.4
==============================================================================
```

在运用经验加权法后，模型的参数显著性明显改善，且系数符号为正，多重共线性问题得到缓解。

从上述回归分析结果可以看出，综合判断 t 检验值、剩余标准误差、可决系数、F 检验值，可以认为：最佳的方程是模型一，即权数为（1,1/2,1/4,1/8）的分布滞后模型。

5.1.3 分布滞后自回归模型及估计

在实际问题中，有时需要对解释变量使用自回归模型进行分析。

一、基本的分布滞后自回归模型

1. 库伊克模型

无限分布滞后模型中滞后项无限多，而样本观测总是有限的，因此不可能对其直接进行估计。要使模型估计能够顺利进行，必须施加一些约束或假定条件，将模型的结构作某种转化。库伊克（Koyck）变换就是其中较具代表性的方法。

对于如下无限分布滞后模型：

$$Y_t = \alpha + \beta_0 X_t + \beta_1 X_{t-1} + \beta_2 X_{t-2} + \ldots + u_t \tag{5-8}$$

可以假定滞后解释变量 X_{t-i} 对被解释变量 Y_t 的影响随着滞后期 i（i=0,1,2,...）的增加而按几何级数衰减。即滞后系数的衰减服从某种公比小于 1 的几何级数：

$$\beta_i = \beta_0 \lambda^i \quad (0<\lambda<1,\ i=0,1,2,\ldots) \tag{5-9}$$

其中：β_0 为常数，公比λ为待估参数，通常称为分布滞后衰减率，λ值越接近零，衰减速度越快。

将库伊克假定（5-9）式代入（5-8）式，得：

$$Y_t = \alpha + \beta_0 \sum_{i=0}^{\infty} \lambda^i X_{t-i} + u_t \tag{5-10}$$

将（5-10）式滞后一期，则有：

$$Y_{t-1} = \alpha + \beta_0 \sum_{i=1}^{\infty} \lambda^{i-1} X_{t-i} + u_{t-1} \tag{5-11}$$

对（5-11）式两边同乘λ并与(5-10)式相减得：

$$Y_t - \lambda Y_{t-1} = (\alpha + \beta_0 \sum_{i=0}^{\infty} \lambda^i X_{t-i} + u_t) - (\lambda\alpha + \beta_0 \sum_{i=1}^{\infty} \lambda^i X_{t-i} + \lambda u_{t-1})$$

即

$$Y_t = \alpha(1-\lambda) + \beta_0 X_t + \lambda Y_{t-1} + (u_t - \lambda u_{t-1}) \tag{5-12}$$

这就是库伊克模型。上述变换过程也叫库伊克变换。令：

$$\alpha^* = (1-\lambda)\alpha, \beta_0^* = \beta_0$$
$$\beta_1^* = \lambda, u_t^* = u_t - \lambda u_{t-1}$$

则库伊克模型（5-11）式变为：

$$Y_t = \alpha^* + \beta_0^* X_t + \beta_1^* Y_{t-1} + u_t^* \tag{5-13}$$

这是一个一阶自回归模型。

库伊克变换的优点：

（1）以一个滞后被解释变量代替了大量的滞后解释变量，使模型结构得到极大简化，最大限度地保证了自由度，解决了滞后长度难以确定的问题；

（2）滞后一期的被解释变量 Y_{t-1} 与 X_t 的线性相关程度将低于 X 的各滞后值之间的相关程度，从而在很大程度上缓解了多重共线性。

库伊克变换的缺陷：

（1）它假定无限滞后分布呈几何递减滞后结构。这种假定对某些经济变量可能不适用，如固定资产投资对总产出影响的滞后结构就不是这种类型。

（2）库伊克模型的随机扰动项为：

$$u_t^* = u_t - \lambda u_{t-1}$$

说明新模型的随机扰动项存在一阶自相关，且与解释变量相关。

（3）将随机变量作为解释变量引入了模型，不一定符合基本假定。

（4）库伊克变换是纯粹的数学运算结果，缺乏经济理论依据。

这些缺陷，特别是第二个缺陷，将给模型的参数估计带来一定困难。

一个无限期分布滞后模型可以通过库伊克变换转化为自回归模型。事实上，许多滞后变量模型都可以转化为自回归模型，自回归模型是经济生活中更常见的模型。下面以自适应预期模型以及局部调整模型为例进行说明。

2. 自适应预期模型

某些经济变量的变化或多或少会受到另一些经济变量预期值的影响。为了处理这种经济现象，可以将解释变量预期值引入模型建立“期望模型”。

自适应预期假定：经济活动主体对某经济变量的预期，是通过一种简单的学习过程而形成的，其机理是，经济活动主体会根据自己过去在作预期时所犯错误的程度，来修正他们以后每一时期的预期，即按照过去预测偏差的某一比例对当前期望进行修正，使其适应新的经济环境。

在某些实际问题中，因变量 Y_t 并不取决于解释变量的当前实际值 X_t，而取决于 X_t 的“预期水平”或“长期均衡水平” X_t^e。

例如，家庭本期消费水平，取决于本期收入的预期值；市场上某种商品供求量，决定于本期该商品价格的均衡值。因此，自适应预期模型最初表现形式是：

$$Y_t = \beta_0 + \beta_1 X^e{}_t + u_t \tag{5-14}$$

其中，Y_t 为被解释变量，X_t^e 为解释变量预期值，u_t 为随机扰动项。

由于预期变量是不可实际观测的，往往作如下自适应预期假定:

$$X_t^e - X_{t-1}^e = r(X_t - X_{t-1}^e) \tag{5-15}$$

其中：r 为预期系数（coefficient of expectation），$0 \leqslant r \leqslant 1$。

该式的经济含义为"经济行为者将根据过去的经验修改他们的预期"，即本期预期值的形成是一个逐步调整的过程，本期预期值的增量是本期实际值与前一期预期值之差的一部分，其比例为 r。这个假定还可写成：

$$X_t^e = rX_t + (1-r)X_{t-1}^e$$

代入整理得：

$$Y_t = \beta_0 r + \beta_1 r X_t + (1-r)Y_{t-1} + v_t \tag{5-16}$$

其中，$v_t = u_t - (1-r)u_{t}-1$。

可见自适应预期模型转化为一阶自回归模型。

3. 局部调整模型

在经济活动中，会遇到为了适应解释变量的变化，被解释变量有一个预期的最佳值与之对应的现象。

例如，企业为了确保生产或供应，必须保持一定的原材料储备，对应一定的产量或销售量，存在着预期最佳库存量；为了确保一国经济健康发展，中央银行必须保持一定的货币供应，对应一定的经济总量水平，应该有一个预期的最佳货币供应量。

局部调整模型的最初形式为：

$$Y_t^e = \beta_0 + \beta_1 X_t + u_t \tag{5-17}$$

这里，Y_t^e 不可观测。

例如，企业为了保证生产和销售，必须保持一定的原材料储备，对应一定的产量或销售量 X_t，存在着预期的最佳库存 Y_t^e。由于生产条件的波动和生产管理方面的原因，库存储备 Y_t 的实际变化量只是预期变化的一部分。

由于技术、制度、市场以及管理等各方面的限制，被解释变量的预期水平在单一周期内一般不会完全实现，而只能得到部分调整。局部调整假设认为，被解释变量的实际变化仅仅是预期变化的一部分，即储备按预定水平逐步进行调整，故有如下局部调整假设：

$$Y_t - Y_{t-1} = \delta(Y_t^e - Y_{t-1}) \quad 或 \quad Y_t = \delta Y_t^e + (1-\delta)Y_{t-1}$$

其中，δ 为调整系数，$0 \leqslant \delta \leqslant 1$，它代表调整速度，越接近 1，表明调整到预期最佳水平的速度越快。将上式代入（5-17）式得：

$$Y_t = \delta\beta_0 + \delta\beta_1 X_t + (1-\delta)Y_{t-1} + \delta u_t \tag{5-18}$$

满足局部调整假设的模型称为局部调整模型（partial adjustment model）。在局部调整假设下，经过变形，局部调整模型可转化为一阶自回归模型。

4. 三种模型的比较

（1）相同点：库伊克模型、自适应预期模型与局部调整模型的最终形式都是一阶自回归模型，这样，对这三类模型的估计就转化为对相应一阶自回归模型的估计。

（2）区别：①导出模型的经济背景与思想不同，库伊克模型是在无限分布滞后模型的基础上根据库伊克几何分布滞后假定而导出的；自适应预期模型是由解释变量的自适应过程而得到的；局部调整模型则是对被解释变量的局部调整而得到的。②模型的形成机理不同导致随机误差项的结构有所不同，这一区别将对模型的估计带来一定影响。

二、自回归模型的估计

对于自回归模型：

$$Y_t = \alpha + \beta_0 X_t + \beta_1 X_{t-1} + \beta_2 X_{t-2} + \ldots + \beta_q X_{t-q} + u_t \tag{5-19}$$

估计时的主要问题：滞后被解释变量的存在可能导致它与随机扰动项相关，以及随机扰动项出现序列相关性。因此，对自回归模型的估计需视滞后被解释变量与随机扰动项的不同关系进行估计。

1. 自回归模型估计的困难

库伊克模型、自适应预期模型与局部调整模型，在模型结构上最终都可表示为一阶自回归模型。因此，对这三个模型的估计就转化为对一阶自回归模型的估计。

但是，上述一阶自回归模型的解释变量中含有滞后被解释变量 Y_{t-1}，而 Y_{t-1} 是随机变量，它可能与随机扰动项相关，且随机扰动项还可能自相关。模型可能违背古典假定，从而给模型的估计带来一定困难。

如果用最小二乘法直接估计自回归模型，则估计可能是有偏差的，而且不是一致估计。估计自回归模型需要解决两个问题：

（1）设法消除 Y_{t-1} 与 u_t 的相关性；

（2）检验 u_t 是否存在自相关。

2. 工具变量法

所谓工具变量法，就是在进行参数估计的过程中选择适当的工具变量，代替回归模型中同随机扰动项存在相关性的解释变量。工具变量的选择应满足如下条件：

（1）与所代替的解释变量高度相关；

（2）与随机扰动项不相关；

（3）与其他解释变量不相关，以免出现多重共线性。

对于一阶自回归模型：

$$Y_t = \alpha + \beta_0 X_t + \beta_1 Y_{t-1} + u_t$$

若 Y_{t-1} 与 u_t 同期相关，则 OLS 估计是有偏的，并且不是一致估计。

因此，对上述模型，通常采用工具变量法，即寻找一个新的经济变量 Z_t，用来代替 Y_{t-1}。参数估计量具有一致性。

在实际估计中，一般用 X 的若干滞后的线性组合作为 Y_{t-1} 的工具变量：

$$Y_{t-1} = \alpha_0 + \alpha_1 X_{t-1} + \alpha_2 X_{t-2} + \ldots + \alpha_s X_{t-s} + u_t$$

由于原模型已假设随机扰动项 u_t 与解释变量 X 及其滞后项不存在相关性，因此上述工具变量与 u_t 不再线性相关。一个更简单的情形是直接用 X_{t-1} 作为 Y_{t-1} 的工具变量。

若滞后被解释变量 Y_{t-1} 与随机扰动项 u_t 同期无关（如局部调整模型），可直接使用 OLS 法进行估计，得到一致估计量。

上述工具变量法只解决了解释变量与 u_t 相关对参数估计所造成的影响，但没有解决 u_t 的自相关问题。

3. 实证分析

【例 5-3】工具法求解自回归分布滞后模型。

In

```
Yt = np.log(MEdata.TAX);
LogME3 = pd.DataFrame({'Yt':Yt,'Yt_1':Yt.shift(1),'Xt':Xt})
print(smf.ols('Yt~Yt_1+Xt',LogME3).fit().summary())
```

Out

```
OLS Regression Results
==============================================================================
Dep. Variable:                     Yt   R-squared:                       0.996
Model:                            OLS   Adj. R-squared:                  0.996
Method:                 Least Squares   F-statistic:                    5030.0
Date:                Fri, 02 Oct 2020   Prob (F-statistic):           8.58e-46
Time:                        10:49:45   Log-Likelihood:                 32.333
No. Observations:                  40   AIC:                            -58.67
Df Residuals:                      37   BIC:                            -53.60
Df Model:                           2
Covariance Type:            nonrobust
==============================================================================
                 coef    std err          t      P>|t|      [0.025      0.975]
------------------------------------------------------------------------------
Intercept     -0.3790      0.219     -1.733      0.091      -0.822      0.064
Xt             0.2352      0.091      2.576      0.014       0.050      0.420
Yt_1           0.7728      0.086      8.944      0.000       0.598      0.948
==============================================================================
Omnibus:                       69.515   Durbin-Watson:                   1.636
Prob(Omnibus):                  0.000   Jarque-Bera (JB):              801.597
Skew:                           4.159   Prob(JB):                    8.62e-175
Kurtosis:                      23.292   Cond. No.                        119.0
==============================================================================
```

分析上面结果可知，X_t 的短期影响是 0.235 2，也就是说，*GDP* 每变化 1 个百分点，平均而言，导致 *TAX* 变动 0.235 2 个百分点。这一影响是统计显著的，因为计算的 t 值是显著的。而长期影响为：0.235 2/(1−0.772 8)=1.035，接近于 1。由此，长期来看，*GDP*（持续）变动 1%，导致 *TAX* 大约变动 1 个百分点。也就是说，*GDP* 增长率与 *TAX* 增长率之间存在着 1:1 的关系。

5.2 非平稳时间序列模型

经典时间序列分析和回归分析有许多假定前提，如序列的平稳性、正态性等。直接将经济变量的时间序列数据用于建模分析，实际上隐含了上述假定，在这些假定成立的条件下进行的 t 检验、F 检验等才具有较高的可靠度。

实际中，经常会遇到非平稳时间序列，例如我们前面介绍的宏观经济指标大都是非平稳的，有的还带有明显的时间趋势。

时间序列的非平稳性是指时间序列的统计规律随着时间的位移而发生变化，即生成变量时间序列数据的随机过程的特征随时间而变化。

5.2.1 时间序列的非平稳性

一、平稳性回顾

所谓时间序列的平稳性，是指时间序列的统计规律不会随着时间的推移而发生变化。直观上，一个平稳的时间序列可以看作一条围绕其均值上下波动的曲线。在第 4 章，我们已介绍了时间序列的平稳性，并知道白噪声是最简单的随机时间序列：

$$X_t=u_t \qquad u_t \sim N(0,\sigma^2) \tag{5-20}$$

由于 X_t 是一个具有相同的均值和方差的序列，由平稳性的定义知白噪声序列是平稳的。

【例 5-4】模拟数据：平稳时间序列。

设 $X_t \sim N(\mu,\sigma^2)$，令 $\mu=0,\ \sigma^2=1.5^2$，下面将产生 50 个平稳随机过程序列。

In

```
import numpy as np
np.random.seed(12345)    #设置随机种子数
Xt=np.random.normal(0,1.5,50)
import matplotlib.pyplot as plt
plt.plot(Xt,'o--'); plt.axhline(y=0);
```

Out

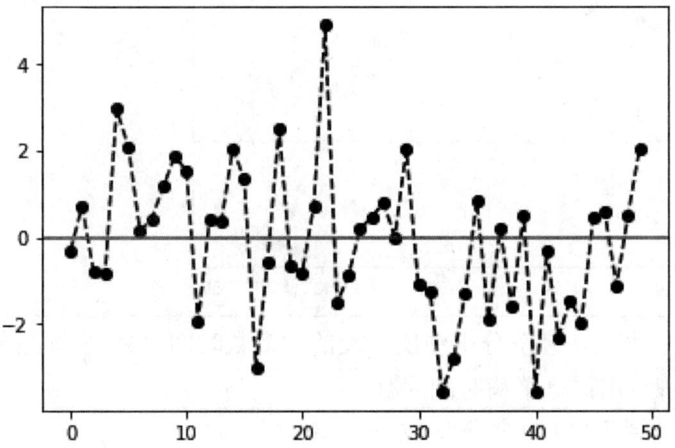

二、非平稳性的产生

最简单的非平稳随机时间序列是随机游走过程（random walk process）。

该序列由下面的随机过程生成：

$$Y_t = Y_{t-1}+u_t \quad u_t \sim N(0,\sigma^2) \tag{5-21}$$

这里 u_t 是一个白噪声。

容易知道该序列有相同的均值：$E(Y_t)=E(Y_{t-1})$

为了检验该序列是否具有相同的方差，可假设 Y_t 的初值为 Y_0，则易知：

$$Y_1=Y_0+u_1$$

$$Y_2=Y_1+u_2=Y_0+u_1+u_2$$

$$\vdots$$

$$Y_t=Y_0+u_1+u_2+\cdots+u_t$$

由于 Y_0 为常数，u_t 是一个白噪声，因此 $var(Y_t)=t\sigma^2$，即 Y_t 的方差与时间 t 有关而非常数，它是一非平稳序列。

【例 5-5】 模拟数据：非平稳时间序列。

设 $Y_t \sim N(\mu,\sigma^2)$，令 $\mu=0$，$\sigma^2=1.5^2$，而一个累积正态分布随机变量就是一个非平稳的时间序列，下面将产生 50 个非平稳随机过程序列。

In
```
np.random.seed(12345)    #设置随机种子数
Yt=np.random.normal(0,1.5,50).cumsum()
plt.plot(Yt,'o--'); plt.axhline(y=0);
```

Out

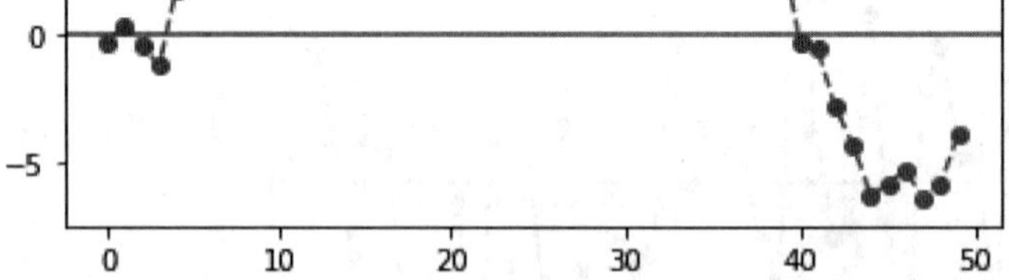

越来越多的经验证据表明，经济分析中所涉及的大多数时间序列是非平稳的。

【例 5-6】 宏观经济数据：非平稳时间序列。

In
```
MEdata=pd.read_excel('MEdata.xlsx','MEdata',index_col=0)
MEdata.plot(linestyle='-.');
```

Out

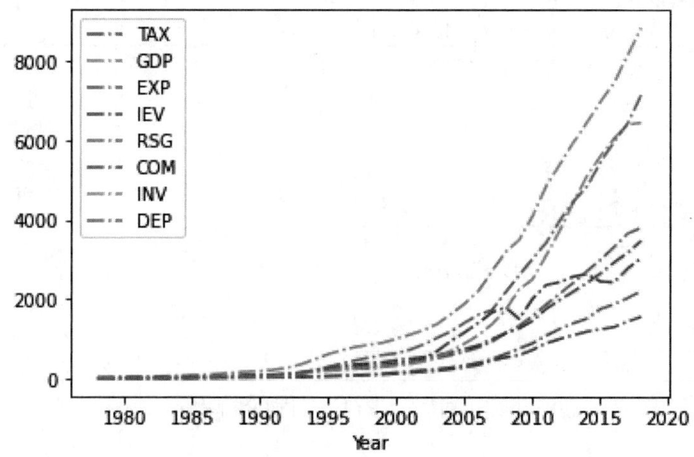

可以看出，宏观经济数据基本上都是非平稳时间序列。

5.2.2 时间序列的差分技术

对随机过程 $X_t=X_{t-1}+u_t$，若 $u_t \sim N(0,\sigma^2)$，对 X_t 取一阶差分（first difference）：

$$\Delta X_t = X_t - X_{t-1} = u_t \tag{5-22}$$

由于 u_t 是一个白噪声，则序列 $\{\Delta X_t\}$ 是平稳的。

后面将会看到，如果一个时间序列是非平稳的，它常常可通过取差分的方法而形成平稳序列。

d 阶差分定义为：

$$\Delta^d X_t = X_t - \Delta X_{t-d} \tag{5-23}$$

$\Delta^d X_t$ 度量了 X_t 与其滞后 X_{t-d} 之间的差值，Python 语言中定义了一个差分函数 diff，该函数的使用方法是：DataFrame.diff(periods=1, axis=0)，其中 periods 表示差分阶数（缺省为 1 阶），默认是按行（axis=0）取差分。

【例 5-7】 差分运算。

In
```
Xt=pd.Series(range(10))    #0~9 序列
pd.DataFrame({'Xt':Xt,'dXt1':X.diff(1),'dXt2':X.diff(2)}) #原始序列一阶差分二阶差分
```

Out

	Xt	dXt1	dXt2
0	0	NaN	NaN
1	1	1.0	NaN
2	2	1.0	2.0
3	3	1.0	2.0
4	4	1.0	2.0
5	5	1.0	2.0
6	6	1.0	2.0
7	7	1.0	2.0
8	8	1.0	2.0
9	9	1.0	2.0

前面模拟的随机游走序列 Y_t 是非平稳的，下面是它的一阶差分图，基本上可以认为是平稳序列。

In	dYt1=pd.Series(Yt).diff()　#随机游走序列 Yt 的一阶差分 plt.plot(dYt1,'o--'); plt.axhline(y=0); #Yt 的差分图
Out	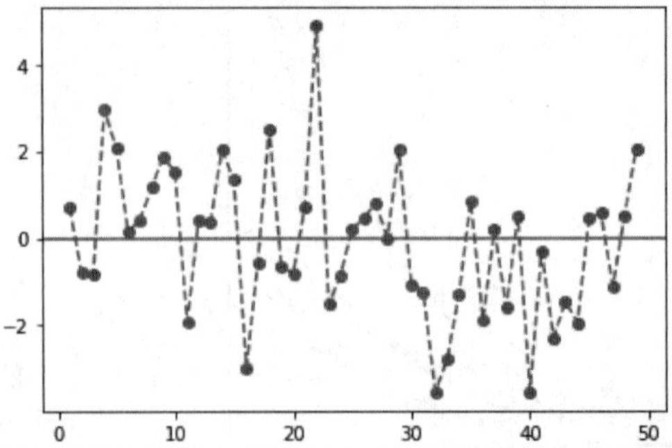

事实上，随机游走过程是下面一阶自回归 AR(1)过程的特例：

$$X_t=\phi X_{t-1}+u_t$$

我们已经知道:

（1）$|\phi|>1$ 时，该随机过程生成的时间序列是发散的，表现为持续上升（$\phi>1$）或持续下降（$\phi<-1$），因此是非平稳的；

（2）$\phi=1$ 时，是一个随机游走过程，也是非平稳的。

（3）只有当$|\phi|<1$ 时，该随机过程才是平稳的。

【例 5-8】 *GDP* 序列的差分及对数序列的差分。

In	gdp=MEdata.GDP　#GDP 数据序列 gdp.plot();
Out	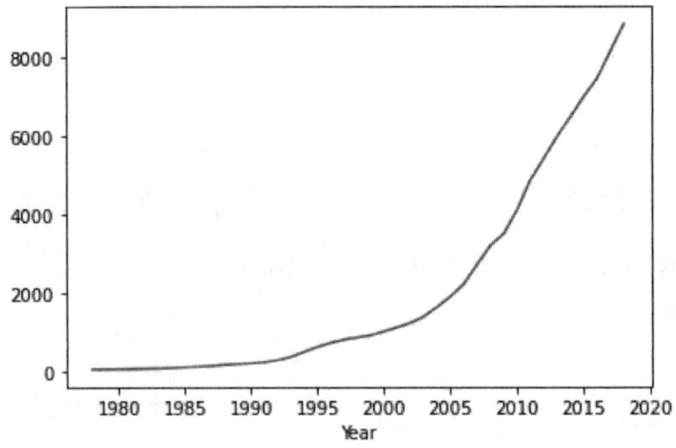
In	gdp.diff().plot();　#gdp 的一阶差分图
Out	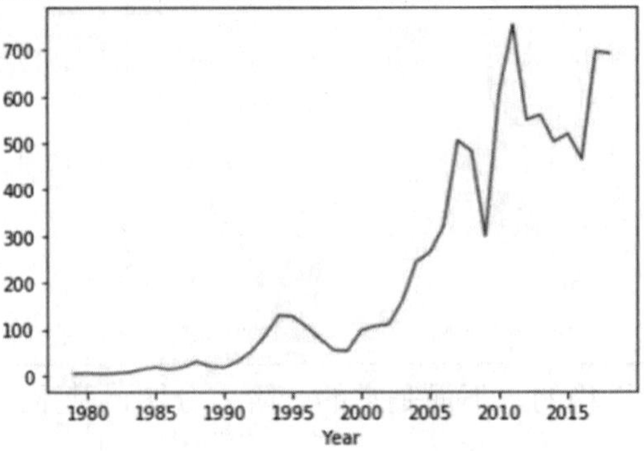

In
```
np.log(gdp).plot();   #gdp 对数的序列图
```
Out

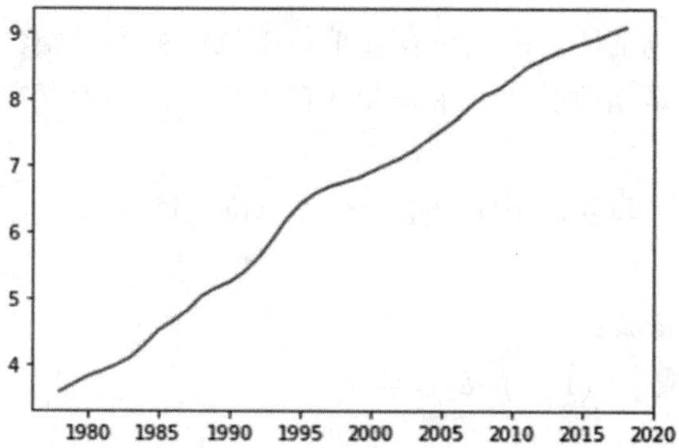

In
```
np.log(gdp).diff().plot();   #gdp 对数的一阶差分图
```
Out

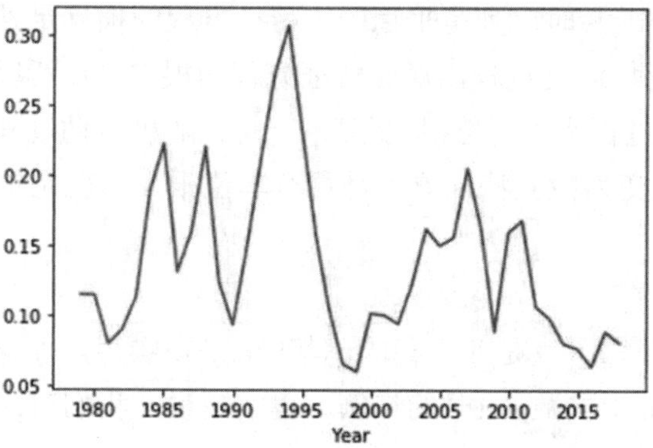

从中可以看出，*GDP* 的一阶差分并不是平稳序列，而 *GDP* 的对数序列的一阶差分具有平稳性，这就是我们在进行宏观经济数据分析时，通常要将数据进行对数变换的原因。

5.2.3 时间序列的非平稳性检验

在实际中遇到的时间序列数据很可能是非平稳序列，而平稳性在计量经济建模中又具有重要地位，因此有必要对观测值的时间序列数据进行平稳性检验。

对时间序列的平稳性检验除了通过散点图进行直观判断外，运用统计量进行统计检验则是更为准确与重要的方法。单位根检验（unit root test）是统计检验中普遍应用的一种检验方法。

单位根检验是建立 ARMA 模型、ARIMA 模型、变量间的协整分析、因果关系检验等的基础。自 Nelson 和 Plosser 利用 ADF 检验研究了美国名义 *GNP* 等 14 个历史经济和金融时间序列的平稳性以后，单位根检验也已成为分析和预测经济及金融时间序列变化规律的重要组成部分。因此，单位根检验作为一种特殊的假设检验，其可靠性的研究以及如何寻求可靠性较高的检验方法或统计量成为多年来时间序列分析中的重要课题。

一、单位根过程

单位根就是指单位根过程，可以证明，序列中存在单位根过程就不平稳，它会使回归分析中存在伪回归。单位根检验是指检验序列中是否存在单位根，因为存在单位根就是非平稳时间序列了。

如果一个序列是随机游动过程，则称这个序列是一个“单位根过程”。

为什么称为“单位根过程”？

将一阶自回归模型表示成如下形式：

$$Y_t - \phi\ Y_{t-1} = u_t \qquad 或 \qquad (1 - \phi\ L)Y_t = u_t$$

其中，L 是滞后算子，即 $LY_t = Y_{t-1}$。

根据模型的滞后多项式 $1-\phi L$，可以写出对应的线性方程：$1-\phi Z=0$（通常称为特征方程）。该方程的根为：$Z=1/\phi$。当 $|\phi|<1$ 时序列是平稳的，特征方程的根满足条件$|Z|>1$；当$\phi=1$ 时，序列的生成过程变为随机游动过程，对应特征方程的根 $Z=1$，所以通常称序列含有单位根，或者说序列的生成过程为“单位根过程”。于是，随机游动过程是非平稳的。因此，检验序列的非平稳性就变为检验特征方程是否有单位根，这就是单位根检验方法的由来。

二、DF 检验

我们已知道，随机游走序列$Y_t= Y_{t-1} + u_t$是非平稳的，其中u_t是白噪声。而该序列可看成一阶自回归AR(1)过程$Y_t= \rho Y_{t-1} + u_t$中参数$\rho=1$时的特例。也就是说，我们对式

$$Y_t= \rho Y_{t-1} + u_t \tag{5-24}$$

做回归，如果确实发现$\rho=1$，就说随机变量Y_t有一个单位根。（5-24）式可变为差分形式：

$$\Delta Y_t=(\rho -1)Y_{t-1}+ u_t = \delta Y_{t-1} + u_t \tag{5-25}$$

检验（5-24）式是否存在单位根$\rho=1$，也可通过（5-25）式判断是否有$\delta= 0$。

一般地，检验一个时间序列Y_t的平稳性，可通过检验带有截距项的一阶自回归模型

$$Y_t= \alpha + \rho Y_{t-1} + u_t \tag{5-26}$$

中的参数ρ是否小于1。或者检验其等价变形式

$$\Delta X_t= \alpha + \delta X_{t-1} + u_t \tag{5-27}$$

中的参数δ是否小于0 。

可以证明，（5-26）式中的参数$\rho>1$ 或$\rho=1$ 时，时间序列是非平稳的；对应于（5-27）式，则是$\delta>0$ 或$\delta=0$。因此，针对（5-27）式，我们关心的检验为：

零假设 H_0：$\delta= 0$；

备择假设 H_1：$\delta< 0$。

上述检验可通过 OLS 法下的 t 检验完成。

然而，在零假设（序列非平稳）情形下，即使在大样本下 t 统计量也是有偏误的（向下偏倚），通常的 t 检验无法使用。

Dicky 和 Fuller 于 1976 年提出了这一情形下 t 统计量服从的分布（这时的 t 统计量称为τ 统计量，即 DF 分布）。由于 t 统计量的向下偏倚性，它呈现围绕小于零值的偏态

分布。

因此，可通过 OLS 法估计$\Delta Y_t = \alpha + \delta Y_{t-1} + u_t$的参数，并计算 t 统计量的值，与 DF 分布表中给定显著性水平下的临界值比较，如果 t<临界值，则拒绝零假设 H_0：$\delta=0$，认为时间序列不存在单位根，是平稳的。即 DF 检验的具体做法是用传统方法计算出参数的 t 统计量值，不与 t 分布临界值比较，而是改换成与 DF 分布临界值比较。

Dickey 和 Fuller 得到 DF 检验的临界值，并编制了 DF 检验临界值表供查。在进行 DF 检验时，比较 t 统计量值与 DF 检验临界值，就可在某个显著性水平上拒绝或接受原假设。

三、ADF 检验

在上述使用$\Delta Y_t = \alpha + \delta Y_{t-1} + u_t$对时间序列进行的平稳性检验中，实际上假定了时间序列是由具有白噪声随机误差项的一阶自回归过程 AR(1)生成的。但在实际检验中，时间序列可能由更高阶的自回归过程生成，或者随机误差项并非白噪声，这样用 OLS 法进行估计均会导致随机误差项出现自相关，导致 DF 检验无效。

另外，如果时间序列包含明显的随时间变化的某种趋势（如上升或下降），则也容易导致上述检验中的自相关随机误差项问题。

为了保证 DF 检验中随机误差项的白噪声特性，Dicky 和 Fuller 对 DF 检验进行了扩充，从而形成了扩展的 DF 检验（augmented Dickey-Fuller test），简称 ADF 检验。

ADF 检验的基本模型为如下三种类型：

模型 1：$Y_t = \gamma Y_{t-1} + \varepsilon_t$

模型 2：$Y_t = \alpha + \gamma Y_{t-1} + \varepsilon_t$ (5-28)

模型 3：$Y_t = \alpha + \beta\ t + \gamma Y_{t-1} + \varepsilon_t$

其中ε_t为随机扰动项，为了借用 DF 检验的方法，ADF 检验是通过下面三个模型完成的：

模型 1：$Y_t = \gamma Y_{t-1} + \sum_{i=1}^{p} \alpha_i \Delta Y_{t-i} + \varepsilon_t$

模型 2：$Y_t = \alpha + \gamma Y_{t-1} + \sum_{i=1}^{p} \alpha_i \Delta Y_{t-i} + \varepsilon_t$ (5-29)

模型 3：$Y_t = \alpha + \beta t + \gamma Y_{t-1} + \sum_{i=1}^{p} \alpha_i \Delta Y_{t-i} + \varepsilon_t$

模型 3 中的 t 是时间变量，代表了时间序列随时间变化的某种趋势（如果有的话）。检验的假设都是：针对 H_1：$\gamma<0$，检验 H_0：$\gamma=0$，即存在一单位根。模型 1 与另两模型的差别在于是否包含常数项和趋势项。实际检验时从模型 3 开始，然后模型 2、模型 1。何时检验拒绝零假设，即原序列不存在单位根，而为平稳序列，何时检验停止。否则，就要继续检验，直到检验完模型 1 为止。检验原理与 DF 检验相同，只是对模型 1、2、3 进行检验时，有各自相应的临界值。

一个简单的检验过程：同时估计出上述三个模型的适当形式，然后通过 ADF 临界值

表检验零假设 H_0：$\gamma=0$。

（1）只要其中有一个模型的检验结果拒绝了零假设，就可以认为时间序列是平稳的；

（2）当三个模型的检验结果都不能拒绝零假设时，则认为时间序列是非平稳的。

这里所谓模型适当的形式就是在每个模型中选取适当的滞后差分项，以使模型的残差项是一个白噪声（主要保证不存在自相关）。

【例 5-9】 模拟数据：对模拟的随机游走序列 Y_t 进行单位根检验。

下面我们用 ADF 检验对 Y_t 进行单位根检验，所得结果见表 5-1。

In
```
np.random.seed(123)
Yt=np.random.normal(0,1,100).cumsum()
plt.plot(Yt,'o--'); plt.axhline(y=0);
```

Out

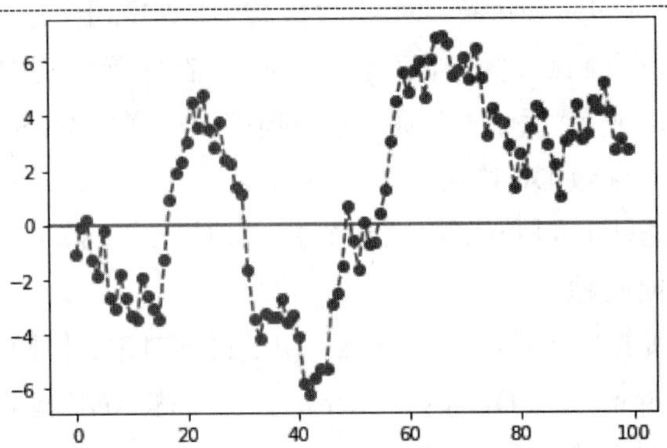

In
```
import statsmodels.tsa.stattools as ts
adf1=ts.adfuller(Yt,1,regression='nc');   #模型 1:不含常数项和趋势项的 ADF 检验
adf1
```

Out
```
(-1.4531987497445698,
 0.13659523675746787,
 0,
 99,
 {'1%': -2.5886939026629934,
  '5%': -1.9440242848853808,
  '10%': -1.6143879418406077},
 302.07914622299563)
```

这样的输出结果看起来不方便，下面仿照 EViews 的 ADF 检验格式给出格式化输出。

In
```
def ADF_print(adf):   #类 EViews 的 ADF 检验输出
    print('   ADF statists = %.4f,'%adf1[0],'p_value = %.4f\n'%adf1[1])
    print('   critical value:')
    print('         1%% level: %.4f'%adf1[4]['1%'])
    print('         5%% level: %.4f'%adf1[4]['5%'])
    print('        10%% level: %.4f'%adf1[4]['10%'])
```

In
```
ADF_print(adf1)
```

Out
```
ADF statists = -1.4532,    p_value = 0.1366
critical value:
       1% level: -2.5887
       5% level: -1.9440
      10% level: -1.6144
```

In
```
adf2=ts.adfuller(Yt,1,regression='c')   #模型 2：仅含常数项的 ADF 检验
ADF_print(adf2)
```

Out	ADF statists = -1.6294, p_value = 0.4678 critical value: 1% level: -3.4982 5% level: -2.8912 10% level: -2.5826

In	adf3=ts.adfuller(Yt,1,regression='ct') #模型 3：含常数项和趋势项的 ADF 检验
	ADF_print(adf3)

Out	ADF statists = -1.9029, p_value = 0.6532 critical value: 1% level: -4.0533 5% level: -3.4558 10% level: -3.1536

表5-1 Y_t序列的ADF检验表

检验方程	检验 t 值	1%临界值	5%临界值	10%临界值	结论
1	-1.453 2	-2.588 7	-1.944 0	-1.614 4	
2	-1.629 4	-3.498 2	-2.891 2	-2.582 6	不平稳
3	-1.902 9	-4.053 3	-3.455 8	-3.153 6	

三个模型检验结果都表明 P >0.05，即拒绝 H_1，接受 H_0，说明存在一阶单位根，从而可知序列 Y_t 是非平稳的。

下面我们再用 ADF 检验对 Y_t 的一阶差分进行单位根检验，所得结果见表 5-2。

In	dYt=pd.Series(Yt).diff().dropna(); #Yt 的差分数列
	adf4=ts.adfuller(dYt,1,regression='nc') #不含常数项和趋势项
	ADF_print(adf4)

Out	ADF statists = -9.7194, p_value = 0.0000 critical value: 1% level: -2.5889 5% level: -1.9441 10% level: -1.6144

In	adf5=ts.adfuller(dYt,1,regression='c') #含常数项
	ADF_print(adf5)

Out	ADF statists = -9.6743, p_value = 0.0000 critical value: 1% level: -3.4989 5% level: -2.8915 10% level: -2.5828

In	adf6=ts.adfuller(dYt,1,regression='ct') #含常数项和趋势项
	ADF_print(adf6)

Out	ADF statists = -9.6237, p_value = 0.0000 critical value: 1% level: -4.0543 5% level: -3.4563 10% level: -3.1539

表5-2　Y_t的一阶差分序列的ADF检验表

检验方程	检验 t 值	1%临界值	5%临界值	10%临界值	结论
1	-9.719 4	-2.588 9	-1.944 1	-1.614 4	
2	-9.674 3	-3.498 9	-2.891 5	-2.582 8	平稳
3	-9.623 7	-4.054 3	-3.456 3	-3.153 9	

从检验知 Y_t 的一阶差分序列是平稳的。

【例 5-10】检验 1978—2018 年我国 *GDP* 序列的平稳性。

由 ln*GDP* 时序图可以看出，该序列可能存在趋势项，因此选择 ADF 检验的第三种模型进行检验。

（1）经试验，模型 3 取了一阶滞后：

In
```
lnGDP=np.log(MEdata.GDP)
M3=ts.adfuller(lnGDP,1,regression='ct')
ADF_print(M3)
```
Out
```
ADF statists = -2.0392,  p_value = 0.5799
critical value:
     1% level: -4.2119
     5% level: -3.5298
    10% level: -3.1963
```

从γ 的系数看，检验统计量>临界值，在 5%的显著性水平下不能拒绝存在单位根的零假设。时间 t 的统计量小于 ADF 分布表中的临界值，因此不能拒绝不存在趋势项的零假设。需进一步检验模型 2。

（2）经试验，模型 2 中滞后项取一阶：

In
```
adf=ts.adfuller(logGDP,1,regression='c')
print(' ADF = %.3f,'%adf[0],'p_value = %.3f\n'%adf[1],'critical value: ',adf[4])
```
Out
```
ADF statists = -1.2945,  p_value = 0.6317
critical value:
     1% level: -3.6104
     5% level: -2.9391
    10% level: -2.6081
```

从 $\ln GDP_{t-1}$ 的参数值看，检验统计量>临界值，在 5%的显著性水平下不能拒绝存在单位根的零假设。常数项的 t 统计量大于 ADF 分布表中的临界值，不能拒绝不存在常数项的零假设。需进一步检验模型 1。

（3）经试验，模型 1 中滞后项取一阶：

In
```
M1=ts.adfuller(lnGDP,1,regression='nc')
ADF_print(M1)
```
Out
```
ADF statists = 1.2759,  p_value = 0.9483
critical value:
     1% level: -2.6255
     5% level: -1.9496
    10% level: -1.6114
```

从 $\ln GDP_{t-1}$ 的参数值看，其 t 统计量为正值，大于临界值，不能拒绝存在单位根的零假设。可断定我国 GDP 时间序列是非平稳的。

$\ln GDP$ 序列的 ADF 检验如表 5-3 所示。

表5-3　ln*GDP* 序列的ADF检验表

检验模型	检验 t 值	1%临界值	5%临界值	10%临界值	结 论
3	-2.039 2	-4.211 9	-3.5329 8	-3.196 3	
2	-1.294 5	-3.610 4	-2.939 1	-2.608 1	不平稳
1	1.275 9	-2.625 5	-1.949 6	-1.611 4	

5.3　非平稳时间序列模型的建立

5.3.1　差分算子及其应用

AR、MA 和 ARMA 模型所研究的对象是平稳随机过程，但是，实际的时间序列常常具有系统上升或系统下降的趋势，有时还会出现季节性波动，这样的时间序列就不可能用平稳随机过程来描述，必须把它看成非平稳随机过程产生的数据。自回归与移动平均结合模型（ARIMA 模型）所研究的对象就是非平稳过程。这种非平稳过程，严格来讲应该是均匀非平稳过程或齐次非平稳过程。均匀非平稳过程经过 d 阶差分后，便可转为平稳过程。ARIMA 模型的基本思想是经过差分后，把非平稳过程转化为平稳过程，然后采用 ARMA 模型的处理方法来解决问题。于是我们对什么是 ARIMA 过程给出以下描述：如果一个非平稳过程 y_t 经过 d 阶差分后成为：

$$(1-L)^d Y_t = \omega_t \tag{5-30}$$

而ω_t是一个 ARMA 过程，则称 Y_t 为（p, d, q）阶的自回归与移动平均结合过程，或称自回归积分移动平均过程，记作 ARIMA(p, d, q)。

通常差分的阶数 d 很少超过 2。例如，设 d=2，便有：

$$(1-L)^2 Y_t = \omega_t$$

$$(1-2L+L^2)Y_t = \omega_t$$

$$Y_t - 2Y_{t-1} + Y_{t-2} = \omega_t$$

或

$$Y_t = \omega_t + 2Y_{t-1} - Y_{t-2} \tag{5-31}$$

则 y_t 可以用ω_t及其滞后变量表示，而ω_t是平稳过程。

时间序列呈现季节波动的情况也是一种常见的非平稳形式。月份数据或季度数据常常出现这种形式的非平稳性。对月份数据利用差分来消除非平稳性：

$$(1-L^{12})Y_t = \omega_t \tag{5-32}$$

对于季度数据利用差分来消除非平稳性：

$$(1-L^4)Y_t = \omega_t$$

在某些情况，还会出现一次短期差分、一次长期差分来消除非平稳性：

$$(1-L)(1-L^{12})=\omega_t$$

在实际经济生活中，某些事物是按百分比，而不是按一定绝对量增长的。

例如，第一年国民收入为 1 000，以后每年按 8%增长，以后各年国民收入分别为：

1 000(1+0.08)=1 080，1 000$(1+0.08)^2$=1 166.4，1 000$(1+0.08)^3$=1 259.712，1 360.489，1 469.328，…。

如果绝对数差分一次，分别为 80，86.4，93.312，100.777，108.839 1，…，仍不平稳，先将时间序列取对数：ln1 000=6.907 8，ln1 080=6.984 7，…，7.061 7，7.138 6，7.215 6，7.292 6，…再作一次差分：0.076 9，0.077 0，0.076 9，0.077 0，0.077 0，于是变为平稳时间序列。可见，为了达到平稳化，将原始数据取对数，有时是一种有效的方法。

差分自回归移动平均模型：

$$\Delta^d Y_t=c+\phi_1\Delta^d Y_{t-1}+\phi_2\Delta^d Y_{t-2}+\cdots+\phi_p\Delta^d Y_{t-p}+e_t+\theta_1 e_{t-1}+\theta_2 e_{t-2}+\cdots+\theta_q e_{t-q} \quad (5\text{-}33)$$

上式为(p,d,q)阶差分自回归移动平均模型，记为 ARIMA(p,d,q)。其中c是常数项，d为差分次数，ϕ_1、ϕ_2、…、ϕ_p 为自回归系数，θ_1、θ_2、…、θ_q为移动平均系数，都是模型的待估参数。

显然，ARIMA$(p,0,0)$= AR(p)，ARIMA$(0,0,q)$=MA(q)，ARIMA$(p,0,q)$= ARMA(p,q)。

从上面的分析我们可以知道，实际中 ARIMA(p,d,q)相当于 d 阶差分的 ARMA(p,q)，而 Python 将其建模都统一在 ARIMA 函数下。

5.3.2 非平稳时间序列的模拟研究

【例 5-11】模拟数据：模拟 ARIMA(1,1,0)模型：$\Delta Y_t=0.8\Delta Y_{t-1}+u_t$。

$\Delta Y_t-0.8\Delta Y_{t-1}=u_t$（算子形式）

In

```
from statsmodels.tsa.arima_process import arma_generate_sample as arima_s
np.random.seed(12345)
A110=arima_s([1,-0.8],[1],200).cumsum()   #模拟 ARIMA(1,1,0)
plt.plot(A110,'.-');
```

Out

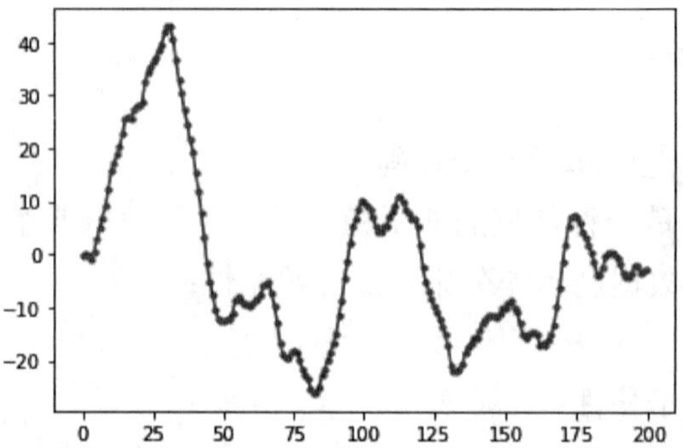

In	`dA110=pd.Series(A110).diff()    #将序列差分一次` `plt.plot(dA110,'.-');`
Out	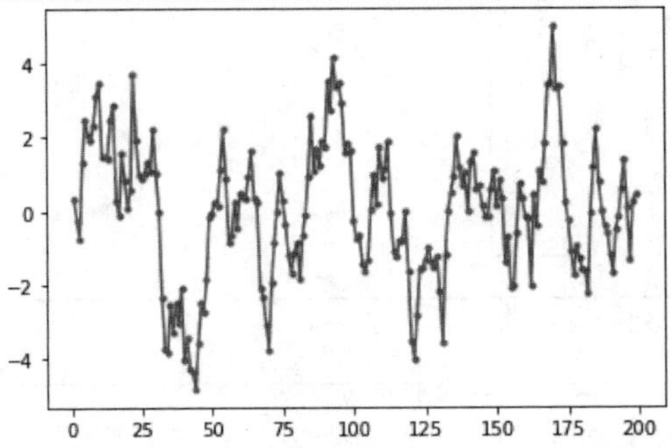

In
```
from statsmodels.tsa.arima_model import ARIMA
A110_model=ARIMA(A110,order=(1,1,0)).fit()
print(A110_model.summary())
```

Out
```
ARIMA Model Results
==============================================================================
Dep. Variable:                    D.y   No. Observations:                  199
Model:                 ARIMA(1, 1, 0)   Log Likelihood:               -283.066
Method:                       css-mle   S.D. of innovations:             1.000
Date:                Fri, 02 Oct 2020   AIC:                           572.131
Time:                        21:45:23   BIC:                           582.011
Sample:                             1   HQIC:                          576.130
==============================================================================
                 coef    std err          z      P>|z|      [0.025      0.975]
------------------------------------------------------------------------------
const          0.0067      0.430      0.015      0.988      -0.837       0.850
ar.L1.D.y      0.8393      0.038     22.334      0.000       0.766       0.913
                                    Roots
=============================================================================
                  Real          Imaginary           Modulus         Frequency
-----------------------------------------------------------------------------
AR.1            1.1914           +0.0000j            1.1914            0.0000
-----------------------------------------------------------------------------
```

从模拟数据 A11 的散点图可以看出，序列非平稳，但其一阶差分图基本上是平稳的。拟合模型的参数估计 0.839 3 跟理论参数值 0.8 基本一致。

【例 5-12】模拟数据：模拟 ARIMA(2,1,1)模型：$\Delta Y_t = 0.8\Delta Y_{t-1} - 0.5\Delta Y_{t-2} + u_t - 0.7\, u_{t-1}$。

$\Delta Y_t - 0.8\Delta Y_{t-1} + 0.5\Delta Y_{t-2} = u_t - 0.7\, u_{t-1}$（算子形式）

In
```
np.random.seed(123456)
A211=arima_s([1,-0.8,0.5],[1,-0.7],200).cumsum()      #模拟 ARIMA(2,1,1)
plt.plot(A211,'.-');
```

Out

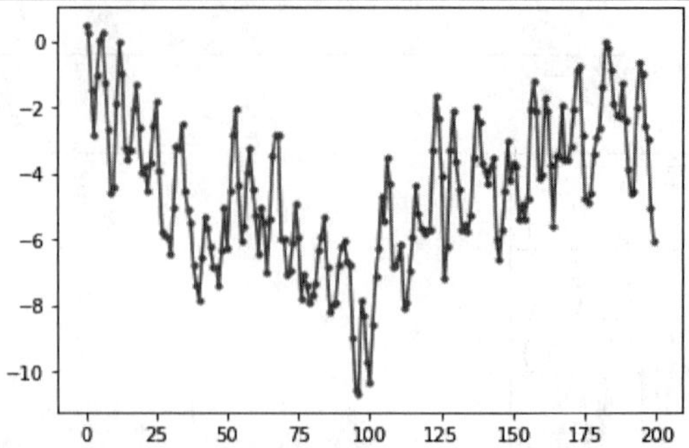

In

```
dA211=pd.Series(A211).diff()    #将序列差分一次
plt.plot(dA211,'.-');
```

Out

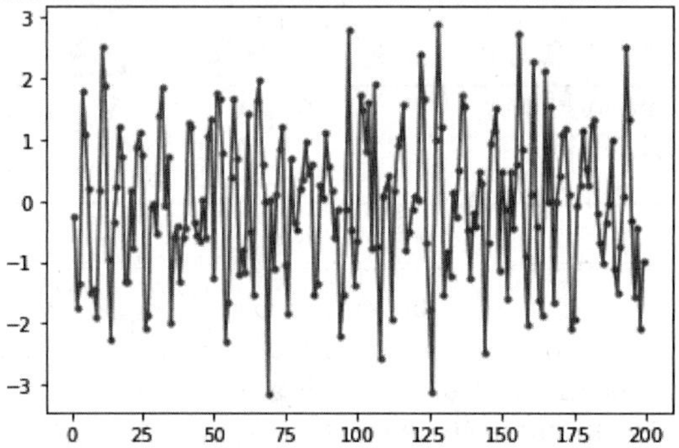

In

```
A211_model=ARIMA(A211,order=(2,1,1)).fit(trend='nc')
print(A211_model.summary())
```

Out

```
                              ARIMA Model Results
==============================================================================
Dep. Variable:                    D.y   No. Observations:                  199
Model:                 ARIMA(2, 1, 1)   Log Likelihood                -293.168
Method:                       css-mle   S.D. of innovations:             1.053
Date:                Fri, 02 Oct 2020   AIC:                           594.337
Time:                        21:56:11   BIC:                           607.510
Sample:                             1   HQIC:                          599.668
==============================================================================
                 coef    std err          z      P>|z|      [0.025      0.975]
------------------------------------------------------------------------------
ar.L1.D.y      0.9089      0.074     12.310      0.000       0.764       1.054
ar.L2.D.y     -0.5109      0.063     -8.131      0.000      -0.634      -0.388
ma.L1.D.y     -0.7854      0.064    -12.367      0.000      -0.910      -0.661
                                    Roots
=============================================================================
                  Real          Imaginary           Modulus         Frequency
-----------------------------------------------------------------------------
AR.1            0.8894           -1.0799j            1.3990           -0.1403
AR.2            0.8894           +1.0799j            1.3990            0.1403
MA.1            1.2733           +0.0000j            1.2733            0.0000
-----------------------------------------------------------------------------
```

从模拟数据的散点图可以看出，序列非平稳，但其一阶差分图基本上是平稳的。拟合模型的参数估计值(0.908 9,−0.510 9,−0.785 4)跟理论参数值(0.8,−0.5,−0.7)基本一致。

5.3.3 非平稳时间序列的实证分析

【例 5-13】试建立 *GDP* 数据的 ARIMA 模型。

从前面的分析我们知道，*GDP* 的对数序列的一阶差分是平稳的。

In
```
lnGDP=np.log(MEdata.GDP)
from statsmodels.tsa.arima_model import ARIMA
print(ARIMA(lnGDP,order=(1,0,0)).fit().summary())
```

Out
```
ARMA Model Results
==============================================================================
Dep. Variable:                    GDP   No. Observations:                   41
Model:                     ARMA(1, 0)   Log Likelihood:                 16.933
Method:                       css-mle   S.D. of innovations:             0.149
Date:                Sun, 13 Sep 2020   AIC:                           -27.866
Time:                        10:53:32   BIC:                           -22.726
Sample:                             0   HQIC:                          -25.994
==============================================================================
                 coef    std err          z      P>|z|      [0.025      0.975]
------------------------------------------------------------------------------
const          6.3454      2.658      2.387      0.017       1.136      11.555
ar.L1.GDP      0.9985      0.002    461.252      0.000       0.994       1.003
                                    Roots
=============================================================================
                  Real          Imaginary           Modulus         Frequency
-----------------------------------------------------------------------------
AR.1            1.0015           +0.0000j            1.0015            0.0000
-----------------------------------------------------------------------------
```

由于 ln*GDP* 本身是非平稳的，因此，我们建立的 ARIMA(1,0,0)是不合适的（这点从残差图、自相关图和 Ljung-Box 上就可以看出）。同样地，ARIMA(1,0,1)也是不合理的。

下面建立一个一阶差分 ARMA 模型。

In
```
print(ARIMA(lnGDP,order=(1,1,0)).fit().summary())
```

Out
```
                             ARIMA Model Results
==============================================================================
Dep. Variable:                    D.y   No. Observations:                   40
Model:                 ARIMA(1, 1, 0)   Log Likelihood:                 69.549
Method:                       css-mle   S.D. of innovations:             0.042
Date:                Fri, 02 Oct 2020   AIC:                          -133.098
Time:                        21:58:40   BIC:                          -128.031
Sample:                             1   HQIC:                         -131.266
==============================================================================
                 coef    std err          z      P>|z|      [0.025      0.975]
------------------------------------------------------------------------------
const          0.1336      0.020      6.670      0.000       0.094       0.173
ar.L1.D.y      0.6822      0.112      6.075      0.000       0.462       0.902
                                    Roots
=============================================================================
                  Real          Imaginary           Modulus         Frequency
-----------------------------------------------------------------------------
AR.1            1.4659           +0.0000j            1.4659            0.0000
-----------------------------------------------------------------------------
```

由于 ln*GDP* 差分是平稳的，因此，我们可考虑建立 ARIMA(1,1,0) 模型，从残差图、自相关图和 Ljung-Box 上就可以看出该模型是合适的。

In

```
print(ARIMA(lnGDP,order=(1,1,1)).fit().summary())
```

Out

```
                              ARIMA Model Results
==============================================================================
Dep. Variable:                    D.y   No. Observations:                   40
Model:                 ARIMA(1, 1, 1)   Log Likelihood                  75.129
Method:                       css-mle   S.D. of innovations              0.036
Date:                Fri, 02 Oct 2020   AIC                           -142.259
Time:                        22:00:45   BIC                           -135.503
Sample:                             1   HQIC                          -139.816
==============================================================================
                 coef    std err          z      P>|z|      [0.025      0.975]
------------------------------------------------------------------------------
const          0.1340      0.016      8.246      0.000       0.102       0.166
ar.L1.D.y      0.3929      0.157      2.497      0.013       0.084       0.701
ma.L1.D.y      0.7619      0.102      7.472      0.000       0.562       0.962
                                    Roots
=============================================================================
                  Real          Imaginary           Modulus         Frequency
-----------------------------------------------------------------------------
AR.1            2.5453           +0.0000j            2.5453            0.0000
MA.1           -1.3126           +0.0000j            1.3126            0.5000
-----------------------------------------------------------------------------
```

In

```
print(ARIMA(lnGDP,order=(2,1,0)).fit().summary())
```

Out

```
                              ARIMA Model Results
==============================================================================
Dep. Variable:                    D.y   No. Observations:                   40
Model:                 ARIMA(2, 1, 0)   Log Likelihood                  71.854
Method:                       css-mle   S.D. of innovations              0.040
Date:                Fri, 02 Oct 2020   AIC                           -135.708
Time:                        22:01:53   BIC                           -128.953
Sample:                             1   HQIC                          -133.265
==============================================================================
                 coef    std err          z      P>|z|      [0.025      0.975]
------------------------------------------------------------------------------
const          0.1361      0.015      9.178      0.000       0.107       0.165
ar.L1.D.y      0.9078      0.147      6.181      0.000       0.620       1.196
ar.L2.D.y     -0.3265      0.147     -2.226      0.026      -0.614      -0.039
                                    Roots
=============================================================================
                  Real          Imaginary           Modulus         Frequency
-----------------------------------------------------------------------------
AR.1            1.3903           -1.0631j            1.7502           -0.1039
AR.2            1.3903           +1.0631j            1.7502            0.1039
-----------------------------------------------------------------------------
```

可以看到，模型 A111 和 A210 对拟合效果改进不大（ar2 的系数不显著），因此，从模型的拟合效果来看，我们认为 A110 是一个合适的模型。

练习题

一、手工解答题（纸质作业）

1. 举例说明经济现象中的自相关性的存在，并说明什么是一阶自相关和高阶自相关。

2. 产生分布滞后效应的原因有哪些？分布滞后模型的参数估计有哪些困难？

3. 库伊克模型、自适应预期模型和局部调整模型的相同点与不同点有哪些？

4. 差分算子有何作用？

二、软件计算题（电子作业）

1. 下表给出了某地区 1980—2001 年固定资产投资额 Y 与销售额 X 的资料（单位：亿元）。

年份	Y	X	年份	Y	X
1980	36.99	52.805	1991	128.68	168.129
1981	33.60	55.906	1992	123.97	163.351
1982	35.42	63.027	1993	117.35	172.547
1983	42.35	72.931	1994	139.61	190.682
1984	52.48	84.790	1995	152.88	194.538
1985	53.66	86.589	1996	137.95	194.657
1986	58.53	98.797	1997	141.06	206.326
1987	67.48	113.201	1998	163.45	223.541
1988	78.13	126.905	1999	183.80	232.724
1989	95.13	143.936	2000	192.61	239.459
1990	112.60	154.391	2001	182.81	235.142

试就下列模型，按照一定的处理方法估计模型参数，并解释模型的经济意义，探测模型扰动项的一阶自相关性。

（1）设定模型 $Y_t^* = \alpha + \beta X_t + u_t$，运用局部调整假定。

（2）设定模型 $Y_t^* = \alpha X_t^{\beta} e^{u_t}$，运用局部调整假定。

（3）设定模型 $Y_t = \alpha + \beta X_t^* + u_t$，运用自适应预期假定。

（4）运用阿尔蒙多项式变换法，估计分布滞后模型：

$$Y_t = \alpha + \beta_0 X_t + \beta_1 X_{t-1} + \cdots + \beta_4 X_{t-4} + u_t$$

2. 下表给出了某地区 1975—2004 年消费总额 Y（亿元）和货币收入总额 X（亿元）的资料。

年份	X	Y	年份	X	Y
1975	103.169	91.158	1990	215.539	204.750
1976	115.070	109.100	1991	220.391	218.666
1977	132.210	119.187	1992	235.483	227.425
1978	156.574	143.908	1993	280.975	229.860
1979	166.091	155.192	1994	292.339	244.230
1980	155.099	148.673	1995	278.116	258.363
1981	138.175	151.288	1996	292.654	275.248
1982	146.936	148.100	1997	341.442	299.277
1983	157.700	156.777	1998	401.141	345.470
1984	179.797	168.475	1999	458.567	406.119
1985	195.779	174.737	2000	500.915	462.223
1986	194.858	182.802	2001	450.939	492.662
1987	189.179	180.130	2002	626.709	539.046
1988	199.963	190.444	2003	783.953	617.568
1989	205.717	196.900	2004	890.637	727.397

分析该地区消费同收入的关系：

（1）做 Y 关于 X 的回归，对回归结果进行分析判断；

（2）建立分布滞后模型，用库伊克变换转换为库伊克模型后进行估计，并对估计结果进行分析判断；

（3）建立局部调整——自适应预期综合模型进行分析。

6　异方差时间序列模型

第 5 章介绍了处理非平稳时间序列的一些最新的发展，着重讨论了对单位根过程的参数估计和假设检验方法。本章将介绍另一种重要的时间序列过程——自回归条件异方差过程（autoregressive conditional heteroscedastic process，简称 ARCH）。它在过去三十多年中得到广泛的重视，如今已成为研究实证金融学和经济计量学的主要工具之一。ARCH 模型由恩格尔（Engle，1982）首次提出，立即受到广大研究人员的重视，出现了许多重要的研究成果。ARCH 模型的理论和数学结构已经建立，它的主要性质和特点已为研究人员和实际工作者接受。ARCH 模型和它的各种推广形式以及它们在金融领域里的应用，是本章讨论的中心。

在 ARCH 模型提出之前，描述股票价格等金融现象最常用的模型是随机游动模型。如以：

$$P_t = P_{t-1} + \varepsilon_t$$

描述某股价在时刻 t 的值，ε_t为白噪声干扰。根据这一模型，股价P_t在时刻 t 的增值$\Delta P_t = P_t - P_{t-1}$是期望为零的白噪声过程，在样本量较大时可用正态分布作近似。这一模型符合金融学中有效市场（efficient market）的理论，运用简便，常用来预测和估算股票价格。但随机游动模型在应用中有明显的局限性。金融市场中的一个常见的现象，是股价或其他类似的金融产品的波动性（volatility）不仅随时间变化，而且常在某一时段连续出现偏高或偏低的情况。如道琼斯工业价格指数收益的序列图，它们上下波动的范围对应变易率的大小。显然，这个时间序列呈现波动集群性（volatility clustering）的特点。

股价和其他金融变量（如兑换率等）的这一特征很难由随机游动模型解释，却可用 ARCH 模型及其各种推广模型来描述。正由于 ARCH 模型的这一特点，它在过去的三十多年里得到了普遍重视，并由此出现了许多重要的成果。由于篇幅有限，本章只能对 ARCH 模型作简要的介绍。

6.1　ARCH 模型

对于序列 y_t，一个简单的 ARCH(q)模型为：

$$y_t = \varepsilon_t \tag{6-1}$$

$$\varepsilon_t = \sqrt{h_t}\nu_t,\ \nu_t \overset{iid}{\sim} N(0,1) \tag{6-2}$$

$$h_t = a_0 + \sum_{i=1}^{q} a_i \varepsilon^2_{t-i} \tag{6-3}$$

其中，h_t是基于时刻t可得信息条件下ε_t的方差，即条件方差（conditional variance）。序列$\{\varepsilon_t\}$是待拟合的误差过程。（6-1）式称为y_t的均值方程，它的形式可以更加复杂，可以包含其他解释变量的相关过程或者常数项，如下面的（6-4）式。ARCH 模型的重点是（6-3）式，它描绘的是在过去ε_{t-i}^2的条件下h_t的变化，过程$\{\varepsilon_{t-i}^2\}$称为噪声过程。随机变量v_t是一个信息项，通常假定它是一个均值为零、方差为 1 的 *iid*，但有时也假定随机变量服从一个标准化的t分布。

6.1.1 ARCH 模型的构建

ARCH 模型的主要思想是：扰动项ε_t的条件方差依赖于它的前期值ε_{t-1}的大小。

对于通常的回归模型：

$$y_t = x_t\beta + \varepsilon_t \tag{6-4}$$

如果随机干扰项的平方ε_t^2服从 AR(q)过程，即

$$\varepsilon_t^2 = a_0 + a_1\varepsilon_{t-1}^2 + \cdots + a_q\varepsilon_{t-q}^2 + e_t \qquad t = 1,2,\cdots,n \tag{6-5}$$

其中，e_t独立同分布，并满足$\mathrm{E}(e_t) = 0$，$\mathrm{D}(e_t) = \lambda^2$，则称模型为自回归条件异方差模型，简记为 ARCH 模型。称序列ε_t服从q阶 ARCH 过程，记作ε_t~ARCH(q)。（6–4）式和（6–5）式构成的模型称为回归 ARCH 模型。

ARCH(q)模型还可以表示为：

$$\varepsilon_t = \sqrt{\hbar_t}v_t \tag{6-6}$$

$$\hbar_t = a_0 + a_1\varepsilon_{t-1}^2 + \cdots + a_q\varepsilon_{t-q}^2 \tag{6-7}$$

其中v_t独立同分布，且$\mathrm{E}(v_t)=0$，$\mathrm{D}(v_t)=1$，$a_0 > 0$，$a_i \geqslant 0 (i = 1,2,\cdots,q)$且$\sum a_i < 1$（保证 ARCH 过程平稳）。

6.1.2 ARCH 效应的检验

为了确定一个 ARCH 描述是否必要，我们需要检验条件均值方差残差的 ARCH 效应。检验方法一般有两种：第一种是将通常的 Ljung-Box 统计量$Q(m)$应用于$\{\varepsilon_t^2\}$，参见 Mcleod 和 Li（1983）。该检验的原假设为$\{\varepsilon_t^2\}$序列前m个间隔的 ACF 值都为零。第二个对条件异方差的检验是 Engle（1982）的拉格朗日乘数检验（LM 检验）。Ljung-Box 前面已介绍过，下面着重介绍第二个方法，类似于前面介绍的误差自相关的 LM 检验，但其辅助回归方程不同。

判断序列是否存在 ARCH 效应，最常用的检验方法是拉格朗日乘数法，即 LM 检验。

若模型随机扰动项ε_t~ARCH(q)，则可以建立辅助回归方程：

$$h_t = a_0 + a_1\varepsilon_{t-1}^2 + \cdots + a_q\varepsilon_{t-q}^2 \tag{6-8}$$

检验序列是否存在 ARCH 效应，即检验（6-8）式中所有回归系数是否同时为 0。若所有回归系数同时为 0 的概率较大，则序列不存在 ARCH 效应；若所有回归系数同时为 0 的概率很小，或至少有一个系数显著不为 0，则序列存在 ARCH 效应。检验的原假设和备择假设为：

$$H_0: a_0 = a_1 = \cdots = a_q = 0 \qquad H_1: \exists a_i \neq 0\ (1 \leqslant i \leqslant q) \tag{6-9}$$

检验统计量：

$$LM = nR^2 \sim \chi^2(q) \tag{6-10}$$

其中，n 是辅助回归（6–8）式的样本数据个数，R^2 是辅助回归（6-8）式的可决系数（OLS 估计）。

给定显著性水平 α 和自由度 q，如果 $LM > \chi^2(q)$，则拒绝 H_0，认为序列存在 ARCH 效应；如果 $LM \leqslant \chi^2(q)$，则不能拒绝 H_0，认为序列不存在 ARCH 效应。

6.1.3 ARCH 模型的参数估计

一、正态假设

当假定随机变量 v_t 是一个均值为零、方差为 1 的 *iid* 时，可以用以下方法进行估计。

1. 最小二乘估计法

对于一个 ARCH 模型，最小二乘估计为：

$$\hat{\delta} = \left(\sum_{t=2}^{T} \tilde{e}_{t-1}\tilde{e}_{t-1}'\right)^{-1} \sum_{t=2}^{T} \tilde{e}_{t-1}\tilde{e}_t^2 \tag{6-11}$$

其中，$\hat{\delta} = (\alpha_0, \alpha_1, \cdots, \alpha_p)'$，$\tilde{e}_t = (1, e_t^2, \cdots, e_{t-p+1}^2)'$，如果$\mathrm{E}(e_t^2) < \infty$，则$\hat{\delta}$为一致渐进正态。

2. 极大似然估计法

采用极大似然方法来估计ARCH 模型的参数，设样本量是n，回归ARCH(q)模型参数估计的对数似然函数为：

$$\ln L(\beta, \alpha | y, x) = -\frac{1}{2} n \ln(2\pi) - \frac{1}{2}\sum_{t=1}^{n} \ln(h_t) - \frac{1}{2}\sum_{t=1}^{n}(\varepsilon_t^2 / h_t) + \sum_{t=1}^{n} \ln\left|\frac{\partial \varepsilon_t}{\partial y_t}\right| \tag{6-12}$$

使该函数取得最大值的参数β和α值，就是参数β和α的极大似然估计值。

二、非正态假设

当假定随机变量 v_t 不服从标准正态分布时，可采用如下方法来处理。

1. t分布假设

由于收益率分布厚尾，有些应用中假设的方差模型中v_t服从标准化t分布，自由度为

m，设η_t为服从$t(m)$分布的随机变量，则当$m>2$时，$E(\eta_t)=0$，$\mathrm{var}(\eta_t)=m/(m-2)$。

令 $v_t=\dfrac{\eta_t}{\sqrt{m/(m-2)}}$，称 v_t 的分布为标准化 $t(m)$分布,设 v_t 分布为标准化 $t(m)$分布,则对数似然函数为：

$$\ln L(\beta,\alpha|m,y,x)=n\left[\ln\Gamma(\frac{m+1}{2})-\ln\Gamma(\frac{m}{2})-\frac{1}{2}\ln((m-2)\pi)\right]-\sum_{t=1}^{n}\left\{\frac{m+1}{2}\ln(1+\frac{\varepsilon_t^2}{(m-2)h_t})+\frac{1}{2}\ln(h_t)\right\}$$

使该函数取得最大值的参数β、α和m值就是参数β、α和m的极大似然估计值。

2. 准极大似然估计

当噪声过程不服从正态分布或者不完全知道条件分布时，由于参数的渐进有效性，我们仍可以使用高斯的MLE方法进行估计。这种估计称为伪极大似然估计（pseudo-MLE，PMLE）或准极大似然估计（quasi-MLE，QMLE）。$E(\varepsilon_t^2)<\infty$，QMLE是一致渐进正态的，如果残差确实服从高斯分布，QMLE通常比MLE准确性差。

图 6-1 是 ARCH 模型建立的一般流程。

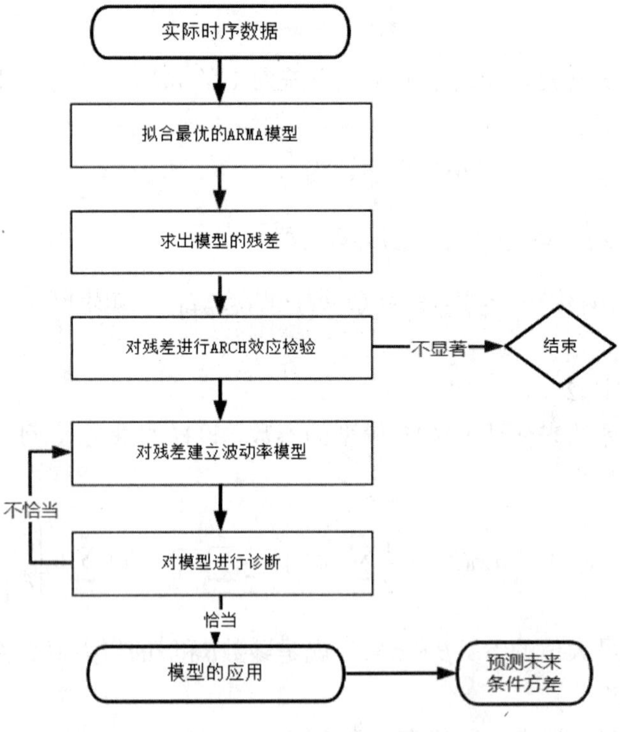

图6-1 ARCH模型建立流程

【例 6-1】模拟研究：模拟 ARCH(1)模型：$h_t = \alpha_0 + \alpha_1 \varepsilon_{t-1}^2 = 0.02 + 0.8\varepsilon_{t-1}^2$。

In
```
import arch
from arch.univariate import ZeroMean,ARCH
zm = ZeroMean()
zm.volatility = ARCH(p=1)
arch1_sim=zm.simulate([0.02,0.8],500)
print(arch1_sim)
```

Out
```
       data  volatility   errors
0   -0.1881      0.1568  -0.1881
1   -0.2717      0.2198  -0.2717
2    0.4269      0.2812   0.4269
3   -0.6300      0.4072  -0.6300
4   -0.5378      0.5810  -0.5378
...      ...         ...      ...
495  0.0728      0.1477   0.0728
496  0.1050      0.1557   0.1050
497 -0.0891      0.1697  -0.0891
498  0.2073      0.1623   0.2073
499  0.2061      0.2332   0.2061
[500 rows x 3 columns]
```

In
```
#arch1_sim.to_csv('arch1_sim.csv',index=False)      #保存模拟数据
#arch1_sim=pd.read_csv('arch1_sim.csv');            #读取模拟数据
plt.plot(arch1_sim['data']);plt.title('ARCH(1) process');
```

Out

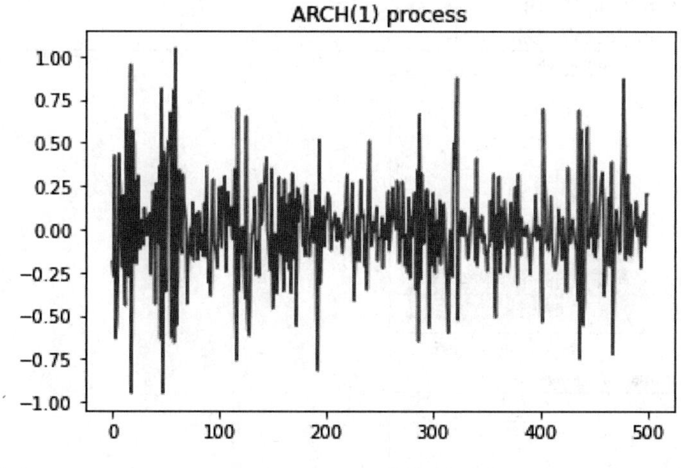

上图展示了一个容量为 500 的用 ARCH(1)模拟的时间序列数据，虽然因条件方差过程记忆短，数据能够从大的波动中很快恢复，但是较大的波动聚集在一起，数据的波动集群性非常明显。

In

```
from statsmodels.graphics.tsaplots import plot_acf, plot_pacf
plot_acf(arch1_sim['data']);
plot_pacf(arch1_sim['data']);
```

Out

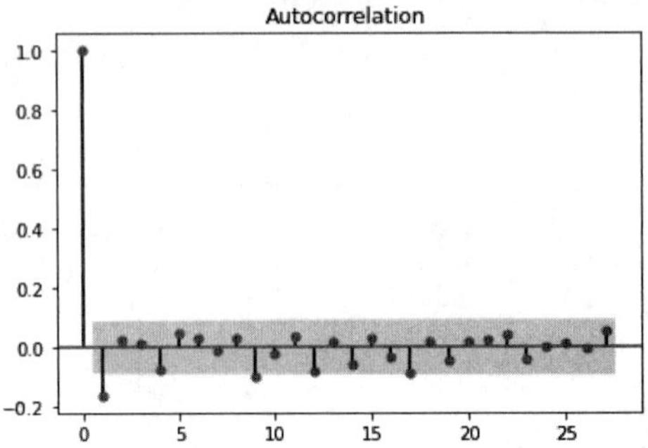

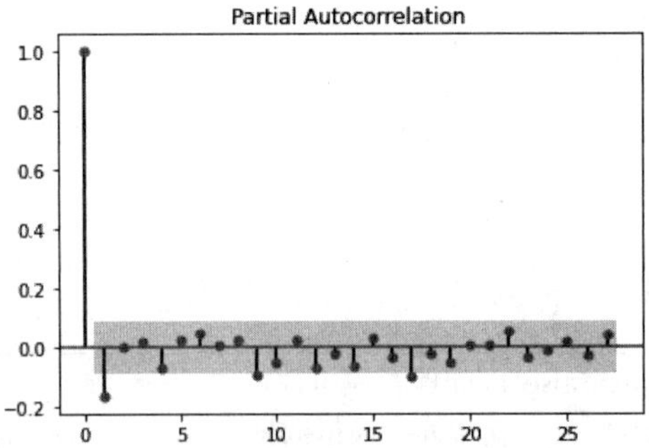

从序列的自相关和偏自相关图可以看到，模拟的过程看起来基本上是与序列无关的。

In

```
plot_acf(arch1_sim['data']**2);
plot_pacf(arch1_sim['data']**2);
```

Out

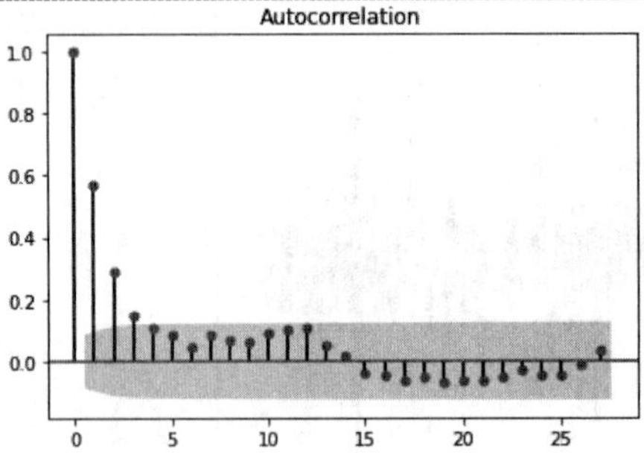

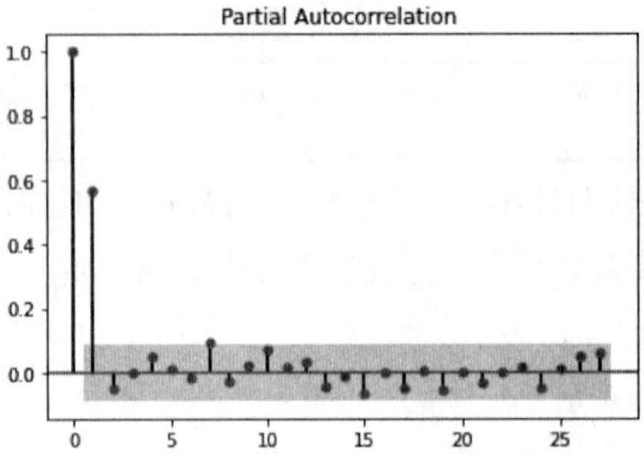

序列的平方数据都存在明显的自相关性。

In

```
arch1_mod=arch.arch_model(arch1_sim['data'],mean='Zero',vol='ARCH').fit()
print(arch1_mod.summary())
```

Out

```
Iteration:      1,   Func. Count:      4,   Neg. LLF: 430.79612897806487
Iteration:      2,   Func. Count:     11,   Neg. LLF: -43.70058565274647
Iteration:      3,   Func. Count:     15,   Neg. LLF: -45.65755598012201
Iteration:      4,   Func. Count:     18,   Neg. LLF: -45.65757905145022
Iteration:      5,   Func. Count:     20,   Neg. LLF: -45.65757905146518
Optimization terminated successfully    (Exit mode 0)
            Current function value: -45.65757905145022
            Iterations: 5
            Function evaluations: 20
            Gradient evaluations: 5
                        Zero Mean - ARCH Model Results
==============================================================================
Dep. Variable:                   data   R-squared:                       0.000
Mean Model:                 Zero Mean   Adj. R-squared:                  0.002
Vol Model:                       ARCH   Log-Likelihood:                45.6576
Distribution:                  Normal   AIC:                          -87.3152
Method:            Maximum Likelihood   BIC:                          -78.8859
                                        No. Observations:                  500
Date:                Sat, Oct 03 2020   Df Residuals:                      498
Time:                        22:33:29   Df Model:                            2
                              Volatility Model
============================================================================
                 coef    std err          t      P>|t|      95.0% Conf. Int.
----------------------------------------------------------------------------
omega          0.0203  2.239e-03      9.049  1.437e-19 [1.587e-02,2.465e-02]
alpha[1]       0.7869  8.273e-02      9.511  1.887e-21     [ 0.625,  0.949]
============================================================================
```

对数据进行 ARCH(1)模型拟合，拟合结果（0.0203，0.7869）和假定参数（0.02,0.80）基本一致，而且模型的残差满足正态性要求，也不存在自相关性。

但 ARCH 模型存在一个显著的缺点，就是通常拟合的模型阶数 q 较大。博勒斯莱文(Bollerslev)在恩格尔的 ARCH 模型基础上提出了广义 ARCH 模型——GARCH 模型。

6.2 GARCH 模型

6.2.1 GARCH 模型的基本原理

ARCH(q)模型$\varepsilon_t=\sqrt{h_t}\cdot v_t$决定于条件异方差 h_t的结构：

$$h_0=\alpha_0+\alpha_1\varepsilon_{t-1}^2+\cdots+\alpha_q\varepsilon_{t-q}^2 \tag{6-13}$$

若 ARCH(q)模型的阶数 q 过大，在样本有限时，上节介绍的迭代估计方法的效率会降低。为弥补这一弱点，以下介绍广义的 ARCH 模型——GARCH 模型。

博勒斯莱文把恩格尔的 ARCH 模型一般化，扩展为 ARMA 形式：

$$\varepsilon_t = \sqrt{h_t} v_t \qquad v_t \sim N(0,1) \tag{6-14}$$

$$h_t = a_0 + a_1\varepsilon_{t-1}^2 + \cdots + a_q\varepsilon_{t-q}^2 + \beta_1 h_{t-1} + \cdots + \beta_p h_{t-p} \tag{6-15}$$

则称序列服从 GARCH(p,q)过程。其中 $p\geqslant 0$，$q>0$；$a_0>0$，$a_i\geqslant 0(i=1,2,\ldots,q)$；$\beta_j\geqslant 0(i=1,2,\ldots,p)$。

同在 AR 模型中加入 MA 成分得到一般的 ARMA 模型一样，我们可以将一个 ARCH 模型扩展为一个广义的 ARCH 模型—— GARCH 模型。因此，在 ARCH 模型的基础上，只要将(6-13)式改为下式：

$$h_t = a_0 + \sum_{i=1}^{q} a_i \varepsilon^2{}_{t-i} + \sum_{j=1}^{q} \beta_j h_{t-j} \tag{6-16}$$

(6-16)式就是一个 GARCH(p,q)过程。可见，GARCH(p,q)模型中的条件方差 h_t 是关于误差平方过去值和条件方差过去值的一个线性函数。GARCH 模型与 ARCH 模型的不同之处在于：GARCH 模型对于条件方差的拟合，不仅考虑过去的冲击，而且考虑它本身的过去值。GARCH 模型建立流程与图 6-1 类似，可以看出 GARCH 模型建立的关键是求出相关序列所拟合的模型的残差，但残差的质量取决于我们前面所建立的相关模型。

在实际中，p 和 q 都不会很大，最常用的是 p 和 q 都为 1 的 GARCH(1,1)过程。

GARCH(1,1)是最简单的一种 GARCH 过程。尽管形式简单，但它在经济学的许多领域，特别是在金融学中有很多应用。GARCH(1,1)过程可表示为：

$$\varepsilon_t = \sqrt{h_t}\cdot v_t; h_t = \alpha_0 + \alpha_1\varepsilon_{t-1}^2 + \beta_1 h_{t-1} \tag{6-17}$$

其中，$\{v_t\}$独立同分布，参数满足条件$\alpha_0>0$，$\alpha_1\geqslant 0$，$\beta_1\geqslant 0$。ε_t~GARCH(1,1)是稳定过程的充要条件为$\alpha_1+\beta_1<1$。

【例 6-2】模拟 GARCH(1,1)：$h_t = 0.02 + 0.05\varepsilon_{t-1}^2 + 0.9h_{t-1}$。

In
```
import arch
from arch.univariate import ZeroMean, ARCH,GARCH
zm = ZeroMean()
zm.volatility = GARCH(p=1,q=1)
garch11_sim=zm.simulate([0.02,0.05,0.9],1000)
```

In
```
#garch11_sim.to_csv('garch11_sim.csv',index=False)      #保存模拟数据
#garch11_sim=pd.read_csv('garch11_sim.csv');            #读取模拟数据
```

In
```
plt.plot(garch11_sim['data']);plt.title('GARCH(1,1) process');
```

Out

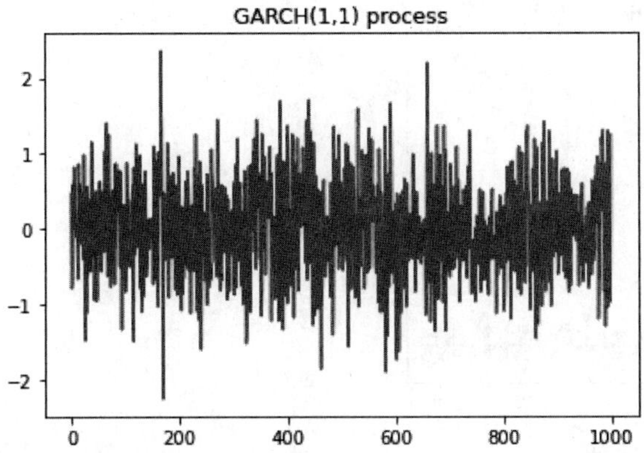

In

```
plot_acf(garch11_sim['data']);
plot_pacf(garch11_sim['data']);
```

Out

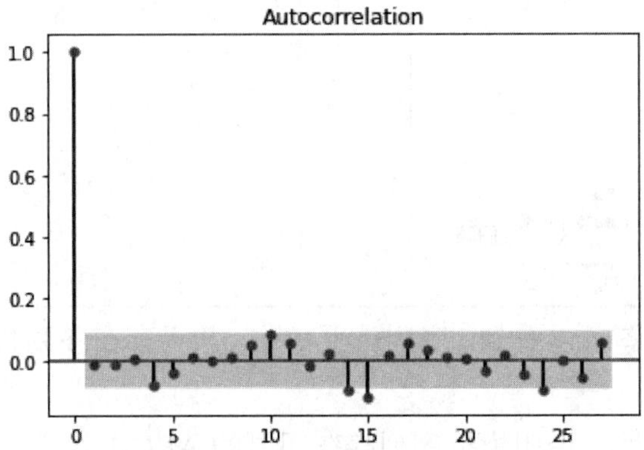

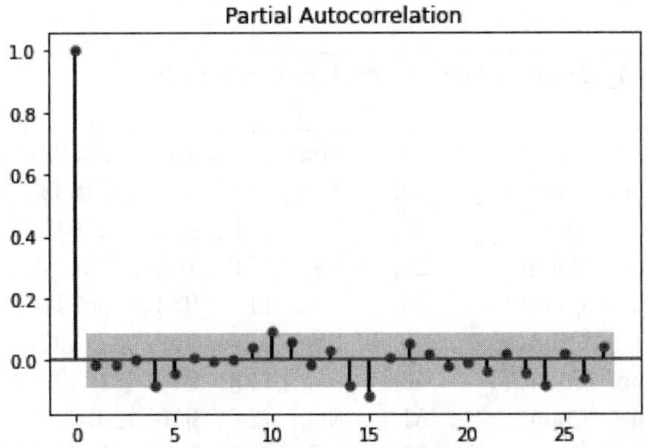

In

```
from statsmodels.stats.diagnostic import acorr_ljungbox as LM    #box pierce test
lmtest=LM(garch11_sim['data'],lags=1,boxpierce=True,return_df=False)
print('    LM = %.4f, p_value = %.4f'%(lmtest[0],lmtest[1]))
```

Out

```
LM = 1.2142, p_value = 0.2705
```

In

```
plot_acf(garch11_sim['data']**2);
plot_pacf(garch11_sim['data']**2);
```

Out

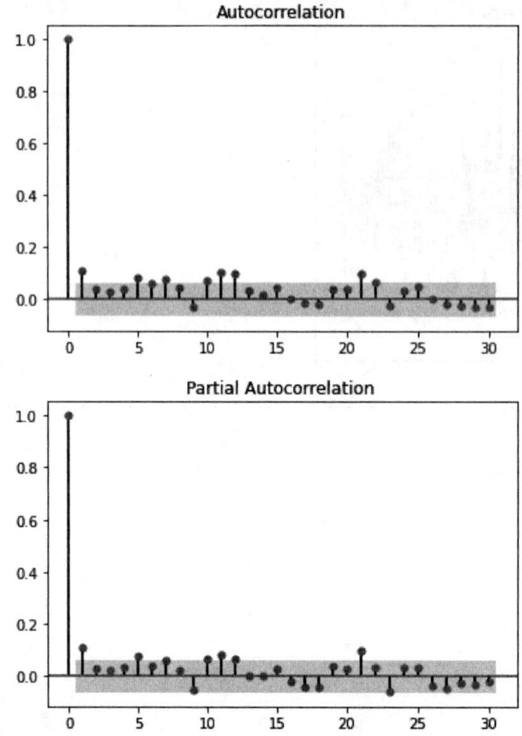

从模拟序列的散点图和自相关图可以看到，序列是平稳的，并不存在序列相关。进一步的B-P检验也证实了这一点。

但序列的平方存在明显的相关性，说明模拟序列存在明显的ARCH效应。下面拟合GARCH模型。

In

```
G11=arch.arch_model(garch11_sim['data'],vol='GARCH',p=1,q=1).fit();
print(G11.summary())
```

Out

```
Iteration:      1,   Func. Count:      6,   Neg. LLF: 3318.033582114137
Iteration:      2,   Func. Count:     14,   Neg. LLF: 341111.15858275886
Iteration:      3,   Func. Count:     21,   Neg. LLF: 918.6447641252147
Iteration:      4,   Func. Count:     27,   Neg. LLF: 1064.745444993219
Iteration:      5,   Func. Count:     34,   Neg. LLF: 934.2705741011202
Iteration:      6,   Func. Count:     40,   Neg. LLF: 919.0677393723004
Iteration:      7,   Func. Count:     46,   Neg. LLF: 910.433038664316
Iteration:      8,   Func. Count:     51,   Neg. LLF: 910.4201626952258
Iteration:      9,   Func. Count:     56,   Neg. LLF: 910.418627855061
Iteration:     10,   Func. Count:     61,   Neg. LLF: 910.4175980761013
Iteration:     11,   Func. Count:     66,   Neg. LLF: 910.4175931256735
Iteration:     12,   Func. Count:     70,   Neg. LLF: 910.4175931262685
Optimization terminated successfully    (Exit mode 0)
            Current function value: 910.4175931256735
            Iterations: 12
            Function evaluations: 70
            Gradient evaluations: 12
```

```
                      Constant Mean - GARCH Model Results
==============================================================================
Dep. Variable:                   data   R-squared:                      -0.000
Mean Model:             Constant Mean   Adj. R-squared:                 -0.000
Vol Model:                      GARCH   Log-Likelihood:               -910.418
Distribution:                  Normal   AIC:                           1828.84
Method:            Maximum Likelihood   BIC:                           1848.47
                                        No. Observations:                 1000
Date:                Sat, Oct 03 2020   Df Residuals:                      996
Time:                        22:55:01   Df Model:                            4
                                 Mean Model
==============================================================================
                 coef    std err          t      P>|t|       95.0% Conf. Int.
------------------------------------------------------------------------------
mu        -1.3677e-03  1.855e-02 -7.372e-02      0.941 [-3.773e-02,3.499e-02]
                              Volatility Model
============================================================================
                 coef    std err          t      P>|t|      95.0% Conf. Int.
----------------------------------------------------------------------------
omega          0.0245  1.214e-02      2.014  4.401e-02 [6.558e-04,4.826e-02]
alpha[1]       0.0581  1.842e-02      3.154  1.611e-03 [2.200e-02,9.421e-02]
beta[1]        0.8761  4.440e-02     19.730  1.186e-86      [0.789,  0.963]
============================================================================
Covariance estimator: robust
```

拟合结果（0.0245,0.0581,0.8761）和假定参数（0.02,0.05,0.9）基本一致，而且模型的残差满足正态性要求，也不存在自相关性。

6.2.2 改进的 GARCH 模型

GARCH 模型也存在和 ARCH 模型相似的缺点：

（1）由于模型中波动率取决于前期扰动的平方，故模型假定正向扰动和负向扰动对波动率有着相同的影响。然而在实际中，金融资产的价格通常对正向扰动和负向扰动有着不同程度的反应。

（2）只能描述条件方差的变化，但是不能解释变化的原因。

（3）用 ARCH 模型做的波动率预测会偏高。

为了解决这些缺点，学者们提出了一些改进的 GARCH 模型：EGARCH 模型和 TARCH 模型等。

一、EGARCH 模型

Nelson （1991）提出的指数 GARCH（EGARCH）模型允许正负资产收益率对波动率有不对称的影响。

考虑如下变换：

$$g(\nu_t)=\theta\nu_t+\gamma[|\nu_t|-E|\nu_t|]$$

其中 θ、γ是实常数。$\{\nu_t\}$和$\{[|\nu_t|-E|\nu_t|]\}$都是零均值独立同分布白噪声，{ $g(\nu_t)$}分

布为连续分布。容易得到$E[g(\nu_t)]=0$。

由（6-18）式可见{ $g(\nu_t)$}的分布是非对称的：

$$g(\nu_t)=\begin{cases}(\theta+\gamma)\nu_t-\gamma E|\nu_t|, & \nu_t\geqslant 0\\(\theta-\gamma)\nu_t-\gamma E|\nu_t|, & \nu_t<0\end{cases} \tag{6-18}$$

由于$\nu_t\sim N(0,1)$时，$E|\nu_t|=\sqrt{2/\pi}$。

EGARCH（*m,s*）模型可以写成如下形式：

$$\varepsilon_t=\sqrt{h_t}\nu_t,\qquad \nu_t\sim N(0,1)$$

$$\ln h_t=\alpha_0+\frac{1+\beta_1L+\ldots+\beta_{S-1}L^{S-1}}{1-\alpha_1L-\ldots-\alpha_mL^m}g(\nu_{t-1}) \tag{6-19}$$

其中 L 是滞后算子，多项式$\{1+\beta_1L+\ldots+\beta_{S-1}L^{S-1}\}$和$\{1-\alpha_1L-\ldots-\alpha_mL^m\}$的特征根都在单位元外，且两个多项式没有公因子。

以最简单的 EGARCH (1,1)为例来讨论，其模型可以写成：

$$\varepsilon_t=\sqrt{h_t}\nu_t,\ \ln h_t=\alpha_0+\frac{1}{1-\alpha_1L}g(\nu_{t-1}) \tag{6-20}$$

经过整理可得：

$$\ln h_t=(1-\alpha_1)\alpha_0-\sqrt{2/\pi}\gamma+\alpha_1\ln h_{t-1}+(\theta+\gamma)\nu_{t-1} \tag{6-21}$$

波动率方程可以写成:

$$h_t=h_{t-1}e^{(1-\alpha_1)\alpha_0-\sqrt{\frac{2}{\pi}}\gamma}\times\begin{cases}\exp\left[(\gamma+\theta)\frac{\varepsilon_{t-1}}{\sqrt{h_{t-1}}}\right] & \varepsilon_{t-1}\geqslant 0\\ \exp\left[(\gamma-\theta)\frac{\varepsilon_{t-1}}{\sqrt{h_{t-1}}}\right] & \varepsilon_{t-1}<0\end{cases} \tag{6-22}$$

系数（$\gamma+\theta$）和$(\gamma-\theta)$表明当$\theta\neq 0$时对正的和负的前期波动的响应是不一样的。

二、TGARCH 模型

Glosten、Jagannathan 和 Runkle（1993）与 Zakoian（1994）提出的 TGARCH 模型是另一个能够反映杠杆效应的波动率模型，TGARCH(*m,s*)模型的形式为：

$$h_t=\alpha_0+\sum_{i=1}^{m}(\alpha_i+\gamma_iN_{t-i})\,\varepsilon^2_{t-i}+\sum_{j=1}^{s}\beta_jh_{t-j} \tag{6-23}$$

其中N_{t-i}是表示$\varepsilon_{t-i}<0$的示性函数，即

$$N_{t-i}=\begin{cases}1 & \varepsilon_{t-i}<0\\0 & \varepsilon_{t-i}\geqslant 0\end{cases}$$

α_i，γ_i，β_j是非负参数，满足与 GARCH 模型类似的参数条件。正的ε_{t-i}对h_t的影响为$\alpha_i\varepsilon^2_{t-i}$，负的$\varepsilon_{t-i}$对$h_t$的影响为$(\alpha_i+\gamma_i)\varepsilon^2_{t-i}$，负的$\varepsilon_{t-i}$影响较大。

6.2.3 异方差模型实证分析

【例 6-3】股票数据的 ARCH 模型分析。本例选取 2003 年 1 月 2 日至 2010 年 4 月 14 日的深证成分指数作为样本数据。我们研究股票市场的波动，以股票市场的日收益率作为考察变量，股票市场日收益率以相邻两日收盘指数的对数一阶差分来表示，并以 R_t 作为第 t 日的股票对数收益率，即这里的 $R_t=\log(P_t/P_{t-1})\times 100$，$P_t$ 表示股票价格指数。

指数日对数收益率 R_t 组成新的样本时间序列。对序列$\{R_t\}$进行基本的统计分析，得到日收益率的时间序列图和描述性分析结果。

1. 基本统计分析

In
```
Pt=pd.read_excel('MEdata.xlsx','SZclose',index_col=0);
print(Pt)
```

Out
```
                  Pt
Date
2003-01-02   2689.49
2003-01-03   2687.72
2003-01-06   2722.28
2003-01-07   2718.32
2003-01-08   2790.03
...              ...
2010-04-08  12427.00
2010-04-09  12555.12
2010-04-12  12399.20
2010-04-13  12511.89
2010-04-14  12557.70
[1766 rows x 1 columns]
```

In
```
Rt=np.log(Pt/Pt.shift()).dropna()*100
Rt.plot();
```

Out

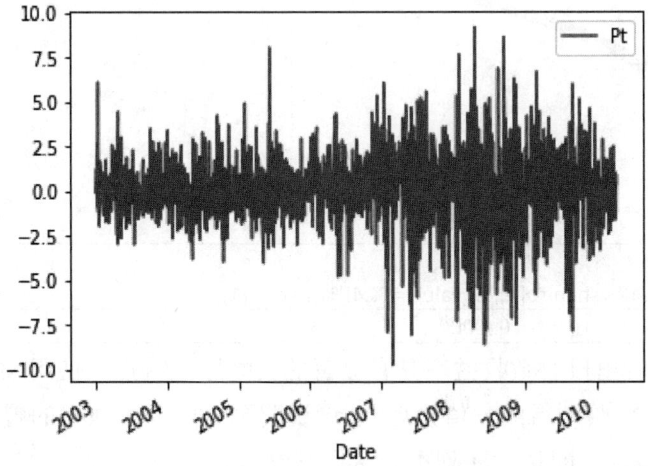

In
```
Rt.hist(bins=50);
```

Out

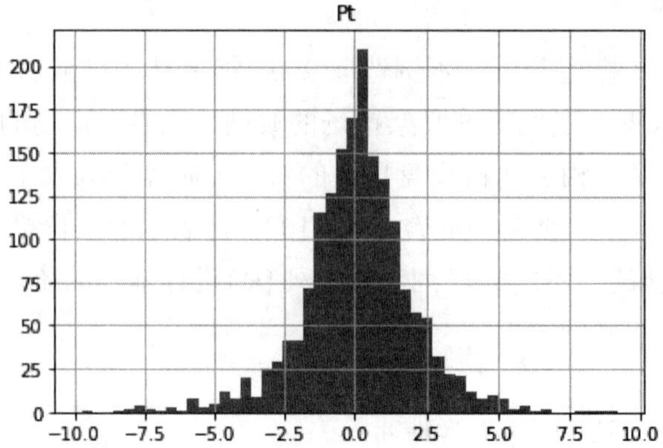

In

```
Rt.describe()
```

Out

```
Pt
count        1765
mean       0.0873
  std      1.9896
  min     -9.7501
  25%     -0.9042
  50%      0.1394
  75%      1.1629
  max      9.1615
```

In

```
import scipy.stats as st
st.probplot(Rt.Pt,plot=plt);
```

Out

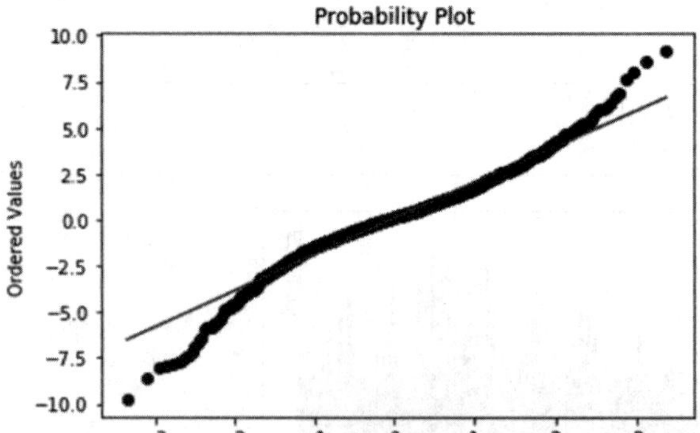

In

```
shapiro=st.shapiro(Rt)
print('    W-stastic = %.4f'%shapiro[0],'p_value = %.4f'%shapiro[1])
```

Out

```
W-stastic = 0.9664 p_value = 0.0000
```

从 R_t 正态概率图可以看出日对数收益率具有显著的尖峰厚尾特点。使用 shapiro.test 统计量检验序列的正态性，检验所得的 p 值接近 0，这说明至少可以在 99%的置信水平下拒绝序列为正态分布的零假设，即认为序列不服从正态分布。

从收益率的散点图可以看出，在 2003 年 1 月 2 日至 2010 年 4 月 14 日这段时间内，上证指数日收益率表现出一个明显的特点，即在较大幅度的波动后紧接着较大幅度的波动，较小幅度的波动后紧接着较小幅度的波动，也就是具有波动集群性。

2. 平稳性检验

In
```
ADF_print(ts.adfuller(Rt,regression='nc'))
```
Out
```
ADF statists = -19.1241, p_value = 0.0000
critical value:
        1% level: -2.5670
        5% level: -1.9412
       10% level: -1.6167
```

根据上述结果，我们看出至少可以在 0.01 的显著性水平下拒绝原假设，接受备择假设，认为$\{R_t\}$序列是平稳的。

3. 拟合均值方程

In
```
##拟合均值方程
lmRt=smf.ols('Rt~1',data=Rt).fit()
lmRt.summary
```
Out
```
OLS Regression Results
==============================================================================
Dep. Variable:                     Rt   R-squared:                      -0.000
Model:                            OLS   Adj. R-squared:                 -0.000
Method:                 Least Squares   F-statistic:                       nan
Date:                Mon, 14 Sep 2020   Prob (F-statistic):                nan
Time:                        13:17:13   Log-Likelihood:                -3718.2
No. Observations:                1765   AIC:                            7438.0
Df Residuals:                    1764   BIC:                            7444.0
Df Model:                           0
Covariance Type:            nonrobust
==============================================================================
                coef    std err          t      P>|t|      [0.025      0.975]
------------------------------------------------------------------------------
Intercept     0.0873      0.047      1.844      0.065      -0.006      0.180
==============================================================================
Omnibus:                      131.330   Durbin-Watson:                   1.918
Prob(Omnibus):                  0.000   Jarque-Bera (JB):              483.238
Skew:                          -0.286   Prob(JB):                    1.16e-105
Kurtosis:                       5.499   Cond. No.                         1.00
==============================================================================
```

可知 R_t= 0.087 3+ u_t。

4. ARCH 检验

In
```
et=lmRt.resid
box=LM(et,lags=1,boxpierce=True,return_df=False)
print('    LM=%.4f, p_value=%.4f'%(box[0],box[1]))
```
Out
```
LM=2.9840, p_value=0.0841
```
In
```
plot_acf(et**2);
plot_pacf(et**2);
```

Out

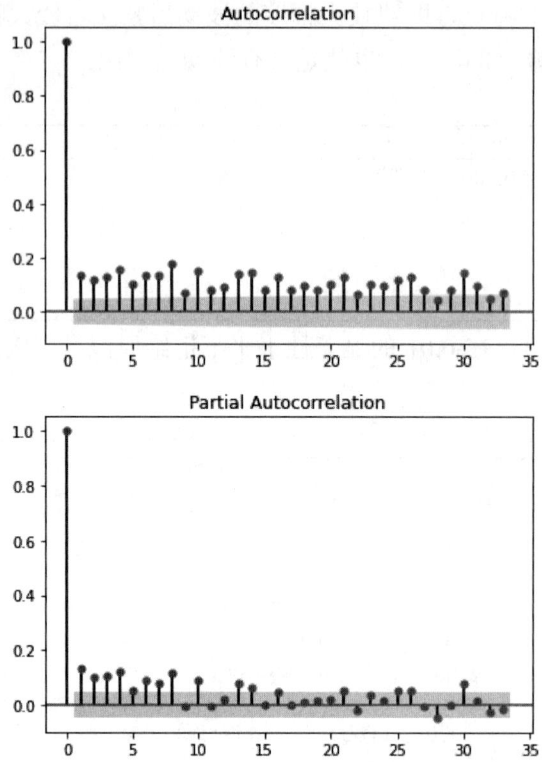

In

```
box=LM(et**2,lags=1,boxpierce=True,return_df=False)
print('    LM=%.4f, p_value=%.4f'%(box[0],box[1]))
```

Out

```
LM=31.2802,p_value=0.0000
```

从模型的标准化残差图和自相关图可以看到，残差序列是平稳的，并不存在序列相关性。进一步的 B-P 检验也证实了这一点。但模型残差的平方序列就存在明显的序列相关性，说明对数日收益率存在明显的 ARCH 效应。

5. ARCH 模型

In

```
from arch.univariate import arch_model as ARCH
arch1=ARCH(Rt,mean='Constant',vol='ARCH',dist='t',p=1).fit(disp='off')
print(arch1.summary())
```

Out

```
                    Constant Mean - ARCH Model Results
==============================================================================
Dep. Variable:                     Pt   R-squared:                      -0.000
Mean Model:             Constant Mean   Adj. R-squared:                 -0.000
Vol Model:                       ARCH   Log-Likelihood:               -3603.15
Distribution:  Standardized Student's t   AIC:                           7214.30
Method:            Maximum Likelihood   BIC:                           7236.20
                                        No. Observations:                 1765
Date:                Sat, Oct 03 2020   Df Residuals:                     1761
Time:                        23:22:43   Df Model:                            4
```

```
                           Mean Model
==============================================================================
                 coef    std err          t      P>|t|    95.0% Conf. Int.
------------------------------------------------------------------------------
mu             0.1082  3.906e-02      2.771  5.590e-03 [3.168e-02,   0.185]
                        Volatility Model
==============================================================================
                 coef    std err          t      P>|t|  95.0% Conf. Int.
------------------------------------------------------------------------------
omega          3.4642      0.268     12.944  2.534e-38 [  2.940,   3.989]
alpha[1]       0.2189  5.291e-02      4.137  3.512e-05 [  0.115,   0.323]
                          Distribution
==============================================================================
                 coef    std err          t      P>|t|  95.0% Conf. Int.
------------------------------------------------------------------------------
nu             3.9560      0.373     10.606  2.803e-26 [  3.225,   4.687]
==============================================================================
```

In

```
arch5=ARCH(Rt,mean='Constant',vol='ARCH',dist='t',p=5).fit(disp='off')
print(arch5.summary()) #arch5
```

Out

```
 Constant Mean - ARCH Model Results
====================================================================================
Dep. Variable:                          Pt   R-squared:                      -0.000
Mean Model:                  Constant Mean   Adj. R-squared:                 -0.000
Vol Model:                            ARCH   Log-Likelihood:               -3542.75
Distribution:     Standardized Student's t   AIC:                           7101.50
Method:                 Maximum Likelihood   BIC:                           7145.31
                                             No. Observations:                 1765
Date:                     Sat, Oct 03 2020   Df Residuals:                     1757
Time:                             23:22:15   Df Model:                            8
                                Mean Model
====================================================================================
                 coef    std err          t      P>|t|    95.0% Conf. Int.
------------------------------------------------------------------------------------
mu             0.1099  3.877e-02      2.834  4.599e-03 [3.388e-02,   0.186]
                             Volatility Model
====================================================================================
                 coef    std err          t      P>|t|    95.0% Conf. Int.
------------------------------------------------------------------------------------
omega          1.5745      0.169      9.299  1.413e-20      [1.243,   1.906]
alpha[1]       0.0938  3.474e-02      2.701  6.921e-03 [2.573e-02,   0.162]
alpha[2]       0.1701  4.071e-02      4.179  2.924e-05 [9.034e-02,   0.250]
alpha[3]       0.1174  3.965e-02      2.960  3.079e-03 [3.964e-02,   0.195]
alpha[4]       0.2086  5.288e-02      3.945  7.966e-05      [0.105,   0.312]
alpha[5]       0.0812  3.231e-02      2.515  1.191e-02 [1.793e-02,   0.145]
                              Distribution
====================================================================================
                 coef    std err          t      P>|t|  95.0% Conf. Int.
------------------------------------------------------------------------------------
nu             5.2628      0.647      8.136  4.101e-16   [3.995,   6.531]
====================================================================================
Covariance estimator: robust
```

In
```
arch7=ARCH(Rt,mean='Constant',vol='ARCH',dist='t',p=7).fit(disp='off')
print(arch7.summary()) #arch7
```

Out
```
                     Constant Mean - ARCH Model Results
==============================================================================
Dep. Variable:                       Pt   R-squared:                      -0.000
Mean Model:               Constant Mean   Adj. R-squared:                 -0.000
Vol Model:                         ARCH   Log-Likelihood:               -3521.70
Distribution:  Standardized Student's t   AIC:                           7063.40
Method:              Maximum Likelihood   BIC:                           7118.16
                                          No. Observations:                 1765
Date:                  Sat, Oct 03 2020   Df Residuals:                     1755
Time:                          23:24:58   Df Model:                           10
                                Mean Model
==============================================================================
                 coef    std err          t      P>|t|     95.0% Conf. Int.
------------------------------------------------------------------------------
mu             0.1145  3.688e-02      3.105  1.902e-03 [4.223e-02,  0.187]
                              Volatility Model
==============================================================================
                 coef    std err          t      P>|t|     95.0% Conf. Int.
------------------------------------------------------------------------------
omega          1.1563      0.156      7.401  1.348e-13     [0.850,  1.462]
alpha[1]       0.0727  2.972e-02      2.447  1.440e-02 [1.448e-02,  0.131]
alpha[2]       0.1380  3.612e-02      3.819  1.338e-04 [6.716e-02,  0.209]
alpha[3]       0.0713  3.593e-02      1.985  4.717e-02 [8.926e-04,  0.142]
alpha[4]       0.1799  4.949e-02      3.635  2.775e-04 [8.291e-02,  0.277]
alpha[5]       0.0606  2.840e-02      2.135  3.277e-02 [4.967e-03,  0.116]
alpha[6]       0.1327  3.624e-02      3.663  2.491e-04 [6.172e-02,  0.204]
alpha[7]       0.1265  3.781e-02      3.347  8.179e-04 [5.243e-02,  0.201]
                               Distribution
==============================================================================
                 coef    std err          t      P>|t|  95.0% Conf. Int.
------------------------------------------------------------------------------
nu             5.5334      0.694      7.979  1.478e-15   [4.174,  6.893]
==============================================================================
Covariance estimator: robust
```

In
```
arch8=ARCH(Rt,mean='Constant',vol='ARCH',dist='t',p=8).fit(disp='off')
print(arch8.summary())  #arch8
```

Out
```
Constant Mean - ARCH Model Results
==============================================================================
Dep. Variable:                       Pt   R-squared:                      -0.000
Mean Model:               Constant Mean   Adj. R-squared:                 -0.000
Vol Model:                         ARCH   Log-Likelihood:               -3514.46
Distribution:  Standardized Student's t   AIC:                           7050.92
Method:              Maximum Likelihood   BIC:                           7111.16
                                          No. Observations:                 1765
Date:                  Sat, Oct 03 2020   Df Residuals:                     1754
Time:                          23:26:08   Df Model:                           11
```

```
                              Mean Model
==============================================================================
                 coef    std err          t      P>|t|     95.0% Conf. Int.
------------------------------------------------------------------------------
mu             0.0999  3.755e-02      2.660  7.818e-03 [2.628e-02,   0.173]
                            Volatility Model
==============================================================================
                 coef    std err          t      P>|t|       95.0% Conf. Int.
------------------------------------------------------------------------------
omega          1.0282      0.150      6.864  6.686e-12         [0.735,  1.322]
alpha[1]       0.0639  2.819e-02      2.268  2.332e-02     [8.685e-03,  0.119]
alpha[2]       0.1305  3.422e-02      3.815  1.363e-04     [6.347e-02,  0.198]
alpha[3]       0.0581  3.332e-02      1.744  8.117e-02    [-7.198e-03,  0.123]
alpha[4]       0.1545  4.580e-02      3.374  7.415e-04     [6.475e-02,  0.244]
alpha[5]       0.0415  2.428e-02      1.710  8.725e-02 [-6.068e-03,8.912e-02]
alpha[6]       0.1207  3.427e-02      3.521  4.297e-04     [5.350e-02,  0.188]
alpha[7]       0.1100  3.527e-02      3.118  1.820e-03     [4.085e-02,  0.179]
alpha[8]       0.1236  4.563e-02      2.709  6.745e-03     [3.419e-02,  0.213]
                              Distribution
==============================================================================
                 coef    std err          t      P>|t|  95.0% Conf. Int.
------------------------------------------------------------------------------
nu             5.9599      0.798      7.464  8.390e-14   [4.395,    7.525]
==============================================================================
Covariance estimator: robust
```

从建立的 ARCH 模型可以看到，从 ARCH(1)到 ARCH(8)模型各阶系数都是显著的[本处省略 ARCH(2)~ARCH(4)和 ARCH(6)模型]，这也是 ARCH 模型的缺点，即其阶数通常较高，于是考虑使用广义 ARCH 模型——GARCH 模型。

6. GARCH 模型

在前面的分析中，我们知道残差列存在 ARCH 效应，但建立的 ARCH 模型达到 8 阶，这时可尝试用 GARCH(1,1)模型来描述这个时间序列。

In

```
garch11=ARCH(Rt,mean='Constant',vol='GARCH',dist='t',p=1,q=1).fit(disp='off')
print(garch11.summary())
```

Out

```
Constant Mean - GARCH Model Results
==============================================================================
Dep. Variable:                     Pt   R-squared:                      -0.000
Mean Model:             Constant Mean   Adj. R-squared:                 -0.000
Vol Model:                      GARCH   Log-Likelihood:               -3499.52
Distribution:  Standardized Student's t AIC:                          7009.04
Method:            Maximum Likelihood   BIC:                          7036.42
                                        No. Observations:                1765
Date:                Sat, Oct 03 2020   Df Residuals:                    1760
Time:                        23:27:07   Df Model:                           5
                              Mean Model
==============================================================================
                 coef    std err          t      P>|t|     95.0% Conf. Int.
------------------------------------------------------------------------------
mu             0.0847  3.822e-02      2.216  2.668e-02 [9.792e-03,   0.160]
```

	``
	Volatility Model
	==
	                 coef std err t P>|t| 95.0% Conf. Int.
	-- 	
	omega 0.0336 1.755e-02 1.913 5.581e-02 [-8.320e-04,6.795e-02]
	alpha[1] 0.0653 1.594e-02 4.095 4.230e-05 [3.402e-02,9.650e-02]
	beta[1] 0.9280 1.785e-02 51.983 0.000 [0.893, 0.963]
	                              Distribution
	==
	                 coef std err t P>|t| 95.0% Conf. Int.
	-- 	
	nu 6.7251 0.996 6.750 1.483e-11 [4.772, 8.678]
	==
	Covariance estimator: robust
	``

In	``` garch12=ARCH(Rt,mean='Constant',vol='GARCH',dist='t',p=1,q=2).fit(disp='off') print(garch12.summary()) ```

Out	```
	                   Constant Mean - GARCH Model Results
	==
	Dep. Variable: Pt R-squared: -0.000
	Mean Model: Constant Mean Adj. R-squared: -0.000
	Vol Model: GARCH Log-Likelihood: -3499.52
	Distribution: Standardized Student's t AIC: 7011.04
	Method: Maximum Likelihood BIC: 7043.90
	                                        No. Observations: 1765
	Date: Sat, Oct 03 2020 Df Residuals: 1759
	Time: 23:39:03 Df Model: 6
	                                 Mean Model
	==
	                 coef std err t P>|t| 95.0% Conf. Int.
	-- 	
	mu 0.0847 3.828e-02 2.213 2.693e-02 [9.669e-03, 0.160]
	                              Volatility Model
	==
	                 coef std err t P>|t| 95.0% Conf. Int.
	-- 	
	omega 0.0336 1.731e-02 1.939 5.245e-02 [-3.553e-04,6.748e-02]
	alpha[1] 0.0653 1.688e-02 3.867 1.101e-04 [3.218e-02,9.833e-02]
	beta[1] 0.9280 0.218 4.262 2.026e-05 [0.501,1.355]
	beta[2] 0.0000 0.209 0.000 1.000 [-0.411,0.411]
	                              Distribution
	==
	                 coef std err t P>|t| 95.0% Conf. Int.
	-- 	
	nu 6.7254 0.996 6.749 1.488e-11 [4.772,8.679]
	==
	Covariance estimator: robust
	``

In	``` garch21=ARCH(Rt,mean='Constant',vol='GARCH',dist='t',p=2,q=1).fit(disp='off') print(garch21.summary()) ```

Out

```
                     Constant Mean - GARCH Model Results
==============================================================================
Dep. Variable:                         Pt   R-squared:                  -0.000
Mean Model:                 Constant Mean   Adj. R-squared:             -0.000
Vol Model:                          GARCH   Log-Likelihood:           -3499.27
Distribution:  Standardized Student's t   AIC:                       7010.54
Method:                Maximum Likelihood   BIC:                       7043.40
                                            No. Observations:             1765
Date:                    Sat, Oct 03 2020   Df Residuals:                 1759
Time:                            23:39:46   Df Model:                        6
                                 Mean Model
==============================================================================
                 coef    std err          t      P>|t|    95.0% Conf. Int.
------------------------------------------------------------------------------
mu             0.0860  3.834e-02      2.243  2.492e-02 [1.084e-02,  0.161]
                              Volatility Model
==============================================================================
                 coef    std err          t      P>|t|       95.0% Conf. Int.
------------------------------------------------------------------------------
omega          0.0362  1.972e-02      1.837  6.617e-02 [-2.420e-03,7.488e-02]
alpha[1]       0.0467  2.799e-02      1.670  9.502e-02   [-8.130e-03,  0.102]
alpha[2]       0.0228  3.215e-02      0.708      0.479 [-4.025e-02,8.576e-02]
beta[1]        0.9233  2.128e-02     43.383      0.000        [0.882,  0.965]
                                Distribution
==============================================================================
                 coef    std err          t      P>|t|  95.0% Conf. Int.
------------------------------------------------------------------------------
nu             6.7149      0.992      6.766  1.325e-11    [4.770,  8.660]
==============================================================================
Covariance estimator: robust
```

可以看出，仅用 GARCH(1,1)模型即可。于是得如下的模型：

均值方程：$R_t = 0.084\,7 + \varepsilon_t$

方差方程：$h_t = 0.033\,6 + 0.065\,3\varepsilon_{t-1}^2 + 0.928\,0h_{t-1}$

式中$\alpha_1+\beta_1=0.992\ 8<1$，满足平稳条件，所有系数都显著，说明 GARCH(1,1)能较好地拟合数据。残差平方的 B-P 检验不显著，接受原假设，可以认为该残差序列不存在 ARCH 效应，说明 GARCH(1,1)模型既消除了残差序列的条件异方差性，又能较好地拟合数据的生成过程。

6.3 时间序列建模小结

6.3.1 时间序列的建模过程

计量经济模型的建立是一个反复的过程，从模型识别和参数估计开始，在参数估计之后，通过检查模型的假定是否满足来检验模型的适应性。因此模型的诊断检验主要是通过对残差序列的仔细分析而实现的。由于残差序列是参数估计的产物，因此在 Python 里，模型的诊断检验可以通过估计输出的结果计算得出。

经典的时间序列计量模型主要是一些常用的自回归族模型 AR，有自回归移动平均模型（ARMA）、自回归差分移动平均模型（ARIMA）、自回归条件异方差模型（ARCH）和广义自回归条件异方差模型（GARCH）。

使用 ARMA/ARIMA 模型拟合时间序列数据的生成过程，首先利用样本自相关函数（ACF）和偏自相关函数（PACF）来判断时间序列是否可用 ARMA/ARIMA 模型来拟合。如果可以，则对时间序列进行平稳性检验，如果平稳就使用 ARMA 模型，否则使用 ARIMA 模型。然后再利用自相关函数（ACF）、偏自相关函数（PACF）和 AIC 以及 SBC 信息准则确定 ARMA 或 ARIMA 模型的滞后阶数，并利用极大似然估计法估计模型参数，得到节俭的模型。最后对模型的误差项进行相关的检验。我们通过对所建立的 ARMA/ARIMA 模型的分析研究，可以更本质地认识时间序列的结构和特征，并达到最小方差意义下的最优预测。

在建立 ARMA/ARIMA 模型的过程中，对模型的误差项进行相关的假定，即假定误差项是相互独立的白噪声序列，且服从均值为 0、方差不变的正态分布。也就是说要求时间序列的条件方差不变。但是实际的很多时间序列，特别是一些金融时间序列的条件方差是随着时间改变的。

6.3.2 时间序列模型的评价

在时间序列分析中，可能会有若干个适应的模型都能用来描述给定的数据集。对于这些模型，通常可以基于由拟合模型计算出的残差的综合统计量，结合由样本外推预报计算出的预报误差来对它们进行比较。前者相当于对模型拟合优度的比较，其比较的方法主要有：

1. 校正的判定系数（adjusted R^2）

其定义为：

$$\mathrm{adj}R^2=1-(n-1)(1-R^2)/(n-k) \tag{6-24}$$

其中 n 为样本数，k 为包括截距项在内的模型中的参数个数，R^2 为判定系数。对于不同的模型，校正的 R^2 越大，则认为模型越能够拟合时间序列的数据生成过程。

2. Akaike 的 AIC 和 BIC 准则

为了检验模型拟合的质量，Akaike（1974）将其定义为：

$$\mathrm{AIC}(p)=n\ln\hat{\sigma}^2{}_e+2p \tag{6-25}$$

其中 p 为模型中的参数个数，$\hat{\sigma}_e^2$ 是对 σ_e^2 的极大似然估计。对于不同的模型，我们选择 p 使 AIC(p)达到最小。

Akaike（1978，1979）对原来的 AIC 准则进行了修改，提出了极小 AIC 方法的叶贝斯推广，称为 BIC，其定义为：

$$\mathrm{BIC}(p)=n\ln\hat{\sigma}_e^2-(n-p)\ln(1-\frac{p}{n})+p\ln n+p\ln\left[\left(\frac{\hat{\sigma}_y^2}{\hat{\sigma}_e^2}-1\middle/p\right)\right] \tag{6-26}$$

这里，$\hat{\sigma}_e^2$ 是 σ_e^2 的极大似然估计，p 是参数个数，$\hat{\sigma}_y^2$ 是序列的样本方差。与 AIC 方法的使用方式一样，我们要选择 p 使 BIC(p)达到最小。

3. Schwartz 的 SBC 准则

Schwartz(1978)提出模型选择的叶贝斯准则，称为 SBC 准则。其定义为：

$$\text{SBC}(p) = n\ln\hat{\sigma}^2{}_e + p\ln n \tag{6-27}$$

其中，$\hat{\sigma}^2{}_e$是$\sigma_e{}^2$的极大似然估计，p 是模型中的参数个数，n 是有效观测个数，等价于可由序列中计算的残差个数。我们选择使 SBC(p)达到最小的 p。

这是几种常用的模型的选择准则，在应用 Python 选择模型时，要把这几种准则综合起来考虑。

练习题

一、手工解答题（纸质作业）

1. 随机游动模型在应用中有何局限性？

2. ARCH 模型和 GARCH 模型有何不同？为何要应用 GARCH 模型？

3. 为何要改进 GARCH 模型，有哪些改进模型？

二、软件计算题（电子作业）

1. 股票波动率的研究。请选取 2010 年 1 月 1 日至 2020 年 12 月 31 日的上证指数作为样本数据，对我国上证市场股票指数波动率进行分析，并用 Python 命令进行验证。

（1）画出收益率的趋势图；

（2）建立相应的 ARCH 模型；

（3）建立相应的 GARCH 模型；

（4）从中选一个合适的模型。

2. 股票波动率的研究。请选取 2010 年 1 月 1 日至 2020 年 12 月 31 日的深圳成分指数作为样本数据，对我国深圳证券市场股票指数波动率进行分析，并用 Python 命令进行验证。

（1）画出收益率的趋势图；

（2）建立相应的 ARCH 模型；

（3）建立相应的 GARCH 模型；

（4）从中选一个合适的模型。

7 多变量时间序列模型初步

前面几章介绍的都是单变量时间序列模型的性质以及用于分析的各种技术。本章将简单介绍多变量时间序列模型。

实际中很多序列的变化规律都会受到其他序列的影响，比如在研究居民的人均消费序列时，由于消费会受收入的影响，如果能把收入也纳入研究范围，就能得到更精确的消费模型，这就涉及多元时间序列分析。1976 年，博克斯和詹金斯就采用天然气的输入速率作为输入变量，研究二氧化碳的输出浓度，这就将时间序列分析由一元推广到了多元。但从技术上讲，当时要求输入序列和输出序列都是平稳的，显然这是非常苛刻的，进而限制了多元时间序列分析的应用。1987 年，恩格尔和格兰杰提出了协整理论，此理论并不要求输入序列和输出序列都平稳，只要求它们的回归残差序列平稳，这极大地促进了多元时间序列的发展。它实际上是将多元回归分析和时间序列分析有机地结合在一起，有效地提高了预测精度。

7.1 协整与误差修正模型

在进行时间序列分析时，传统上要求所用的时间序列必须是平稳的，即没有随机趋势或确定性趋势，否则将会产生“伪回归”问题。但是，现实经济中的时间序列大部分是非平稳的。为了使回归有意义，可以对其实行平稳化。采用的方法是对时间序列进行差分，然后对差分序列进行回归。这种做法的缺点是忽略了原时间序列包含的有用信息，而这些信息对分析问题来说又是必要的。为了解决上述问题，三十多年来发展了一种处理非平稳数据的新方法——协整理论。许多经济学家、经济计量学家和统计学家对这一新理论表现出极大的兴趣和热情。他们的系统研究使这一理论迅速发展成为当今世界经济学界的一个热门的前沿研究领域。

社会经济时间序列大部分是不平稳的，所以在使用ARMA模型对这些序列进行分析时，必须进行差分变换，但是变换后的序列由于不具有直接的经济意义，这导致化为平稳序列后所建立的时间序列模型不便于解释。1987年恩格尔和格兰杰提出了协整理论及方法，为非平稳序列的建模提供了另一种途径。他们指出两个或两个以上的非平稳时间序列的线性组合可能是平稳的。假如存在这样平稳的线性组合，则这些非平稳时间序列之间具有协整关系。

7.1.1 协整的定义和检验

一、单整的概念

如果一个时间序列经过一次差分就变成平稳序列，则称原序列是一阶单整（integrated of 1）序列，记为 $I(1)$。

一般地，如果一个时间序列经过 d 次差分后变成平稳序列，则称原序列是 d 阶单整（integrated of d）序列，记为 $I(d)$。显然，$I(0)$代表一平稳时间序列。

现实经济生活中:

（1）只有少数经济指标的时间序列是平稳的，如利率等。

（2）大多数指标的时间序列是非平稳的，如一些价格指数常常是二阶单整的，以不变价格表示的消费额、收入等常表现为一阶单整。

大多数非平稳的时间序列一般可通过一次或多次差分的形式变为平稳的序列。但也有一些时间序列无论经过多少次差分，都不能变为平稳的序列，这种序列被称为非单整的（non-integrated）序列。

定义：设 u_t 是一个平稳序列，则

$$x_t = \sum_{j=0} u_{t-j} \tag{7-1}$$

x_t 是由以前的 u_t 累积而成的一个单一整体，称为单整序列（Integrated series），即时间序列分析中的积分序列，记作 $x_t\sim I(1)$。$I(1)$的含义是 x_t 只需要经过一次差分就可变成平稳序列。一般地，$x_t\sim I(d)$表示 x_t 只需经过 d 次差分就可变成平稳序列。

例如，随机游走序列 $X_t=X_{t-1}+u_t$，经差分后等价地变形为$\Delta X_t= u_t$，由于 u_t 是一个白噪声，因此差分后的序列$\{\Delta X_t\}$是平稳的。显然，白噪声序列就是 $I(0)$，而随机游走序列是 $I(1)$。

【例 7-1】模拟数据：模拟两个一阶单整序列，其中 x_t 是随机游走序列，y_t 是其线性组合序列。

In

```
Import numpy as np
np.random.seed(123)
xt=np.random.normal(0,1,100).cumsum()        #随机游走
ut=np.random.normal(0,1,100)                  #随机误差：白噪声
yt=0.6*xt+ut
plt.plot(xt,'k-',yt,'b--'); plt.legend(labels=['xt','yt']);
```

Out

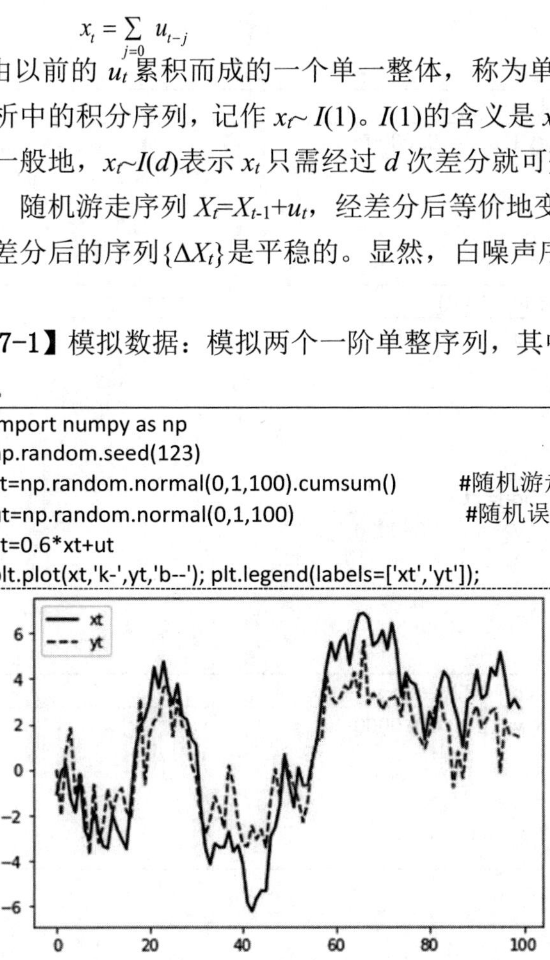

显然这两个序列是非平稳的，但他们的一阶差分图基本上可以认为是平稳序列。

In	`dxt=pd.Series(xt).diff().dropna(); dyt=pd.Series(yt).diff().dropna()` `plt.plot(dxt,'k-',dyt,'b--'); plt.legend(labels=['dxt','dyt']);`
Out	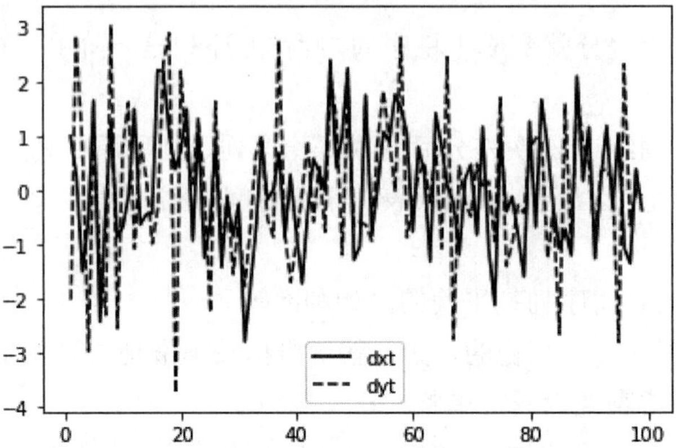

下面我们用 ADF 检验其 x_t 与 y_t 一阶差分序列的单整性，结果如表 7-1 所示。

In	`ADF_print(ts.adfuller(dxt,regression='ct'))`
Out	ADF statists = -9.6237, p_value = 0.0000 critical value: 1% level: -4.0543 5% level: -3.4563 10% level: -3.1539
In	`ADF_print(ts.adfuller(dxt,regression='c'))`
Out	ADF statists = -9.6743, p_value = 0.0000 critical value: 1% level: -3.4989 5% level: -2.8915 10% level: -2.5828
In	`ADF_print(ts.adfuller(dxt,regression='nc'))`
Out	ADF statists = -9.7194, p_value = 0.0000 critical value: 1% level: -2.5889 5% level: -1.9441 10% level: -1.6144
In	`ADF_print(ts.adfuller(dyt,regression='ct'))`
Out	ADF statists = -14.2442, p_value = 0.0000 critical value: 1% level: -4.0543 5% level: -3.4563 10% level: -3.1539
In	`ADF_print(ts.adfuller(dyt,regression='c'))`
Out	ADF statists = -14.3151, p_value = 0.0000 critical value: 1% level: -3.4989 5% level: -2.8915 10% level: -2.5828

In	ADF_print(ts.adfuller(dyt,regression='nc'))
Out	ADF statists = -14.3804, p_value = 0.0000 critical value: 1% level: -2.5889 5% level: -1.9441 10% level: -1.6144

表7-1 Δx_t与Δy_t序列的ADF检验结果

时间序列	检验方程	检验 t 值	1%临界值	5%临界值	10%临界值	结 论
	3	-9.624	-4.054	-3.456	-3.154	
Δx_t	2	-9.674	-3.499	-2.892	-2.583	平稳
	1	-9.719	-2.589	-1.944	-1.614	
	3	-14.244	-4.054	-3.456	-3.154	
Δy_t	2	-14.315	-3.499	-2.892	-2.583	平稳
	1	-14.380	-2.589	-1.944	-1.614	

结果验证了 x_t 与 y_t 是一阶单整的 $I(1)$。

二、协整的概念

根据 Judge 等人（1993）对平稳和非平稳序列的研究，单整序列的线性组合具有如下性质：

（1）如果 $x_t \sim I(0)$，则 $a+bx_t$ 是 $I(0)$；如果 $x_t \sim I(1)$，则 $a+bx_t$ 是 $I(1)$。

（2）如果 $x_t \sim I(0)$，$y_t \sim I(0)$，则 ax_t+by_t 是 $I(0)$。

（3）如果 $x_t \sim I(0)$，$y_t \sim I(1)$，则 ax_t+by_t 是 $I(1)$，即 $I(1)$具有占优势的性质。

（4）如果 $x_t \sim I(1)$，$y_t \sim I(1)$，则 ax_t+by_t 一般情况下是 $I(1)$，但不保证一定是 $I(1)$。例如：考虑下面两个变量：

$$\begin{cases} x_t = \omega_t + \tilde{x}_t \\ y_t = a\omega_t + \tilde{y}_t \end{cases} \tag{7-2}$$

其中ω_t为$I(1)$，$\tilde{x}_t$、$\tilde{y}_t$都是$I(0)$且具有零均值。由性质（3）知，虽然x_t、y_t都是$I(1)$，但由性质（2）知：

$$u_t = y_t - ax_t = \tilde{y}_t - a\tilde{x}_t \tag{7-3}$$

（7-3）式是$I(0)$且具有零均值，表明性质(4)不成立。但是，它反映了两个变量之间的协整关系。

定义：如果x_t、y_t是$I(1)$，但存在某个线性组合：

$$u_t = m + ax_t + by_t \tag{7-4}$$

（7-4）式是$I(0)$且具有零均值，则称x_t、y_t是协整的（cointegrated），(a,b)称为协整向量。

协整表明：尽管两个序列都是非平稳的$I(1)$，但两者的某个线性组合却可能是平稳的。

两个$I(1)$序列之间的这种稳定关系，是对经济学中所说的规律的定量描述。因此，研究变量之间的协整关系就等同于研究变量之间的定量规律。

三、协整检验

在具体应用协整理论进行时间序列分析时，必须先分别检验被分析序列是否为$I(1)$，进而再判别其协整性，而单整检验即前面所说的单位根检验，常用 ADF 检验。

（一）单变量检验

设x_t、y_t都是 $I(1)$，协整回归方程如下（加进常数项和时间趋势项）：

$$y_t = \alpha_0 + \alpha x_t + \delta t + u_t \tag{7-5}$$

则估计误差为:

$$\hat{u}_t = y_t - \alpha_0 - \hat{\alpha}_1 x_t \tag{7-6}$$

协整存在的一个重要条件是协整回归方程的残差估计量$\hat{u}_t$是平稳的。按着标准形式回归，可对残差的平稳性进行检验。因此，可对:

$$\Delta u_t = \beta u_{t-1} + \sum_{i=1}^{m} \phi_i \Delta \hat{u}_{t-i} + v_t \tag{7-7}$$

（7-7）式进行检验，其检验方法与单整检验基本相同。即零假设成立（β=0），说明$\hat{u}_t$为I（1），则x_t、y_t不是协整的；若零假设不成立（β<0），说明$\hat{u}_t$为I（0），则x_t、y_t是协整的。不同地方是由于误差$\hat{u}_t$是估计出来的，此时用作检验的 t 统计量不再具有DF分布，而是服从Engle-Granger分布，其临界值由Engle-Granger协整检验临界值表查出即可。

（二）多变量检验

k维向量$y_t = (y_{1t}, y_{2t}, \cdots, y_{kt})'$的分量间被称为$(d,b)$阶协整，记为$y_t \sim CI(d,b)$，如果满足：

（1）y_t是d阶单整，即$y_t \sim I(d)$，要求y_t的每个分量$y_{it} \sim I(d)$；

（2）存在非零列向量β，使得$\beta' y_t \sim I(d-b)$，$0 < b \leqslant d$。

那么就称y_t是协整的，向量β又称为协整向量。

需要注意的是：①作为对非平稳变量之间关系的描述，协整向量不是唯一的；②协整变量必须具有相同的单整阶数；③最多可能存在$k-1$个线性无关的协整向量（y_t的维数是k）；协整变量之间具有共同的趋势成分，在数量上成比例。

对变量之间是否存在协整关系的协整检验从检验对象上可以分为两种：一种是基于回归系数的协整检验；另一种是基于回归残差的协整检验，如CRDW检验、DF检验和ADF检验。

应用比较多的是协整检验方法。从协整理论的思想来看，如果自变量和因变量之间存在协整关系，那么两者之间存在稳定的均衡关系，因变量不能被自变量所解释的部分构成一个残差序列，这个残差序列应该是平稳的。因此检验一组变量之间是否存在协整关系等价于检验回归方程的残差序列是否为一个平稳序列，检验的主要步骤如下。

1. 两变量的Engle-Granger检验

为了检验两变量Y_t、X_t是否为协整，Engle和Granger于1987年提出两步检验法，也称为EG检验。

第一步，用OLS方法估计方程：

$$Y_t=\alpha_0+\alpha_1 X_t+u_t$$

并计算非均衡误差，得到：

$$\hat{Y}_t=\hat{\alpha}_0+\hat{\alpha}_1 X_t$$

$$e_t=Y_t-\hat{Y}_t$$

称为协整回归（cointegrating regression）或静态回归（static regression）。

第二步，检验e_t的单整性。如果e_t为平稳序列，则认为变量X_t和Y_t为（1,1）阶协整；如果e_t为1阶单整序列，则认为变量X_t和Y_t为（2,1）阶协整；......e_t的单整性的检验方法仍然是DF检验或者ADF检验。

由于协整回归中已含有截距项，则检验模型中无需再用截距项。如使用模型1：

$$\Delta e_t=\delta\ e_{t-1}+\sum_{i=1}^{p}\theta_i \Delta e_{t-i}+\varepsilon_t$$

进行检验时，拒绝零假设H_0：$\delta=0$，意味着误差项e_t是平稳序列，从而说明X与Y间是协整的。

需要注意是：这里的DF检验或ADF检验是针对协整回归计算出的误差项e_t而非真正的非均衡误差u_t进行的。而OLS法采用了残差最小平方和原理，因此估计量δ是向下偏移的，这样将导致拒绝零假设的机会比实际情形大。于是，对e_t平稳性检验的DF与ADF临界值应该比正常的DF与ADF临界值还要小。

2. 多变量的Engle-Granger检验

多变量的协整检验过程基本与双变量情形相同，即需检验变量是否具有同阶单整性，以及是否存在稳定的线性组合。在检验是否存在稳定的线性组合时，需通过设置一个变量为被解释变量，其他变量为解释变量，进行OLS估计并检验残差序列是否平稳。如果不平稳，则需更换被解释变量，进行同样的OLS估计及相应的残差项检验。当所有的变量都作为被解释变量被检验之后，仍不能得到平稳的残差项序列，则认为这些变量间不存在（d,b）阶协整。

（1）若k个序列y_{1t}和$y_{2t},y_{3t},\cdots,y_{kt}$都是$d$ 阶单整，建立回归方程：

$$y_{1t}=\beta_1+\beta_2 y_{2t}+\beta_3 y_{3t}+\cdots+\beta_k y_{kt}+u_t$$

模型估计的残差为：

$$\hat{u}_t=y_{1t}-\hat{\beta}_1-\hat{\beta}_2 y_{2t}-\hat{\beta}_3 y_{3t}-\cdots-\hat{\beta}_k y_{kt}$$

（2）检验残差序列$\hat{u}_t$是否平稳，也就是判断残差序列$\hat{u}_t$是否含有单位根。通常是用ADF 检验来判断残差序列$\hat{u}_t$是否平稳。

（3）残差序列是平稳的，则可以确定回归方程中的k个变量间存在协整关系；否则这k个变量间不存在协整关系。

表7-2给出了MacKinnon（1991）通过模拟试验得到的多变量协整检验的ADF临界值。

表7-2 多变量协整检验ADF临界值

样本容量	变量数=3 显著性水平			变量数=4 显著性水平			变量数=6 显著性水平		
	0.01	0.05	0.1	0.01	0.05	0.1	0.01	0.05	0.1
25	-4.92	-4.1	-3.71	-5.43	-4.56	-4.15	-6.36	-5.41	-4.96
50	-4.59	-3.92	-3.58	-5.02	-4.32	-3.98	-5.78	-5.05	-4.69
100	-4.44	-3.83	-3.51	-4.83	-4.21	-3.89	-5.51	-4.88	-4.56
∝	-4.30	-3.74	-3.45	-4.65	-4.10	-3.81	-5.24	-4.70	-4.42

【例 7-2】模拟数据：检验例 7-1 的两个单整序列 x_t 和 y_t 的协整性。

In
```
import statsmodels.api as sm
fm=sm.OLS(yt,sm.add_constant(xt)).fit()
et=fm.resid
plt.stem(et,use_line_collection=True);
```

Out

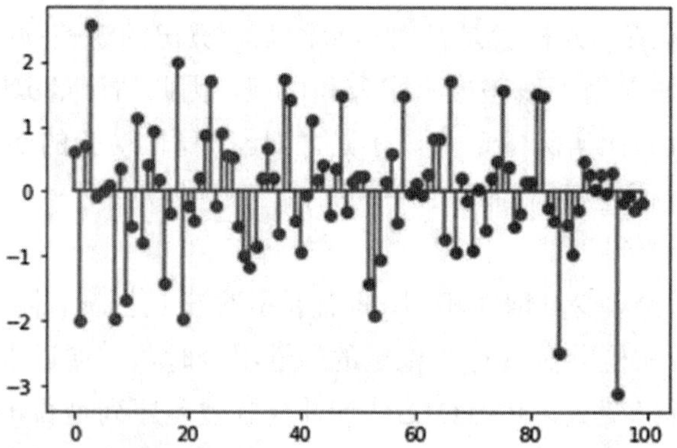

从模型的残差图上看，残差序列基本上是平稳的。

In
```
ADF_print(ts.adfuller(et,regression='nc'))
```

Out
```
ADF statists = -9.3564, p_value = 0.0000
critical value:
     1% level: -2.5887
     5% level: -1.9440
    10% level: -1.6144
```

从残差的 ADF 检验知，残差序列是平稳的，因而可以认为 x_t 和 y_t 间是协整的。

下面我们直接使用 statsmodels.tsa.stattools 模块中的协整检验函数 coint 进行协整检验。

In	ts.coint(xt,yt) #协整检验
Out	(-8.031604414981537, #统计量 2.5168255522157687e-11, #P 值 array([-4.0105, -3.3985, -3.0876])) #%1, 5%, 10%

协整检验统计量为-8.031 6，$P<0.01$，因而也可以认为 x_t 和 y_t 间是协整的。

7.1.2 误差修正模型原理

误差修正模型（error correction model，简称ECM）的基本形式是由Davidson、Hendry、Srba和Yeo于1978年提出的，称为DHSY模型。考虑一阶自回归分布滞后模型ADF(1,1)：

$$y_t = \beta_0 + \beta_1 x_t + \beta_2 y_{t-1} + \beta_3 x_{t-1} + \varepsilon_t \tag{7-8}$$

移项后整理可得：

$$\Delta y_t = \beta_0 + \beta_1 \Delta x_t + (\beta_2 - 1)\left(y - \frac{\beta_1+\beta_3}{1-\beta_2}x\right)_{t-1} + \varepsilon_t \tag{7-9}$$

（7-9）式即为误差修正模型（ECM），其中$(y - \frac{\beta_1+\beta_3}{1-\beta_2}x)_{t-1}$是误差修正项，记为$ecm_{t-1}$。

模型（7-9）解释了因变量y_t的短期波动Δy_t是如何被决定的。一方面，它受到自变量短期波动Δx_t的影响；另一方面，取决于ecm_{t-1}。如果变量y_t和x_t间存在长期均衡关系，即有$\bar{y} = a\bar{x}$，这时，模型（7-9）的ecm可以改写为：

$$\bar{y} = \frac{\beta_1+\beta_3}{1-\beta_2}\bar{x} \tag{7-10}$$

可见，ecm反映了变量在短期波动中偏离它们长期均衡关系的程度，称为均衡误差。模型（7-9）可改写为：

$$\Delta y_t = \beta_0 + \beta_1 \Delta x_t + \lambda \cdot ecm_{t-1} + \varepsilon_t \tag{7-11}$$

其中$\lambda = \beta_2 - 1$。一般地，由于（7-8）式中$|\beta_2| < 1$，所以误差项的系数$\lambda < 0$，通常也称为调整系数。因此，当$y_{t-1} > \frac{\beta_1+\beta_3}{1-\beta_2}x_{t-1}$，$ecm_{t-1}$为正，则$\lambda \cdot ecm_{t-1}$为负，使$\Delta y_t$减少，反之亦然。这体现了均衡误差对$y_t$的控制。

对ECM模型参数的估计最常用的方法是Engle和Granger两步法，其基本思想如下：

第一步是求模型：$y_t = k_1 x_t + \varepsilon_t$ 的OLS估计，又称协整回归，得到$\hat{k}_1$及残差序列：

$$\hat{\varepsilon}_t = y_t - \hat{k}_1 x_t$$

第二步是用$\hat{\varepsilon}_{t-1}$替换（7-9）式中的$y_{t-1} - \frac{\beta_1+\beta_3}{1-\beta_2}x_{t-1}$，即

$$\Delta y_t = \beta_0 + \beta_1 \Delta x_t + \lambda \cdot \hat{\varepsilon}_{t-1} + \varepsilon_t$$

最后用OLS方法估计其参数，得到其误差修正模型。

由协整与误差修正模型的关系，可以得到误差修正模型建立的EG两步法：

第一步，进行协整回归（OLS法），检验变量间的协整关系，估计协整向量（长期均衡关系参数）；

第二步，若协整性存在，则以第一步求到的残差作为非均衡误差项加入误差修正模型中，并用OLS法估计相应参数。

需要注意的是：在进行变量间的协整检验时，如有必要可在协整回归式中加入趋势项，这时，对残差项的稳定性检验就无须再设趋势项。另外，第二步中变量差分滞后项的多少，可以残差项序列是否存在自相关性来判断，如果存在自相关，则应加入变量差分的滞后项。另外，可以采用打开误差修整模型中非均衡误差项括号的方法直接用OLS法估计模型，但仍需事先对变量间的协整关系进行检验。

如对双变量误差修正模型：

$$\Delta Y_t = \beta_1 \Delta X_t - \lambda(Y_{t-1} - \alpha_0 - \alpha_1 X_{t-1}) + \varepsilon_t$$

可打开非均衡误差项的括号直接估计下式：

$$\Delta Y_t = \lambda\alpha_0 + \beta_1 \Delta X_t - \lambda Y_{t-1} + \lambda\alpha_1 X_{t-1} + \varepsilon_t$$

这时短期弹性与长期弹性可一并获得。

需要注意的是：用不同方法建立的误差修正模型结果也往往不一样。

In
```
ecm_1=pd.Series(et).shift().dropna()   #残差的一阶滞后序列
ECMdata=pd.DataFrame({'dyt':dyt,'dxt':dxt,'ecm_1':ecm_1});ECMdata
```

In
```
import statsmodels.formula.api as smf
print(smf.ols('dyt~-1+dxt+ecm_1',ECMdata).fit().summary())
```

Out
```
OLS Regression Results
==============================================================================
Dep. Variable:               dyt   R-squared (uncentered):              0.545
Model:                       OLS   Adj. R-squared (uncentered):         0.536
Method:            Least Squares   F-statistic:                         58.13
Date:           Fri, 02 Oct 2020   Prob (F-statistic):               2.54e-17
Time:                   22:33:00   Log-Likelihood:                    -137.16
No. Observations:             99   AIC:                                 278.3
Df Residuals:                 97   BIC:                                 283.5
Df Model:                      2
Covariance Type:       nonrobust
==============================================================================
                 coef    std err          t      P>|t|      [0.025      0.975]
------------------------------------------------------------------------------
dxt            0.5703      0.087      6.518      0.000       0.397       0.744
ecm_1         -0.9413      0.102     -9.248      0.000      -1.143      -0.739
==============================================================================
Omnibus:                        4.977   Durbin-Watson:                   1.923
Prob(Omnibus):                  0.083   Jarque-Bera (JB):                4.865
Skew:                          -0.330   Prob(JB):                       0.0878
Kurtosis:                       3.862   Cond. No.                         1.21
==============================================================================
```

该模型符合我们定义的模型 y_t=0.6x_t+u_t。

7.1.3 Granger 因果关系检验

一、Granger 因果关系检验原理

通过协整分析，我们如果得出 Y 与 X 之间存在协整关系，那么它们之间的因果关系到底是怎样的呢？究竟是 X 引起 Y 变化还是 Y 导致 X 变化呢？关于这个问题，Granger 因果关系检验提供了解决的办法。

若 Y 与 X 是平稳时间序列，Granger 因果关系检验要求检验以下两式：

$$Y_t = \sum_{i=1}^{n} \alpha_i X_{t-i} + \sum_{j=1}^{n} \beta_i Y_{t-i} + u_{1t} \tag{7-12}$$

$$X_t = \sum_{i=1}^{n} \lambda_i Y_{t-i} + \sum_{j=1}^{n} \delta_i X_{t-i} + u_{2t} \tag{7-13}$$

其中假设 u_{1t} 与 u_{2t} 不相关，可能存在四种检验结果：

（1）X 对 Y 有单向影响，表现为（7-12）式 X 各滞后项前的参数整体不为零，而（7-13）中 Y 各滞后项前的参数整体为零；

（2）Y 对 X 有单向影响，表现为（7-13）式 Y 各滞后项前的参数整体不为零，而（7-12）中 X 各滞后项前的参数整体为零；

（3）Y 与 X 间存在双向影响，表现为 Y 与 X 各滞后项前的参数整体不为零；

（4）Y 与 X 间不存在影响，表现为 Y 与 X 各滞后项前的参数整体为零。

Granger 检验是通过受约束的 F 检验完成的。如针对：

$$Y_t = \sum_{i=1}^{n} \alpha_i X_{t-i} + \sum_{j=1}^{n} \beta_i Y_{t-i} + u_{1t} \tag{7-14}$$

中 X 滞后项前的参数整体为零的假设（X 不是 Y 的 Granger 原因），分别做包含与不包含 X 滞后项的回归，记前者与后者的残差平方和分别为 RSS_U、RSS_R，再计算 F 统计量：

$$F = \frac{(RSS_R - RSS_U)/m}{RSS_U/(n-k)}$$

k 为无约束回归模型的待估参数的个数。

如果 $F>F_\alpha(m,n-k)$，则拒绝原假设，认为 X 是 Y 的 Granger 原因。

注意：Granger 因果关系检验对于滞后期长度的选择有时很敏感，不同的滞后期可能会得到完全不同的检验结果。

因此，一般而言，常进行不同滞后期长度的检验，以检验模型中随机误差项不存在序列相关的滞后期长度来选取滞后期。

对于两个存在协整关系的非平稳变量之间的因果关系检验，Granger 提出了如下的解决办法，即通过检验以下两式：

$$\Delta Y_t = \sum_{i=1}^{n} \alpha_i \Delta X_{t-i} + \sum_{j=1}^{n} \beta_i \Delta Y_{t-i} + \gamma_1 ecm_{t-1} + u_{1t} \tag{7-15}$$

$$\Delta X_t=\sum_{i=1}^{n}\lambda_i\Delta Y_{t-i}+\sum_{j=1}^{n}\delta_i\Delta X_{t-i}+\gamma_2 ecm_{t-1}+u_{2t} \tag{7-16}$$

其中 $ecm_{t\text{-}1}$ 表示滞后一期误差修正项，ΔY 与ΔX 分别代表 Y 与 X 的一阶差分，由于式 $ecm_{t\text{-}1}$ 中含有 $Y_{t\text{-}1}$，若检验结果中γ_1 或者α_i 在统计上不为零，这说明 X 的过去值对现期 Y 产生了显著影响，即可得知 X 是 Y 的 Granger 原因。同理，可通过γ_2 和α_i 是否为零来判断 Y 是否为 X 的 Granger 原因。而判断γ_1 与γ_2 是否同时为零可通过 F 检验来实现。

【例 7-3】 对例 7-1 的模拟序列进行 x_t 和 y_t 的 Granger 检验。

In

```
xt_yt=pd.DataFrame({'xt':xt,'yt':yt});    #x 对 y 的数据框
yt_xt=pd.DataFrame({'yt':yt,'xt':xt});    #y 对 x 的数据框
```

In

```
from statsmodels.tsa.stattools import grangercausalitytests
grangercausalitytests(xt_yt,1);
grangercausalitytests(yt_xt,1);
```

Out

```
Granger Causality
number of lags (no zero) 1
ssr based F test:          F=1.1866  , p=0.2787  , df_denom=96, df_num=1
ssr based chi2 test:    chi2=1.2237  , p=0.2686  , df=1
likelihood ratio test: chi2=1.2162  , p=0.2701  , df=1
parameter F test:          F=1.1866  , p=0.2787  , df_denom=96, df_num=1

Granger Causality
number of lags (no zero) 1
ssr based F test:          F=36.8759 , p=0.0000  , df_denom=96, df_num=1
ssr based chi2 test:    chi2=38.0283 , p=0.0000  , df=1
likelihood ratio test: chi2=32.1817 , p=0.0000  , df=1
parameter F test:          F=36.8759 , p=0.0000  , df_denom=96, df_num=1
```

可以看出，(7-13) 式 y_t 的一阶滞后项不显著，说明 y_t 不是 x_t 的 Granger 原因，这是符合我们模拟的数据序列的。(7-14) 式 x_t 的一阶滞后项显著，说明 x_t 是 y_t 的 Granger 原因，这也是符合我们模拟的数据序列的。

这里仅做了一阶 Granger 检验，也可进一步做多阶检验。

二、单位根检验、协整检验和 Granger 因果关系检验三者之间的关系

实证检验步骤：先做单位根检验，看变量序列是否平稳序列，若平稳，可构造回归模型等经典计量经济模型；若非平稳，进行差分，当进行到第 i 次差分时序列平稳，则服从 i 阶单整（注意趋势、截距不同情况的选择，根据 P 值和原假设判定）。若所有检验序列均服从同阶单整，可做协整检验（注意滞后期的选择），判断模型内部变量间是否存在协整关系，即是否存在长期均衡关系。如果有，则进行 Granger 因果检验，检验变量之间"谁引起谁变化"，即因果关系。

1. 平稳性问题

（1）单位根检验是序列的平稳性检验，如果不检验序列平稳性而直接进行 OLS 估计，则容易导致伪回归。

（2）当检验的数据是平稳的（即不存在单位根），要想进一步考察变量的因果联系，可以采用 Granger 因果检验，但做 Granger 检验的前提是数据必须是平稳的，否则不能做。

（3）当检验的数据是非平稳的（即存在单位根），并且各个序列是同阶单整（协整检验的前提）的，想进一步确定变量之间是否存在协整关系，可以进行协整检验，协整检验主要有EG两步法。EG两步法是基于回归残差的检验，可以通过建立OLS模型检验其残差的平稳性。

当变量之间存在协整关系时，可以建立ECM进一步考察短期关系。

2. 协整性问题

（1）Granger检验只能用于平稳序列。这是Granger检验的前提，而其因果关系并非我们通常理解的因与果的关系，而是说X的前期变化能有效地解释Y的变化，所以称其为"Granger原因"。

（2）非平稳序列很可能出现伪回归，协整的意义就是检验它们的回归方程所描述的因果关系是否为伪回归，即检验变量之间是否存在稳定的关系。所以，非平稳序列的因果关系检验就是协整检验。

（3）平稳性检验有3个作用：①检验平稳性，若平稳，则做Granger检验；非平稳，则做协整检验。②协整检验中要用到每个序列的单整阶数。③判断时间序列的数据生成过程。

3. Granger因果问题

关于Granger因果关系，很多人存在误解。有如下几点需要澄清：

（1）Granger 因果检验是检验统计上的时间先后顺序，并不表示其真正存在因果关系，是否存在因果关系需要根据理论、经验和模型来判定。

（2）Granger 因果检验的变量应是平稳的，如果单位根检验发现两个变量是不稳定的，那么不能直接进行Granger因果检验。很多人对不平稳的变量进行Granger因果检验，这是错误的。

（3）协整结果仅表示变量间存在长期均衡关系，那么，到底是先做Granger因果检验还是先做协整检验呢？因为变量不平稳才需要协整检验，因此，首先应对变量进行差分，平稳后，可以用差分项进行Granger因果检验，来判定变量变化的先后时序。之后再进行协整检验，看变量是否存在长期均衡。

（4）长期均衡并不意味着分析的结束，还应考虑短期波动，要建立误差修正模型。

7.1.4 协整和ECM的实证分析

【例7-4】城乡居民消费额（*COM*）与国内生产总值（*GDP*）之间的协整分析。

取我国1978—2018年间的国内生产总值*GDP*与城乡居民消费额*COM*数据，分析它们之间是否存在的协整关系，并建立误差修正模型描述城乡居民消费额与国内生产总值增长的短期关系。

In
```
MEdata[['GDP','COM']].plot();
```
Out

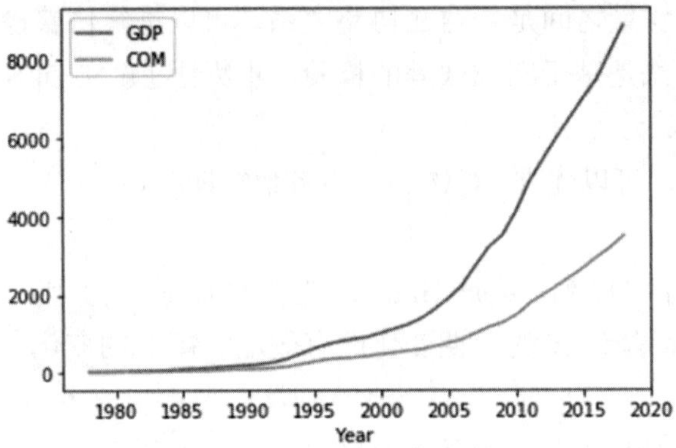

我们首先对两个时间序列取对数（用 ln*GDP* 表示国内生产总值 *GDP* 的对数，ln*COM* 表示城乡居民消费额 *COM* 的对数），取对数既可以不改变各个时间序列的增长趋势，同时还有利于消除异方差现象。

上面是 1978—2018 年城乡居民消费额 *COM* 与国内生产总值 *GDP* 的增长趋势图。从图中可以看出，城乡居民消费额与国内生产总值增长量都是非平稳的。

In
```
lnGDP=np.log(GDP)
lnCOM=np.log(COM)
np.log(MEdata[['GDP','COM']]).plot()
plt.legend(loc='best',labels=['lnGDP','lnCOM']);
```
Out

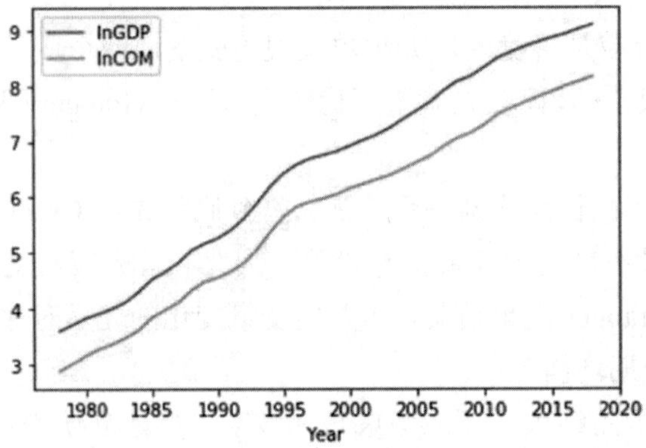

1．单位根检验

协整理论及方法认为虽然两个非平稳时间序列是不平稳的，但只要它们是同阶单整序列，则它们的线性组合就有可能是平稳序列。这种平稳的线性组合被称为协整方程。因此，为了得知 *COM* 与 *GDP* 之间是否存在长期协整关系，我们首先得对两个时间序列进行平稳性检验，以验证 *GDP* 与 *COM* 是否为同阶单整。由于两个序列的残差项有可能存在自相关问题，下面采用稳健的 ADF 检验方法来检验两个时间序列的平稳性。

在运用 ADF 进行单位根检验时，我们可从模型 3 方程开始检验，若该方程拒绝原假设，我们再运用模型 2 方程检验，如果原假设还是被拒绝，我们接下来应用模型 1 方程检验，若原假设还是被拒绝，则我们可以得出原时间序列不平稳的结论；只要任一方程原假设被接受，都可以得出时间序列是平稳的结论。

根据前面介绍的 ADF 检验方法，对 ln*COM* 数据进行平稳性检验，而 ln*GDP* 的平稳性见前面的分析。

In	`ADF_print(ts.adfuller(lnCOM,regression='ct'))`
Out	ADF statistics = -1.1981, p_value = 0.9109 critical value: 1% level: -4.2191 5% level: -3.5331 10% level: -3.1982
In	`ADF_print(ts.adfuller(lnCOM,regression='c'))`
Out	ADF statistics = -1.3105, p_value = 0.6244 critical value: 1% level: -3.6155 5% level: -2.9413 10% level: -2.6092
In	`ADF_print(ts.adfuller(lnCOM,regression='nc'))`
Out	ADF statistics = 2.0283, p_value = 0.9910 critical value: 1% level: -2.6271 5% level: -1.9498 10% level: -1.6112

结果整理如表 7-3 所示。

表7-3 ln*COM* 序列的ADF检验结果

时间序列	检验方程	检验 *t* 值	1%临界值	5%临界值	10%临界值	结 论
	3	-1.198 1	-4.219 1	-3.533 1	-3.198 2	
ln*COM*	2	-1.310 5	-3.615 5	-2.941 3	-2.609 2	不平稳
	1	2.028 3	-2.627 1	-1.949 8	-1.611 2	

In	`dlnCOM=lnCOM.diff().dropna()` `ADF_print(ts.adfuller(dlnCOM,regression='ct'))`
Out	ADF statistics = -3.9062, p_value = 0.0119 critical value: 1% level: -4.2191 5% level: -3.5331 10% level: -3.1982

ln*COM* 差分序列的 ADF 检验结果见表 7-4。

表7-4 ln*COM* 差分序列ADF检验结果

时间序列	检验方程	检验 *t* 值	1%临界值	5%临界值	10%临界值	结 论
dln*COM*	3	-3.906 2	-4.219 1	-3.533 1	-3.198 2	平稳

从结果可知：*COM* 对数时间序列是不平稳的时间序列，通过做一阶差分，在 5%的显著性水平下序列变成了平稳序列，是一阶单整序列，满足协整检验条件。

2. 协整检验

由于 ln*GDP* 与 ln*COM* 都是 *I*(1)单整过程，满足建立协整方程的条件，可尝试对它们进行协整检验。协整检验常用的是 EG 两步检验法，该方法第一步先对两个非平稳时间序列用 OLS 方法回归，得出回归方程；第二步对上述回归方程的残差序列进行平稳性检验，如果残差序列是平稳的，则两时间序列存在长期均衡关系；若残差序列不平稳，则两时间序列不存在长期均衡关系。

依上所述，首先建立 ln*COM* 与 ln*GDP* 之间的回归方程。

In
```
fmCOM=sm.OLS(lnCOM,sm.add_constant(lnGDP)).fit()
fmCOM.summary()
et=fmCOM.resid
plt.stem(et,use_line_collection=True)
```
Out

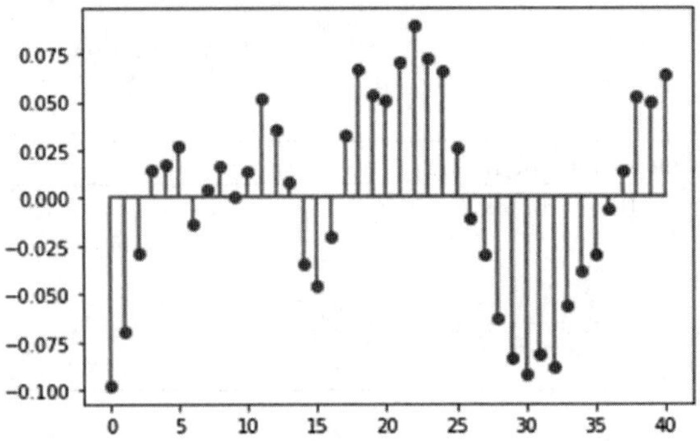

In
```
ADF_print(ts.adfuller(et,regression='nc'))
```
Out
```
ADF statists = -2.6914,  p_value = 0.0069
critical value:
     1% level: -2.6255
     5% level: -1.9496
    10% level: -1.6114
```

然后取残差序列并选取适当方程形式进行平稳性检验，所用方法仍然为 ADF 检验。

从协整回归的残差序列图可以看出：回归方程的残差都在 0 附近波动，应该满足平稳条件，那么结果是否和我们的猜想一样呢？依然用 ADF 方法做残差平稳性检验，检验结果如表 7-5 所示。

表7-5 残差平稳性检验结果

时间序列	检验 *t* 值	1%临界值	5%临界值	10%临界值
协整方程残差	-2.691 4	-2.625 5	-1.949 6	-1.611 4

从检验结果我们可以发现：−2.691 4 <−1.949 6，残差序列通过了 5%显著性水平的平稳性检验，即我国城乡居民消费额 *COM* 和国内生产总值 *GDP* 之间通过了协整检验，也即 *GDP* 和 *COM* 之间存在着长期的均衡关系。

3. 误差修正模型

从上面分析知我国 *COM* 与 *GDP* 是协整的，即两者之间有一种长期的均衡稳定关系。然而，在短期中，它们有可能偏离均衡，需要一种机制来表达对短期失衡的修正，即若两个变量存在协整关系，则两者可以用 ECM 表述。首先引入一阶误差修正模型：

In
```
dlnGDP=lnGDP.diff(1).dropna()
ecm_1=pd.Series(et).shift(1).dropna()     #残差的一阶滞后序列
dat=pd.DataFrame({'dlnCOM':dlnCOM,'dlnGDP':dlnGDP,'ecm_1':ecm_1})
print(smf.ols('dlnCOM~dlnGDP+ecm_1',dat).fit().summary())
```

Out
```
OLS Regression Results
==============================================================================
Dep. Variable:                 dlnCOM   R-squared:                       0.830
Model:                            OLS   Adj. R-squared:                  0.820
Method:                 Least Squares   F-statistic:                     90.00
Date:                Sat, 03 Oct 2020   Prob (F-statistic):           6.12e-15
Time:                        19:28:38   Log-Likelihood:                 93.678
No. Observations:                  40   AIC:                            -181.4
Df Residuals:                      37   BIC:                            -176.3
Df Model:                           2
Covariance Type:            nonrobust
==============================================================================
                 coef    std err          t      P>|t|      [0.025      0.975]
------------------------------------------------------------------------------
Intercept      0.0203      0.010      1.987      0.054      -0.000       0.041
dlnGDP         0.8125      0.069     11.745      0.000       0.672       0.953
ecm_1         -0.1926      0.079     -2.447      0.019      -0.352      -0.033
==============================================================================
Omnibus:                        0.991   Durbin-Watson:                   1.079
Prob(Omnibus):                  0.609   Jarque-Bera (JB):                0.971
Skew:                           0.217   Prob(JB):                        0.615
Kurtosis:                       2.372   Cond. No.                         22.7
==============================================================================
```

$$\Delta \ln COM_t = 0.020\,3 + 0.812\,5\Delta \ln GDP_t - 0.192\,6\, ecm_{t-1} + \varepsilon_t$$

其中 $ecm_{t-1} = \ln COM_{t-1} - \beta_1 - \beta_2 \ln GDP_{t-1}$。

从方程结果可知：方程除了常数项外，其他项都通过了 t 检验，且 ecm_{t-1} 的系数为负数，符合要求。误差修正项为-0.192 6ecm_{t-1}，这说明长期 ln*COM* 与 ln*GDP* 之间的偏离在一年内得到约 19.26%的修正。

4. Granger 因果关系检验

通过以上分析，我们得出 *COM* 增长与 *GDP* 增长之间存在协整关系，那么它们之间的因果关系到底是怎样的呢？关于这个问题，Granger 因果关系检验提供了解决的办法。

若 *COM* 与 *GDP* 增长的时间序列是平稳的，Granger 因果关系检验要求检验以下两式：

$$\ln COM_t = \sum_{i=1}^{n} \alpha_i \ln GDP_{t-i} + \sum_{j=1}^{n} \beta_i \ln COM_{t-i} + u_{1t}$$

$$\ln GDP_t = \sum_{i=1}^{n} \lambda_i \ln COM_{t-i} + \sum_{j=1}^{n} \delta_i \ln GDP_{t-i} + u_{2t}$$

其中假设 u_{1t} 与 u_{2t} 不相关，若α_i在统计上是异于零的，而λ_i在统计上不是异于零的，则说明 ln*GDP* 是 ln*COM* 的 Granger 原因；若λ_i在统计上是异于零的，而α_i在统计上不是异于零的，则说明 ln*COM* 是 ln*GDP* 的 Granger 原因。然而 *COM* 与 *GDP* 的时间序列是不平稳的，以上方法不能提供正确的 Granger 因果关系检验结果。

对于两个存在协整关系的非平稳变量之间的因果关系检验，Granger 提出了如下解决的办法，即通过检验以下两式：

$$\Delta \ln COM_t = \sum_{i=1}^{n} \alpha_{1i} \Delta \ln GDP_{t-i} + \sum_{j=1}^{m} \beta_{1j} \Delta \ln COM_{t-j} + \lambda_1 ecm_{t-1} + \mu_{1t}$$

$$\Delta \ln GDP_t = \sum_{i=1}^{n} \alpha_{2i} \Delta \ln COM_{t-i} + \sum_{j=1}^{m} \beta_{2j} \Delta \ln GDP_{t-j} + \lambda_2 ecm_{t-1} + \mu_{2t}$$

其中 ecm_{t-1} 表示滞后一期误差修正项，Δln*COM* 与Δln*GDP* 分别代表 *COM* 与 *GDP* 对数的一阶差分。

In

```
lnCOM_lnGDP =pd.DataFrame({'lnCOM':lnCOM,'lnGDP':lnGDP});
lnGDP_lnCOM =pd.DataFrame({'lnGDP':lnGDP,'lnCOM':lnCOM});
grangercausalitytests(lnCOM_lnGDP,1,verbose=False);
grangercausalitytests(lnCOM_lnGDP,2,verbose=True);
grangercausalitytests(lnGDP_lnCOM,1,verbose=False);
grangercausalitytests(lnGDP_lnCOM,2,verbose=True);
```

Out

```
Granger Causality
number of lags (no zero) 1
ssr based F test:         F=10.1595 , p=0.0029  , df_denom=37, df_num=1
ssr based chi2 test:   chi2=10.9832 , p=0.0009  , df=1
likelihood ratio test: chi2=9.7047  , p=0.0018  , df=1
parameter F test:         F=10.1595 , p=0.0029  , df_denom=37, df_num=1

Granger Causality
number of lags (no zero) 2
ssr based F test:         F=15.0060 , p=0.0000  , df_denom=34, df_num=2
ssr based chi2 test:   chi2=34.4256 , p=0.0000  , df=2
likelihood ratio test: chi2=24.6757 , p=0.0000  , df=2
parameter F test:         F=15.0060 , p=0.0000  , df_denom=34, df_num=2

Granger Causality
number of lags (no zero) 1
```

```
ssr based F test:         F=4.8438  , p=0.0341  , df_denom=37, df_num=1
ssr based chi2 test:   chi2=5.2365  , p=0.0221  , df=1
likelihood ratio test: chi2=4.9210  , p=0.0265  , df=1
parameter F test:         F=4.8438  , p=0.0341  , df_denom=37, df_num=1

Granger Causality
number of lags (no zero) 2
ssr based F test:         F=9.4196  , p=0.0006  , df_denom=34, df_num=2
ssr based chi2 test:   chi2=21.6097 , p=0.0000  , df=2
likelihood ratio test: chi2=17.1948 , p=0.0002  , df=2
parameter F test:         F=9.4196  , p=0.0006  , df_denom=34, df_num=2
```

根据以上方法，我们将检验结果列于表 7-6。

表7-6 Granger因果关系检验结果

原假设	滞后阶数	F值	P值
ln*GDP* 不是 ln*COM* 的 Granger 原因	1	10.159 5	0.002 9
ln*COM* 不是 ln*GDP* 的 Granger 原因	1	4.843 8	0.034 1
ln*GDP* 不是 ln*COM* 的 Granger 原因	2	15.006 0	2.1×10^{-5}
ln*COM* 不是 ln*GDP* 的 Granger 原因	2	9.419 6	0.000 6

通过表 7-6 检验结果得知在 5%的水平下，国内生产总值 *GDP* 是城乡居民消费额 *COM* 的 Granger 原因，城乡居民消费额 *COM* 也是国内生产总值 *GDP* 的 Granger 原因，两者之间有双向因果关系。

7.2 简单多变量时间序列模型

多变量时间序列分析（multivariate time series analysis）指对多变量时间序列的研究。实际中，许多问题不仅是观察单个过程 x_t，而且是同时观察多个过程 x_{1t}，x_{2t}，…，x_{rt}，或者说 x_t 为向量时，需要分析多变量时间序列 $X_t=(x_{1t},x_{2t},\ldots,x_{rt})$。例如，在工程上要研究电流与电压同时随时间变化的情况；在化学变化中要分析压力、温度和体积的变化关系；在气象预报分析时需要同时考虑该地区的雨量、气温和气压等记录资料。不仅要把它们各分量看作单变量过程来研究，而且要研究各分量之间的关系及变化规律，从而对时间序列作出预报和控制，这就是多变量时间序列分析，其最典型的模型就是多方程模型和 VAR 模型。

多方程模型主要包括联立方程模型和向量自回归模型（vector autoregressive model，简称 VAR 模型）。联立方程模型是指描述如价格水平、价格变化率、供给数量、需求数量之类的各种不同经济变量之间相互联系方式的方程系统。联立方程模型适用于经济结构分析，但其预测结果精度往往不高，主要原因是需要对外生变量本身进行预测。因此自 20 世纪 70 年代，大型联立方程预测失败后，其方法论遭到了许多计量经济学家的批判。Sims 在 1980 年提出向量自回归模型的多方程建模思路，其因为良好的预测性能与应用能力，逐渐成为多变量时间序列分析的标志工具。Sims 认为，如果模型设定和识别不准确，那么模型就不能准确地反映经济的动态特征，也不能很好地进行动态模拟和政策分析。而 VAR 模型与联立方程模型相比，更加简洁明了，特别适用于中短期的预测。VAR 模型通常使用最少的经济理论假设，以时间序列的统计特征出发，通过对经济系统进行脉冲响应来分析经济系统的动态特征和冲击传导机制。该模型的主要思想为：一个时间点上变量的值可以线性地依赖于前一时刻不同变量的值。这表明 VAR 模型可以检验变量间的交互效应和动态变动关系，并根据一定先验信息（经济理论）扩展为结构 VAR 模型（SVAR 模型），能更好地解释经济问题。

向量自回归模型作为一种常用的计量经济模型，是 AR 模型的推广，在较少的约束条件下，可以用来估计联合内生变量的动态关系。根据数据的统计性质，VAR 模型把系统中每一个内生变量作为系统中所有内生变量的滞后值的函数来构造模型，进而将单变量的自回归模型推广到多元时间序列变量组成的“向量”自回归模型。目前，VAR 模型的代码在 Python 等语言中已应用广泛，本章主要介绍向量自回归模型在 Python 中的应用。向量自回归模型在 Python 中的主要步骤为：①变量选取；②ADF 检验与协整检验；③VAR 模型滞后阶数的选择；④VAR 模型的拟合；⑤诊断性检验：序列相关检验、序列异方差检验、正态检验以及结构变化检验；⑥Granger 因果关系检验；⑦模型的预测；⑧脉冲响应与方差分解。

7.2.1 VAR 模型的提出

一个 VAR 模型由 K 个内生时序变量组成，设 $y_t=(y_{1t},\dots,y_{kt}\dots,y_{Kt})$，$k=1,\dots,K$，则一个 VAR($p$)过程的模型为：

$$y_t = A_1 y_{t-1} + \dots + A_p y_{t-p} + CD_t + u_t \tag{7-17}$$

其中 A_i 为（$K\times K$）系数矩阵，u_t 为一个 K 维白噪声，有平稳的正定协差阵 Σ_u。矩阵 C 为潜在确定性回归元的系数矩阵，维度为（$K\times M$）维；D_t 为 M 向量，由常数项、趋势项、虚拟变量、季节虚拟变量等确定性回归元组成。（7-17）式通过滞后算子 L 改写为：

$$A(L)y_t = CD_t + u_t \tag{7-18}$$

其中 $A(L)=$（$I-A_1 L-\dots-A_p L^p$）为滞后多项算子。

VAR(p)过程的一个重要特征是平稳性，从而 K 维向量有不随时间变换的稳定均值和协差结构。VAR(p) 过程的平稳性可通过如下的反向特征多项式观察：

$$\det(I - A_1 z - \cdots - A_p z^p) \neq 0 \quad \text{for} \, |z| \leqslant 1$$

如果上述方差有一个根为 $z=1$，则原 K 个内生至少有一个为一阶单整。一个 VAR(p) 过程可以改写为一个 VAR(1)过程：

$$\xi_t = A\xi_{t-1} + v_t \tag{7-19}$$

$$\xi_t = \begin{bmatrix} y_t \\ \vdots \\ y_{t-p+1} \end{bmatrix}, \quad A = \begin{bmatrix} A_1 & A_2 & \cdots & A_{p-1} & A_p \\ I & 0 & \cdots & 0 & 0 \\ 0 & I & \cdots & 0 & 0 \\ \vdots & \vdots & & \vdots & \vdots \\ 0 & 0 & \cdots & I & 0 \end{bmatrix}, \quad v_t = \begin{bmatrix} u_t \\ 0 \\ \vdots \\ 0 \end{bmatrix}$$

其中 ξ_t 和 v_t 为 K_p 维向量，A 为 $K_p \times K_p$ 维矩阵。在实际应用中 VAR(p) 过程的平稳性还可以通过观察改写的 VAR(1)过程系数矩阵 A 的特征根来判断：如果 A 全部特征根模数小于 1，则该 VAR(p) 过程平稳。此时，如果已获得一个内生变量时序样本 $y_1 \ldots y_T$ 和足够的初始样本值 $y_{t-p+1},\ldots,y_0$，则（7-17）式中的系数矩阵可通过对每条方程进行 OLS 估计求得。如果 u_t 为正态分布，OLS 估计等价于极大似然（ML）估计。

单变量时，AR(p)过程可改写为 MA(∞)的形式，与此类似，平稳的 VAR(p)过程也可改写为移动平均的表示形式：

$$y_t = \Phi_0 u_t + \Phi_1 u_{t-1} + \Phi_2 u_{t-2} + \cdots \tag{7-20}$$

其中 $\Phi_0 = I_K$，Φ_s 可通过如下的递推关系求得：

$$\Phi_s = \sum_{j=1}^{s} \Phi_{s-j} A_j \quad \text{for} \quad s = 1, 2, \cdots$$

$j > p$ 时，$A_j = 0$。

【例 7-5】多变量 VAR 模型的基本分析。

由于 *COM*（城乡居民消费额）和 *INV*（全社会固定资产投资总额）对 *GDP*（国内生产总值）有影响，而且 *INV*、*COM* 和 *GDP* 之间存在着滞后效应。因此，本例选取 *INV*、*COM* 以及 *GDP* 变量来代入 VAR 模型中，并进行对数和差分操作。使用对数和差分的原因是尽可能使序列过程平稳，并解决异方差问题。

In

```
import pandas as pd                                  #加载数据分析包
ME=pd.read_excel('MEdata.xlsx','MEdata',index_col=0)  #读取 MEdata
import numpy as np                                   #加载数组运算包
lnME=np.log(ME[['COM','GDP','INV']])                 #选取 COM,GDP,INV 变量并取自然对数
dlnME=lnME.diff().dropna()                           #取对数差分，并去除缺失值
dlnME.columns=['dlnCOM','dlnGDP','dlnINV']           #设置新数据框列名
dlnME.head()                                         #显示处理后数据的前 5 行
```

Out

```
        dlnCOM    dlnGDP    dlnINV
Year
1979  0.135377  0.115273  0.067577
1980  0.148745  0.115000  0.061105
1981  0.117355  0.080194  0.053432
1982  0.087043  0.090401  0.222102
1983  0.116426  0.113638  0.175353
```

对处理后的数据进行可视化展示，观察其平稳性。图形结果表明，对数差分后的 *COM*、*GDP* 以及 *INV* 在 1985 年、1990 年以及 1993 年波动幅度较大，需进一步采取平稳性检验。

In	dlnME.plot(grid=True);　#对时间序列作图
Out	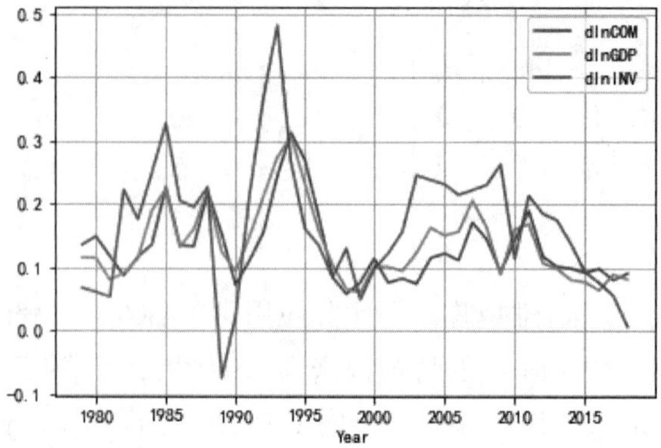

VAR 模型要求所有因子数据同阶协整，也就是所有因子里面只要有一个因子数据不平稳，就要全体做差分，一直到平稳为止。使用 adfuller 函数来对差分后的每一列数据做 ADF 检验。ADF 检验的结果包含多个参数，其中，第一个参数为检验统计量的值，第二个参数为 ADF 检验的近似 p 值。当检验统计量的值分别小于 1%、5%、10%的显著性水平下的临界值时（左侧检验），认为此时在各显著性水平下拒绝原假设，为平稳数据。

In

```
%run EmPy.py        #调用自定义 ADF 输出函数
import statsmodels.tsa.stattools as ts
ADF_print(ts.adfuller(dlnME['dlnGDP']))
ADF_print(ts.adfuller(dlnME['dlnCOM']))
ADF_print(ts.adfuller(dlnME['dlnINV']))
```

Out

```
ADF statists = -3.3400, p_value = 0.0132
critical value:
   1% level: -3.6267
   5% level: -2.9460
  10% level: -2.6117
ADF statists = -3.6961, p_value = 0.0042
critical value:
   1% level: -3.6155
   5% level: -2.9413
  10% level: -2.6092
ADF statists = -3.4513, p_value = 0.0093
critical value:
   1% level: -3.6155
   5% level: -2.9413
  10% level: -2.6092
```

ADF 检验结果表明，在 5%的显著性水平下，对数差分后的 *GDP*、*COM* 以及 *INV* 均为平稳数据，可以进行协整检验。Python 里，协整检验通过 coint()函数来实现，返回的 p 值越小，说明协整关系越强。其中，coint()函数返回三个参数，第一个参数为检验的统计量值，第二个参数为 p 值，第三个参数为 1%、5%、10%显著性水平下的临界值。

In

```
ts.coint(dlnME['dlnGDP'],(dlnME[['dlnCOM','dlnINV']]))     #协整检验
```

Out

```
(-4.9823, 0.0008, array([-4.6849, -3.9669, -3.614 ]))
```

由于 p =0.000 8<0.01，因此认为选取的变量数据通过协整检验。

7.2.2 VAR 模型的定阶

在 VAR(p)模型估计前还需考虑一个重要的问题——滞后长度 p 的选择。一般情况下选择各种信息准则中最大的滞后长度建模。常用于判断滞后长度的信息准则有如下四种：

$$AIC(p)=\text{logdet}\ (\Sigma_u(p))+\frac{2}{T}pK^2$$

$$BIC(p)=\text{logdet}\ (\Sigma_u(p))+\frac{\log(T)}{T}pK^2$$

$$FPE(p)=\left(\frac{T+p}{T-p}\right)^K \det(\Sigma_u(p))$$

$$HQ(p)=\text{logdet}(\Sigma_u(p))+\frac{2\log(\log(T))}{T}pK^2$$

其中 $\Sigma_u(p)=T^{-1}\sum_{t=1}^{T}\hat{u}_t\hat{u}_t'$；$p$ 为滞后长度，亦为各方程的待估参数个数。

由于本例的数据已经通过协整检验，因此不存在非平稳时间序列的情况，可以建立标准的 VAR(p)模型。在建立过程中，常用的函数为 VAR 函数和 VARMAX 函数，此例将使用 VAR 函数（注：Python 中使用 VARMAX 进行估计比 summary 显示的结果更多，但是 VARMAX 的结果不能做方差分解）。此外，对于滞后阶数的选择，常用的标准分析方法采用似然检验或信息准则来定阶。statsmodels 中已经实现了后者，可以通过 VAR 类进行访问。因此，首先调用 statsmodels 包的内置 VAR 函数，运行“from statsmodels.tsa.api import VAR”命令；然后访问 var_model.select_order(5).summary()，其中 5 代表滞后 5 阶时的情况。

In

```
from statsmodels.tsa.api import VAR              #加载 statsmodels 包中的 VAR 函数
var_model = VAR(dlnME).select_order(5);          #构建 5 阶向量自回归模型
print(var_model.summary())                       #滞后顺序选择(Lag order selection)
```

Out

```
 VAR Order Selection (* highlights the minimums)
==================================================
       AIC         BIC           FPE         HQIC
--------------------------------------------------
0      -18.19      -18.06     1.261e-08      -18.14
1     -19.37*     -18.84*    3.879e-09*     -19.19*
2      -19.28      -18.35     4.306e-09      -18.96
3      -19.12      -17.78     5.231e-09      -18.66
4      -19.17      -17.44     5.270e-09      -18.57
5      -19.12      -16.98     6.204e-09      -18.38
--------------------------------------------------
==================================================
```

上述信息准则的结果表明，在 AIC 准则、BIC 准则、FPE 准则以及 HQIC 准则下，统计量最小时均为滞后一阶的情况，分别为-19.37，-18.84，3.879×10^{-9} 以及-19.19。因此在模型拟合时选取一阶为最佳。

7.2.3 VAR 模型的估计

VAR 模型的估计使用 fit 函数。在 fit 过程中，可以选择具体滞后阶数，也可以选择最大的滞后阶数（maxlags）和各类信息准则。fit.summary()将显示估计结果。估计结果主要包括 OLS，协方差矩阵以及 *COM*、*GDP* 和 *INV* 不同滞后期对其余变量的影响。在各信息准则下，选取最小阶数为一阶进行拟合，模型拟合结果如下。

In

```python
VAR1 = VAR(dlnME).fit(1)          #模型拟合，此处选取阶数为 1 阶
print(VAR1.summary())
```

Out

```
Summary of Regression Results
==================================
Model:                         VAR
Method:                        OLS
Date:           Fri, 18, Sep, 2020
Time:                     11:00:45
--------------------------------------------------------------------
No. of Equations:         3.00000    BIC:                   -18.9225
Nobs:                     39.0000    HQIC:                  -19.2507
Log likelihood:           224.955    FPE:                3.63655e-09
AIC:                     -19.4344    Det(Omega_mle):     2.71317e-09
--------------------------------------------------------------------
Results for equation COM
==========================================================================
            coefficient       std. error           t-stat            prob
--------------------------------------------------------------------------
const          0.028122         0.015221            1.848           0.065
L1.COM        -0.200664         0.255440           -0.786           0.432
L1.GDP         0.788387         0.299494            2.632           0.008
L1.INV         0.124325         0.085992            1.446           0.148
==========================================================================
Results for equation GDP
==========================================================================
            coefficient       std. error           t-stat            prob
--------------------------------------------------------------------------
const          0.049061         0.015520            3.161           0.002
L1.COM        -0.730325         0.260458           -2.804           0.005
L1.GDP         1.171490         0.305378            3.836           0.000
L1.INV         0.137634         0.087681            1.570           0.116
==========================================================================
Results for equation INV
==========================================================================
            coefficient       std. error           t-stat            prob
--------------------------------------------------------------------------
const          0.108969         0.033007            3.301           0.001
L1.COM        -1.906635         0.553926           -3.442           0.001
L1.GDP         1.857436         0.649457            2.860           0.004
L1.INV         0.333473         0.186474            1.788           0.074
==========================================================================
Correlation matrix of residuals
            COM       GDP       INV
COM    1.000000  0.792741  0.176416
GDP    0.792741  1.000000  0.441793
INV    0.176416  0.441793  1.000000
```

估计结果显示，*COM* 的滞后一期对其本身有负的影响，而其他变量的滞后一期对 *COM* 有正的影响。其中，*GDP* 的滞后一期对 *COM* 的影响是显著的，p 值为 0.008。这也符合实际的经济情况，*GDP* 的滞后会促进城乡居民消费，*GDP* 的滞后值越高，*COM* 就

越大。与此同时，*COM* 的滞后一期和 *GDP* 的滞后一期也会对 *GDP* 产生显著的影响，*p* 值都较小。其中 *GDP* 的滞后一期对 *GDP* 的影响为正向，而 *COM* 的滞后一期对 *GDP* 的影响为负向。这是由于城乡居民在滞后一期的消费已经达到了饱和状态，因此当继续增加消费额时，会抑制当期 *GDP* 的发展。各变量的滞后一期对 *INV* 的影响都是较为显著的，*p* 值分别为 0.001、0.004 和 0.074。其中，*GDP* 的滞后一期将对我国全社会固定资产投资总额产生正向的促进作用，这也符合我国的经济发展。我国经济发展的持续性会吸引全社会更多的投资额，这也包括固定资产的投资额度。

进一步将估计结果进行可视化，使用 VAR1.plot()命令：

In
```
VAR1.plot();             #估计结果可视化
```

Out

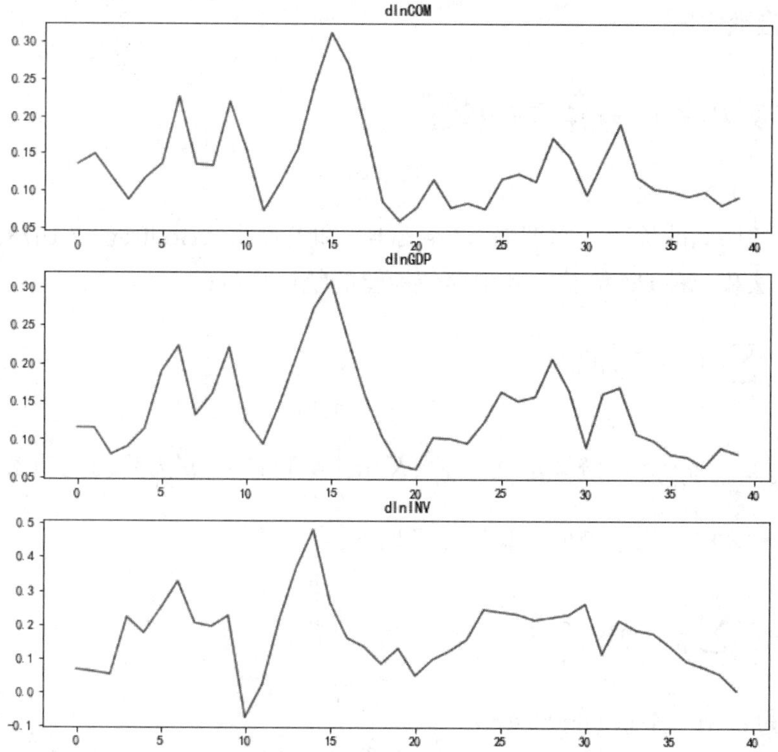

基于模型系数，检验结果是否平稳。使用 VAR1.is_stable()命令，结果返回布尔值。本例中返回 True，结果平稳。

In
```
VAR1.is_stable()     #估计结果系数平稳性检验
```

Out
```
True
```

在调用 fit 函数进行拟合时，除了可以选择固定的滞后阶数一阶，也可使用 var_model.fit(maxlags=5, ic='aic')命令来选择最大滞后阶数和信息准则。结果表明：在不同信息准则和最大滞后阶数下所确定的滞后阶数均为 1，与之前的结果一致。

In
```
#调用 fit 函数时，可以选择最大滞后阶数和信息准则
VAR(dlnME).fit(maxlags=5,ic='aic').k_ar   #aic 准则选取的滞后阶数
VAR(dlnME).fit(maxlags=5,ic='bic').k_ar   #bic 准则选取的滞后阶数
VAR(dlnME).fit(maxlags=5,ic='fpe').k_ar   #fpe 准则选取的滞后阶数
```

	VAR(dlnME).fit(maxlags=5,ic='hqic').k_ar #hqic 准则选取的滞后阶数
Out	1 1 1 1

7.3 VAR 模型的诊断与检验

由于 VAR 模型要求随机误差为白噪声过程，一旦模型系数被估计，便可计算残差序列。残差序列作为随机误差的一致估计，可检验相应的假设条件，如：序列相关、异方差、多元正态性和结构变动等。这些诊断性检验方法均可以通过 statsmodels 包中的 VARResults 相应函数实现。

7.3.1 序列相关性与异方差检验

一、序列的相关性检验

针对多元残差序列的检验，布罗斯（Breusch）和戈弗雷（Godfrey）（1978）提出一种简便的检验方法和一种 LM 检验，其中简便检验的统计量为：

$$Q_h = T\sum_{j=1}^{h} tr(\hat{C}_j'\hat{C}_0^{-1}\hat{C}_j\hat{C}_0^{-1}) \tag{7-21}$$

其中 $\hat{C}_i = \frac{1}{T}\Sigma_{t=i+1}^{T}\hat{u}_t\hat{u}_{t-i}'$，统计量近似 $\chi^2(K^2h-n^*)$ 分布，n^*为除确定项系数外的待估参数个数。小样本时，修正简便检验统计量如下：

$$Q_h^* = T^2\sum_{j=1}^{h}\frac{1}{T-j}\mathrm{tr}(\hat{C}_j'\hat{C}_0^{-1}\hat{C}_j\hat{C}_0^{-1}) \tag{7-22}$$

LM 检验通过构造一个辅助回归实现：

$$\hat{u}_t = A_1 y_{t-1} + \ldots + A_p y_{t-p} + CD_t + B_1\hat{u}_{t-1} + \ldots + B_h\hat{u}_{t-h} + \xi_t$$

In	VAR1.resid_acorr() #获取残差序列的自相关矩阵
Out	array([[[1. , 0.7927, 0.1764], [0.7927, 1. , 0.4418], [0.1764, 0.4418, 1.]], [[0.1579, 0.2023, 0.1114], [0.0398, 0.0719, 0.0497], [0.027 , 0.0617, 0.0894]]])
In	VAR1.plot_acorr(resid=True); #绘制残差的自相关函数

Out

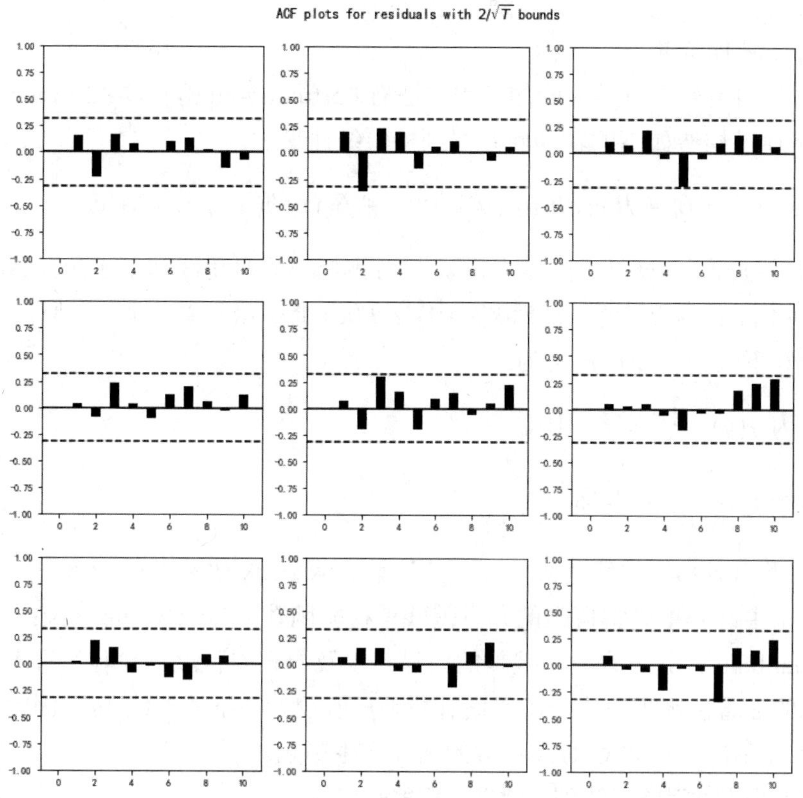

检验的原假设为 H_0：$B_1=\ldots=B_h=0$，得检验统计量为：

$$LM_h = T[K - tr(\Sigma_R^{-1}\Sigma_e)] \tag{7-23}$$

其中 Σ_R 和 Σ_e 分布为限制模型和非限制模型的残差协差阵，统计量服从 $\chi^2(hK^2)$ 的分布。Edgerton 和 Shukur（1999）提出了一种小样本修正的 LM 检验，其统计量修正为：

$$LMF_h = \frac{1-(1-R_r^2)^{1/r}}{(1-R_r^2)^{1/r}} \frac{Nr-q}{Km} \tag{7-24}$$

其中 $R_r^2 = 1 - |\Sigma_e| / |\Sigma_R|$，$r = [(K^2M^2-4)/(K^2+m^2-5)]^{1/2}$，$q = 1/2Km - 1$，$m = Kh$，$N=T-K-m-1/2(K-m+1)$。修正后的 LM 统计量服从 $F\,[hK^2, int(Nr-q)]$分布。

在 Python 中，上述 BG-LM 检验可以通过 statsmodels 包中的 diagnostic 库调取 acorr_breusch_godfrey()函数来实现序列自相关检验。为简便起见，可直接获取残差序列的自相关矩阵并绘制残差的 ACF 图，观察在标准的 $2/\sqrt{T}$ 的范围内是否越过边界，出现序列自相关的情况。获取残差自相关矩阵的命令为 VAR1.resid_acorr()，绘制残差的 ACF 图的命令为 VAR1.plot_acorr(resid=True)。

上述 ACF 图表明，在范围边界内，滞后 10 期的残差序列均未越过虚线边界，部分图形靠近边界。因此可以认为，不存在序列自相关的情况。

二、序列异方差性检验

多元残差序列的条件异方差检验的常用方法有 Portmanteau 检验，ARCH-LM 检验等。ARCH-LM 检验是通过构造如下的辅助回归得到检验统计量的。

$$vech(\hat{u}_t\hat{u}'_t)=\beta_0+B_1vech(\hat{u}_{t-1}\hat{u}'_{t-1})+\ldots+B_qvech(\hat{u}_{t-q}\hat{u}'_{t-q})+v_t \tag{7-25}$$

v_t 为球面误差过程，*vech* 为列堆叠算子，将对称矩阵的对角线和下小角元素转化为向量，β_0 为 $K(K+1)/2$ 维系数向量，B_i 为 $K(K+1)/2\times K(K+1)/2$ 维系数矩阵。在原假设 H_0：$B_1=B_2=\ldots=B_q=0$ 下检验统计量定义为：

$$\begin{aligned}&VARCH_{LM}(q)=\frac{1}{2}TK(K+1)R_m^2\\&R_m^2=[1-\frac{2}{K(K+1)}\mathrm{tr}(\hat{\Omega}\hat{\Omega}_0^{-1})]\end{aligned} \tag{7-26}$$

$\hat{\Omega}$ 为回归方程（7-25）的残差协差阵，统计量服从 $\chi^2[qK^2(K+1)^2/4]$分布。

而在 Python 中，VAR 模型自带的异方差残差检验函数为 test_whiteness()，该函数通过使用 Portmanteau 检验，来测试残差的白噪声以及异方差程度。检验结果表明，检验统计量在 5%的显著性水平下小于临界统计量，*p* 值较大，不能拒绝 H_0。因此，本例存在一定的异方差情况，这将对 VAR 系数的估计产生影响。

In

```
VAR1.test_whiteness().summary()    #Portmanteau 检验
```

Out

```
Portmanteau-test for residual autocorrelation.
H_0: residual autocorrelation up to lag 10 is zero.
Conclusion: fail to reject H_0 at 5% significance level.
  Test tatistic   Critical value    p-value      df
      79.95            103            0.512      81
```

7.3.2 序列正态性与结构变化检验

一、正态性检验

单变量序列正态性检验可通过 Jarque-Ber 检验实现，多变量时序可分别对各变量序列进行检验。当然也存在多变量版本的检验，但其构造统计量依赖于 Choleski 分解，检验结果与变量顺序有关。上述方法可以通过 statsmodels 包中的 test_normality()函数实现，默认进行多变量检验，使用的方法为 Jarque-Bera-style 检验，统计量为卡方统计量。对估计结果进行正态性检验，结果表明该经济变量的正态性结果较差。

In

```
VAR1.test_normality().summary()          #正态性检验
```

Out

```
Portmanteau-test for residual autocorrelation.
H_0: residual autocorrelation up to lag 10 is zero.
Conclusion: fail to reject H_0 at 5% significance level.
  Test tatistic   Critical alue    p-value      df
      5.452          12.59          0.487       6
```

二、结构变化检验

结构变化检验用于诊断模型的稳定性，通过对模型残差累计和进行检验以及波动性检验，作出相应控制图观察变异情况。如果模型残差序列随时间存在结构变化，说明模型不能在时间上推广应用。Python 中用于检查模型平稳性的为 cusum 检验。breaks_cusumolsresid 函数返回 3 个变量，第 2 个是 p 值，cusum 检验要无法拒绝原假设，即 p 值要大于 0.05，此时的 VAR 模型才是平稳的。

In	from statsmodels.stats import diagnostic #加载诊断库
	#平稳性检验 原假设 H0：无漂移（平稳）；备择假设 H1：有漂移（不平稳）
	diagnostic.breaks_cusumolsresid(VAR1.resid['dlnGDP'])

Out	(1.4121303630060307, 0.03706494966640994, [(1, 1.63), (5, 1.36), (10, 1.22)])
In	diagnostic.breaks_cusumolsresid(VAR1.resid['dlnCOM'])
Out	(1.2468138905658983, 0.08927520014215021, [(1, 1.63), (5, 1.36), (10, 1.22)])
In	diagnostic.breaks_cusumolsresid(VAR1.resid['dlnINV'])
Out	(0.8530996698706980, 0.46062239680385897, [(1, 1.63), (5, 1.36), (10, 1.22)])

其中第二个值为 p 值，结果表明在 10%的显著性水平下，INV 和 COM 数据是平稳的，而 GDP 数据是不平稳的，因为其检验 p 值小于 0.05。因此，从多元整体来看结构是否稳定，可以根据之前使用的 is_stable() 函数来判断。得到的结果为 True，模型的结构稳定。

7.3.3 Granger 因果检验与预测分析

一、Granger 因果检验与脉冲响应

在 VAR 模型研究中，研究者最感兴趣的莫过于变量间的因果关系，而最常用的研究方法是 Granger 因果关系检验。

设由外生变量组成的向量序列 y_t，划分为两个子向量 y_{1t} 和 y_{2t}，其维数分别为 K_1、$K_2(K=K_1+K_2)$，则 VAR(p)过程模型可改写为:

$$\begin{bmatrix} y_{1t} \\ y_{2t} \end{bmatrix} = \sum_{i=1}^{p} \begin{bmatrix} a_{11,i} & a_{12,i} \\ a_{21,i} & a_{22,i} \end{bmatrix} \begin{bmatrix} y_{1,t-i} \\ y_{2,t-i} \end{bmatrix} + CD_t + \begin{bmatrix} u_{1t} \\ u_{2t} \end{bmatrix} \tag{7-27}$$

若检验原假设为 y_{1t} 不是 y_{2t} 的 Granger 原因，则等价于检验全部的 $a_{21,i}$=0，备择假设为 $a_{21,i}$ 中最少有一个系数不为 0，检验统计量服从 $F(pK_1K_2,KT-n^*)$分布，n^*为(7-27)式的待估参数个数。

Granger 因果关系检验可通过 VARResults 包中的 test_causality()函数实现，函数需要输入两个参数：第一个为原因变量，第二个为结果变量。对 VAR 过程的数据进行 Granger 因果关系检验，如果拒绝原假设，说明原因变量是结果变量的 Granger 原因，与模型设计相符。此外，结果中还输出了因果关系检验结果。

如果 VAR 模型中变量存在 Granger 因果关系，即某些变量的前期表现对另一些变量的后期表现构成影响，那么需要进一步研究随时间推移影响的动态路径，从而产生脉冲响应分析。脉冲响应分析以（7-20）式移动平均形式为基础，Φ_s 矩阵的(i,j)元素表示 $y_{j,\ t}$ 一单位冲击对 $y_{i,t+s}$ 的期望响应。但由于（7-17）式中 u_t 的各变量冲击具有相关性（Σ_u 不为单位矩阵），对各变量的独立冲击影响路径进行研究，便有了正交脉冲响应分析。其原理是对 Σ_u 进行 Choleski 分解，$\Sigma_u=PP'$，P 为下三角矩阵，（7-20）式可改写为：

$$y_t = \psi_0\varepsilon_t + \psi_1\varepsilon_{t-1} + \ldots \tag{7-28}$$

其中 $\varepsilon_t=P^{-1}u_t$，$\psi_i=\Phi_iP$，$\psi_0=P$。此时，$\Sigma_\varepsilon=I$ 为单位矩阵，但 Choleski 分解受变量的顺序影响，故交换变量顺序得到的正交脉冲响应分析结果也不相同，导致了正交脉冲响应的非唯一性。为了解决这一问题，计量经济学家从经济理论确定变量的关系结构，对 Σ_u 进行结构性分解，从而产生了结构性 VAR 模型（SVAR）。

在 Python 中进行 Granger 因果关系检验。需要注意的是，零假设是指引导变量没有 Granger 因果关系。而 F 检验中的自由度基于 VAR 系统中变量的数量，即自由度等于 VAR 中的方程数乘以单个方程的自由度。test_causality()的参数 kind 包括“F”和“wald”，分别表示 F 检验和 wald 检验。

In
```
#格兰杰因果关系检验（F 检验）
VAR1.test_causality('dlnGDP',['dlnCOM','dlnINV'], kind='f').summary()
```

Out
```
Granger causality F-test. H_0: %s do not Granger-cause GDP.
Conclusion: reject H_0 at 5% significance level.
     Test statistic     Critical value      p-value      df
         9.310              3.083            0.000     (2, 105)
```

In
```
#格兰杰因果关系检验（wald 检验）
VAR1.test_causality('dlnGDP',['dlnCOM','dlnINV'], kind='wald').summary()
```

Out
```
Granger causality Wald-test. H_0: %s do not Granger-cause GDP.
Conclusion: reject H_0 at 5% significance level.
     Test statistic     Critical value      p-value   df
         18.62              5.911             0.000     2
```

由于 Granger 因果关系检验的 F 检验和 wald 检验的统计量值远大于临界值，因此拒绝原假设，故 COM 和 INV 是 GDP 的 Granger 原因。

Python 中脉冲响应函数为 irf()函数，并且可以对脉冲响应结果作图。其中，irf()函数包含滞后阶数参数。作图过程中，冲击变量为“impulse”参数，是否正交的变量为“ortho”参数。设置滞后阶数为 10，脉冲响应结果如下。

In
```
#脉冲响应分析，默认情况下，渐近标准误差绘制为95%的置信水平
irf = results.irf(10)
#可以使用绘图函数以正交或非正交形式可视化，ortho 为正交参数。
irf.plot(orth=False);
```

Out

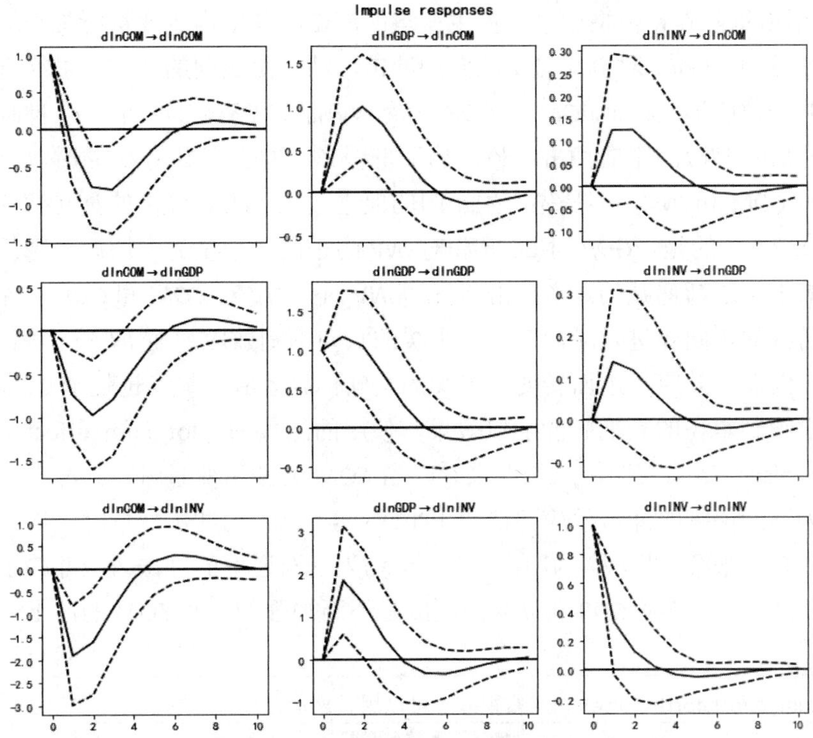

In

```
#绘图功能中可以绘制感兴趣的变量，impulse 为设置的冲击变量
irf.plot(impulse='GDP');
```

Out

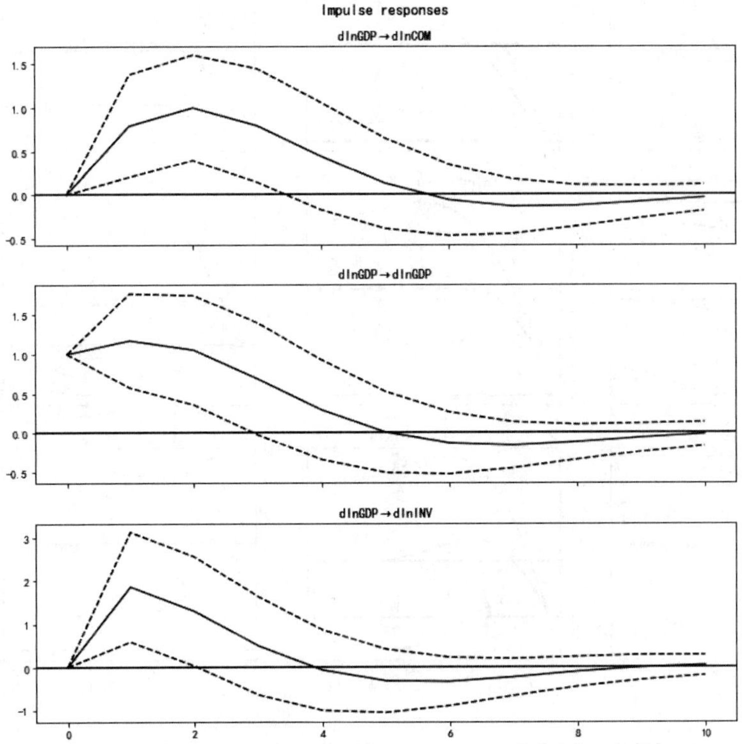

脉冲效应描述的是 VAR 模型中一个内生变量的冲击给其他内生变量所带来的影响。根据脉冲响应图可知，*COM* 对自身先是正向的冲击，然后是负向的冲击，最终有轻微正向的冲击直至冲击效应消失；而 *COM* 对 *GDP* 以及 *INV* 都是先有负向的冲击，抑制作用先增大后减小，然后有轻微的正向冲击，最终趋于平缓。当冲击变量为 *GDP* 时，无论是对 *GDP* 自身还是对 *COM* 和 *INV*，都是先产生正向的促进效果，再有轻微的负向抑制作用，直至逐渐趋于 0。不同的是，*GDP* 对 *COM* 和对 *INV* 的正向作用是先递增后递减，而对自身的正向冲击效果是逐渐递减的。当冲击变量为 *INV* 时，*INV* 对 *COM* 和 *GDP* 的冲击效应都是先递增后递减的正向促进效应，然后是平缓的负向抑制效应，而 *INV* 对 *INV* 本身则是一直递减的正向促进效应，进而转变为平缓的负向抑制效应，最终也趋于 0。

进一步考虑绘制累积的长期脉冲响应效果，使用的函数为 plot_cum_effects()，正交参数 orth 选择 False。结果表明，从长期来看，当 *COM* 为冲击变量时，其冲击效果和短期的类似，均为逐渐递减的冲击效应并趋向于平缓；当 *GDP* 为冲击变量时，均为逐渐递增的冲击效应并趋于平缓；当 *INV* 为冲击变量时，均为逐渐递增的冲击效应并趋于平缓。因此三者之间的冲击关系为：*GDP* 和 *INV* 的程度是不断加强的，而 *COM* 的冲击效果是逐渐递减的。

In

```
irf.plot_cum_effects(orth=False);    #累积效应可以用长期运行效果绘制
```

Out

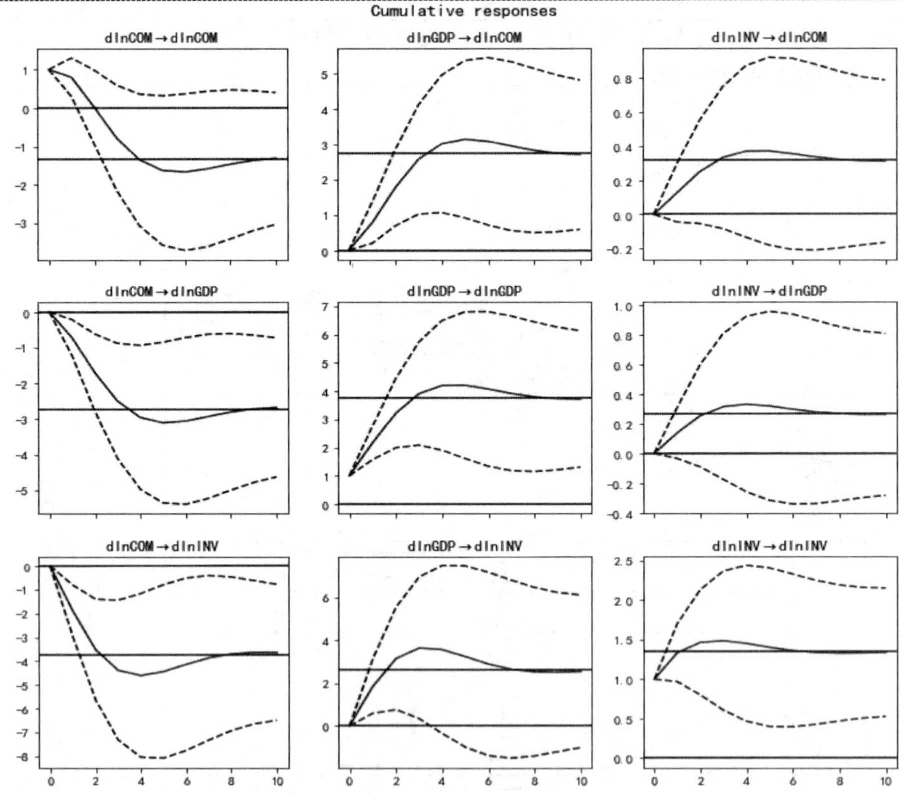

二、模型的预测与误差方差分解

1. VAR 模型的预测

虽然 VAR 模型的主要研究目的是探测变量间的动态响应关系，但如果模型残差能通过各种条件诊断，估计模型也可用于预测。对于一个实证的 VAR 模型，假设已获得（7-17）式各系数矩阵的 A_i 的精确估计和前 T 期观察值，未来 h 期数值可通过如下递归方程求得：

$$y_{T+h|T}=A_1y_{T+h-1|T}+\ldots+A_py_{T+h-p|T}+CD_{T+h} \tag{7-29}$$

$h=1, 2, \ldots, n$。各期预测值的协差阵为：

$$\operatorname{cov}\left(\begin{bmatrix} y_{T+1}-y_{T+1|T} \\ \vdots \\ y_{T+h}-y_{T+h|T} \end{bmatrix}\right)=\begin{bmatrix} I & 0 & \cdots & 0 \\ \Phi_1 & I & \cdots & 0 \\ \vdots & \vdots & & 0 \\ \Phi_{h-1} & \Phi_{h-2} & \cdots & I \end{bmatrix}(\Sigma_u\otimes I_h)\begin{bmatrix} I & 0 & \cdots & 0 \\ \Phi_1 & I & \cdots & 0 \\ \vdots & \vdots & & 0 \\ \Phi_{h-1} & \Phi_{h-2} & \cdots & I \end{bmatrix}' \tag{7-30}$$

Φ_i 为 VAR(p)过程的移动平均形式系数矩阵，则各期预测值的区间估计为：

$$[y_{k,T+h|T}-c_{1-\alpha/2}\sigma_k(h), y_{k,T+h|T}+c_{1-\alpha/2}\sigma_k(h)] \tag{7-31}$$

其中 $c_{1-\alpha/2}$ 为标准正态分布 1-α/2 的概率分位点， $\sigma_k(h)$为第 k 个变量 h 步的预测标准差，通过（7-30）式求得。

在 Python 中进行 VAR 模型预测使用 forecast()函数和 plot_forecast()函数，参数都包含预测的期数。选取预测期数为 10 期，并绘制预测图形，结果如下：

In
```
VAR1.forecast(dlnME.values[-2:],10)          #模型预测
```
Out
```
array([[0.0749, 0.079 , 0.0893],
       [0.0865, 0.0992, 0.1427],
       [0.1067, 0.1218, 0.1759],
       [0.1246, 0.138 , 0.1903],
       [0.1356, 0.1459, 0.1912],
       [0.1397, 0.1473, 0.1853],
       [0.1392, 0.1451, 0.178 ],
       [0.1367, 0.1418, 0.1723],
       [0.1339, 0.1391, 0.1692],
       [0.1319, 0.1375, 0.1684]])
```
In
```
VAR1.plot_forecast(10);          #模型预测绘图结果
```
Out

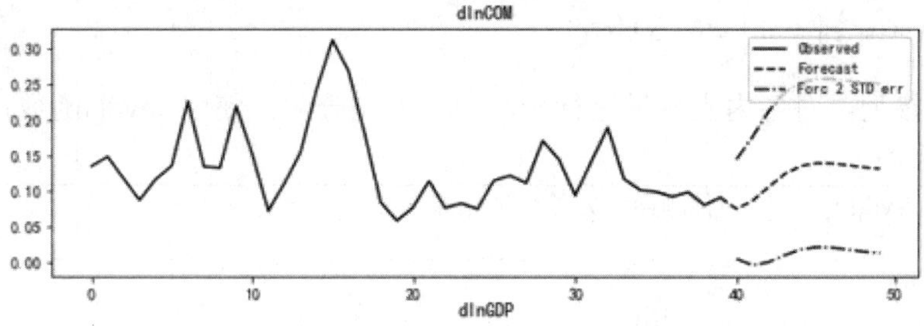

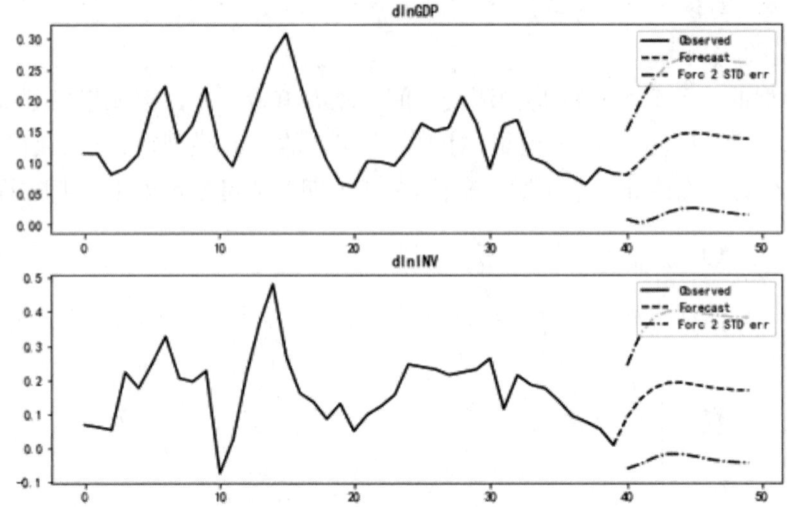

图中实线表示已有的观测值，与实线相连的虚线为预测值，而预测虚线的上下两条虚线为两个标准误差下的预测值。预测结果显示，不管是 *COM*、*GDP* 还是 *INV*，未来 10 期的 VAR 预测均为先上升再平缓的曲线状态。

2. 预测误差方差分解

基于（7-28）式的正交脉冲响应系数可进行预测误差方差分解（FEVD），目的在于分析第 j 个变量对第 k 个变量 h 步预测误差方差的影响比例。与正交脉冲响应分析类似，误差方差分解依靠 Choleski 分解，同样受变量顺序的影响。$y_{k,T+h}$ - $Y_{k,T+h|T}$ 的预测误差方差可定义为：

$$\sigma_k^2(h)=\sum_{n=0}^{h-1}(\psi_{k1,n}^2+...+\psi_{kK,n}^2) \tag{7-32}$$

交换运算次序后，上式可改写为：

$$\sigma_k^2(h)=\sum_{j=1}^{K}(\psi_{kj,0}^2+...+\psi_{kj,h-1}^2) \tag{7-33}$$

则第 j 个变量对第 k 个变量的 h 步预测误差方差分解比例为：

$$\omega_{kj}(h)=(\psi_{kj,0}^2+...+\psi_{kj,h-1}^2)/\sigma_k^2(h) \tag{7-34}$$

基于 VAR(1)模型，对各内生变量进行预测误差方差分解。使用 fevd()函数，预测期数的参数选择为 5 期。

In
```
fevd = VAR1.fevd(5)          #预测误差方差分解结果
fevd.summary()
```

Out
```
FEVD for COM
          COM          GDP          INV
0      1.000000    0.000000    0.000000
1      0.736602    0.232017    0.031381
```

```
2     0.538751  0.415330  0.045919
3     0.469885  0.482005  0.048110
4     0.460721  0.492076  0.047203
FEVD for GDP
         COM       GDP       INV
0     0.628438  0.371562  0.000000
1     0.373404  0.593442  0.033154
2     0.281142  0.676402  0.042456
3     0.268325  0.689030  0.042645
4     0.276440  0.681869  0.041690
FEVD for INV
         COM       GDP       INV
0     0.031123  0.245365  0.723513
1     0.030010  0.462253  0.507737
2     0.056514  0.500184  0.443302
3     0.078796  0.493791  0.427413
4     0.087550  0.489226  0.423224
```

上述 FEVD 结果表明，对于 *COM* 而言，*GDP* 对其的解释力度最大，约为 49.21%，但 *COM*、*GDP* 以及 *INV* 对 *COM* 的解释力度都比较平均。对于 *GDP* 而言，其自身对自身的解释力度最强，约为 68.19%；*INV* 的解释力度次之，约为 41.69%；*COM* 对 *GDP* 的解释力度最小，约为 27.64%。对于 *INV* 而言，*COM* 对 *INV* 的解释力度最强，为 87.55%；*GDP* 对其的解释力度次之，而 *INV* 自身的解释力度最弱，约为 42.32%。

将上述预测方差误差分解绘制出来，得到可视化的结果如下。

In
```
VAR1.fevd(5).plot();      #预测误差方差分解作图
```

Out

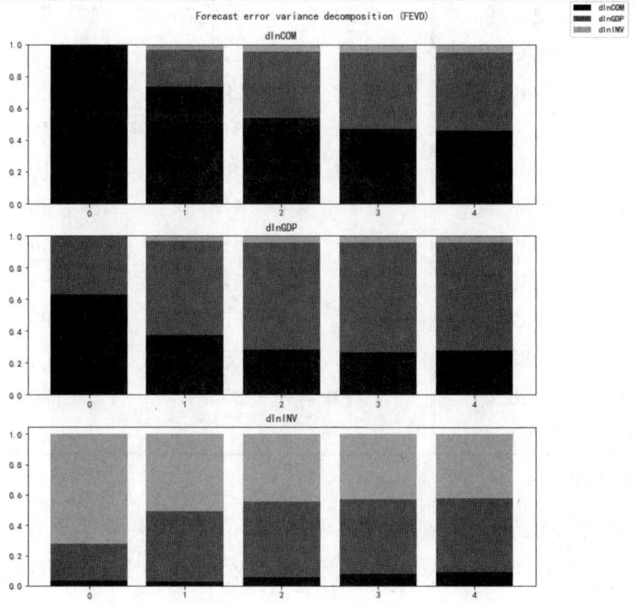

练习题

一、手工解答题（纸质作业）

1. 为何要考察序列之间的协整关系？单整和协整有何联系？
2. 试述误差修正模型的基本原理。
3. Granger 因果关系是真的"因果"关系吗？为什么？
4. 联立方程模型的适用范围是什么？有何优缺点？
5. 向量自回归模型有何优缺点？

二、软件计算题（电子作业）

1. 下表是某地区实际人均年消费支出 C（元）和人均年收入 Y（元）的数据。

年份	C	Y	年份	C	Y
1950	92.28	151.20	1971	151.20	274.08
1951	97.92	165.60	1972	163.20	286.68
1952	105.00	182.40	1973	165.00	288.00
1953	118.08	198.48	1974	170.52	293.52
1954	121.92	203.64	1975	170.16	301.92
1955	132.96	211.68	1976	177.36	313.80
1956	123.84	206.28	1977	181.56	330.12
1957	137.88	255.48	1978	200.40	361.44
1958	138.00	226.20	1979	219.60	398.76
1959	145.08	236.88	1980	260.76	491.76
1960	143.04	245.40	1981	271.08	501.00
1961	155.40	240.00	1982	290.28	529.20
1962	144.24	234.84	1983	318.48	522.72
1963	132.72	232.68	1984	365.40	671.16
1964	136.20	238.56	1985	418.92	811.80
1965	141.12	239.88	1986	517.56	988.44
1966	132.84	239.04	1987	577.92	1 094.64
1967	139.20	237.48	1988	655.76	1 231.80
1968	140.76	239.40	1989	756.24	1 374.60
1969	133.56	248.04	1990	833.76	1 522.20
1970	144.60	261.48			

分别取对数，得到 $\ln C$ 和 $\ln Y$：

（1）对 $\ln C$ 和 $\ln Y$ 进行平稳性检验。

（2）用 EG 两步检验法对 $\ln C$ 和 $\ln Y$ 进行协整性检验以及建立误差修正模型，并分析该模型的经济意义。

2. 下表是 1978—2003 年中国财政收入（Y，亿元）和税收（X，亿元）的数据，判断 $\ln Y$ 和 $\ln X$ 的平稳性。如果是同阶单整的，检验它们之间是否存在协整关系；如果是协整的，则建立相应的协整模型。

年度	Y	X	年度	Y	X
1978	1 132.26	519.28	1995	6 242.20	6 038.04
1980	1 159.93	571.70	1996	7 407.99	6 909.82
1985	2 004.82	2 040.79	1997	8 651.14	8 234.04
1989	2 664.90	2 727.40	1998	9 875.95	9 262.80
1990	2 937.10	2 821.86	1999	11 444.08	10 682.58
1991	3 149.48	2 990.17	2000	13 395.23	12 581.51
1992	3 483.37	3 296.91	2001	16 386.04	15 301.38
1993	4 348.95	4 255.30	2002	18 903.64	17 636.45
1994	5 218.10	5 126.88	2003	21 715.25	20 017.31

3. 经济理论指出，居民消费支出是其实际收入的函数。以中国国民核算中的居民消费支出经过居民消费价格指数缩减得到中国居民实际消费支出时间序列（*COM*）；以支出法 *GDP* 对居民消费价格指数缩减近似地代表国民收入时间序列（*GDP*）。

（1）请通过网络或统计年鉴查到 1978—2020 年我国 *COM* 和 *GDP* 的时间序列数据。

（2）分别画出 *COM* 和 *GDP* 的时间序列图，并将 *COM* 和 *GDP* 画在一张图中。

（3）检验 ln*COM* 与 ln*GDP* 的协整性，并建立长期均衡关系。

（4）建立误差修正模型。

（5）进行预测。

4. 请判断下列 VAR 模型是否满足平稳性条件：

$$(1)\quad \begin{bmatrix} y_{1t} \\ y_{2t} \end{bmatrix} = \begin{bmatrix} 0.3 \\ 0.5 \end{bmatrix} + \begin{bmatrix} 0.5 & 0.8 \\ 0.75 & -0.2 \end{bmatrix} \begin{bmatrix} y_{1,t-1} \\ y_{2,t-1} \end{bmatrix} + \begin{bmatrix} e_{1t} \\ e_{2t} \end{bmatrix}$$

$$(2)\quad \begin{bmatrix} y_{1t} \\ y_{2t} \end{bmatrix} = \begin{bmatrix} 0.3 \\ 0.5 \end{bmatrix} + \begin{bmatrix} 0.6 & -0.5 \\ 0.14 & -0.2 \end{bmatrix} \begin{bmatrix} y_{1,t-1} \\ y_{2,t-1} \end{bmatrix} + \begin{bmatrix} e_{1t} \\ e_{2t} \end{bmatrix}$$

5. 使用 QUARTERLY.XLS 文件数据估计工业生产和通货膨胀率需求变动的动态影响。

DATE	*FFR*	*Tbill*	Tb1*yr*	*r*5	*r*10	*CPI*	*indprod*	*RGDP*	*Curr*
1960Q1	3.93	3.87	4.57	4.64	4.49	29.40	23.93	2845.3	31.8
1960Q2	3.70	2.99	3.87	4.30	4.26	29.57	23.41	2832.0	31.9
1960Q3	2.94	2.36	3.07	3.67	3.83	29.59	23.02	2836.6	32.2
1960Q4	2.30	2.31	2.99	3.75	3.89	29.78	22.47	2800.2	32.6
1961Q1	2.00	2.35	2.87	3.64	3.79	29.84	22.13	2816.9	32.1
1961Q2	1.73	2.30	2.94	3.62	3.79	29.83	23.00	2869.6	32.1
1961Q3	1.68	2.30	3.01	3.90	3.98	29.95	23.74	2915.9	32.7
1961Q4	2.40	2.46	3.10	3.84	3.97	29.99	24.57	2975.3	33.4
…	…	…	…	…	…	…	…	…	…

用Δlip_t代表工业生产指数（*indprod*）对数变化，inf_t代表通货膨胀率（*CPI*）对数的变化，即

$$\Delta lip_t = \ln(indprod_t) - \ln(indprod_{t-1})$$

$$inf_t = \log(CPI_t) - \log(CPI_{t-1})$$

（1）判断Δlip_t和inf_t是否平稳。

（2）使用每个变量的三阶滞后期和一个常数估计两变量 VAR 模型，并保留残差。

（3）运行 Granger 因果检验，验证通货膨胀对工业生产的 Granger 因果关系以及工业生产对通货膨胀的 Granger 因果关系。

（4）对Δlip_t和inf_t进行预测误差的方差分解。

（5）证明工业生产的正向冲击会导致通货膨胀的增加，通货膨胀的正向冲击会导致工业生产的下降。从标准总供给和标准总需求的角度看，这个结果有意义吗？

6. 使用 QUARTERLY.XLS 文件的数据估计工业产品水平、失业率和利率相互之间的动态关系。其中s_t代表 10 年期利率与国库券利率差异的利率差（注：在 QUARTERLY. XLS 中，10 年期利率为 *r*10，国库券利率为（*Tbill*），Δlip_t为工业生产指数（*indprod*）对数的变化，Δur_t为失业率的季节性差异，即

$$\Delta\, lip_t = \ln(indprod_t) - \ln(indprod_{t-1})$$

$$\Delta\, ur_t = unemp_t - unemp_{t-1}$$

（1）用每个变量的滞后三期和一个常数项估计三变量 VAR，保存残差的值。

（2）确定s_t是否为导致Δlip_t的 Granger 原因，并得出 F 统计量和相伴概率 p 值。如何解释这一结果？

（3）证明s_t是导致Δur_t的 Granger 原因，并得出 F 统计量和相伴概率 p 值。

（4）求取预测误差方差分解结果。

（5）从Δlip_t、Δur_t和s_t模型中获取脉冲响应方程，并指出对工业产品的正向冲击导致失业率下降持续 6 个季度，然后，Δur_t会在回到 0 之前超过长期水平。

参考文献

[1] 李子奈，潘文卿. 计量经济学.2 版.北京：高等教育出版社，2005.

[2] 金赛男，苏良军. 经济计量最新发展及其在中国的应用：2005 年经济计量最新发展国际研讨会评述. 数量经济技术经济研究，2005（9）.

[3] 程振源. 时间序列分析：历史回顾与未来展望. 统计与决策, 2002（9）.

[4] 庞皓. 计量经济学.2 版. 北京：科学出版社，2010.

[5] 王斌会.数据统计分析及 R 语言编程.2 版.广州：暨南大学出版社，2017.

[6] 王斌会.多元统计分析及 R 语言建模.4 版.广州：暨南大学出版社，2016.

[7] 王斌会.计量经济学模型及 R 应用. 北京：北京大学出版社，广州：暨南大学出版社，2015.

[8] 侯雅文，王斌会.统计实验及 R 语言模拟.北京：北京大学出版社，广州：暨南大学出版社，2015.

[9] 王斌会，王术. Python 数据分析基础教程.北京：电子工业出版社，2018.

[10] 达摩达尔·N.古扎拉蒂. 计量经济学基础.费剑平，孙春霞，等译.北京：中国人民大学出版社，2005.

[11] 高铁梅.计量经济分析方法与建模：EViews 应用及实例.北京：清华大学出版社，2006.

[12] 于俊年. 计量经济学：精编本. 北京：对外经济贸易大学出版社，2009.

[13] 恩德斯.应用计量经济学：时间序列分析.2 版. 杜江，谢志超，译.北京：高等教育出版社，2006.

[14] Ruey S. Tsay.金融时间序列分析.3 版. 王远林，王辉，潘家柱，译.北京：人民邮电出版社，2012.

[15] Jonathan D. Cryer, Kung-Sik Chan.时间序列分析及应用：R 语言.2 版.潘红宇，等译.北京：机械工业出版社，2011.

[16] 王斌会，王术. Python 数据挖掘方法及应用.北京：电子工业出版社，2019.

In	np.corrcoef([x,y])　　　#应该不为 1
Out	array([[1.　　　, 0.9891846], [0.9891846, 1.　　　]])

【例2-6】（续例2-2）税收收入*TAX*和国内生产总值*GDP*的相关分析。

In	MEdata.GDP.corr(MEdata.TAX)
Out	GDP　TAX GDP　1.000000　0.998438 TAX　0.998438　1.000000
In	MEdata.GDP.corr(MEdata.TAX)　　# MEdata[['GDP','TAX']].corr().iloc[0,1]
Out	0.998438

这里 r 为正值，说明 1978—2018 年全国税收收入 *TAX* 与国内生产总值 *GDP* 呈现正的线性相关关系。至于相关系数 r 是否显著，尚需进行假设检验。

2. 相关系数的假设检验

样本相关系数 r 与其他统计量一样，也有抽样误差。从同一总体内抽取若干大小相同的样本，各样本的相关系数总有波动。要判断不等于 0 的 r 值是来自总体相关系数$\rho=0$的总体，还是来自$\rho\neq 0$ 的总体，必须进行显著性检验。

对例 2-6 数据的 r 进行 t 检验的步骤为：

（1）建立检验假设：H_0: $\rho=0$，H_1: $\rho\neq 0$，$\alpha=0.05$。

（2）计算相关系数 r 的 t 值：

$$t_r=\frac{r-\rho}{s_r}=\frac{r}{\sqrt{\frac{1-r^2}{n-2}}} \tag{2-29}$$

（3）计算 t 值和 P 值，作结论。

In	import scipy.stats as st #加载统计分析方法包
	st.pearsonr(MEdata.GDP,MEdata.TAX)

Out	(0.9984383269701248, 1.7488255912032586e-50)

根据上面的检验结果，GDP 与税收收入的相关系数为 0.998 4，相应的概率小于 2e-16，于是在 5%的显著水平上可以拒绝原假设，认为两者的相关系数显著地异于 0，即在α=0.05 水准上拒绝 H_0，接受 H_1，可认为 1978—2018 年我国税收收入与国内生产总值呈现正的线性关系。

二、多变量两两相关分析

任意两个变量间的相关系数构成的矩阵为：

$$R=\begin{bmatrix} r_{11} & r_{12} & \cdots & r_{1p} \\ r_{21} & r_{22} & \cdots & r_{2p} \\ \vdots & \vdots & & \vdots \\ r_{n1} & r_{n2} & \cdots & r_{np} \end{bmatrix}=\begin{bmatrix} 1 & r_{12} & \cdots & r_{1p} \\ r_{21} & 1 & \cdots & r_{2p} \\ \vdots & \vdots & & \vdots \\ r_{n1} & r_{n2} & \cdots & 1 \end{bmatrix}=(r_{ij})_{p\times p} \tag{2-30}$$

其中 r_{ij} 为任意两变量之间的简单相关系数。

$$r_{ij}=\frac{\sum(x_i-\bar{x}_i)(x_j-\bar{x}_j)}{\sqrt{\sum(x_i-\bar{x}_i)^2\sum(x_j-\bar{x}_j)^2}} \tag{2-31}$$

这里所说的多变量相关分析不是真正意义上的多元相关，只是两变量相关分析的推广，即对多个变量计算两两之间的线性相关系数。

【例 2-7】（续例 2-2）我国宏观经济数据的多因素相关分析。

首先我们给出变量两两间的矩阵散点图。

In
```
plt.figure(figsize=(15,15),dpi=80)
pd.plotting.scatter_matrix(MEdata);
```

Out

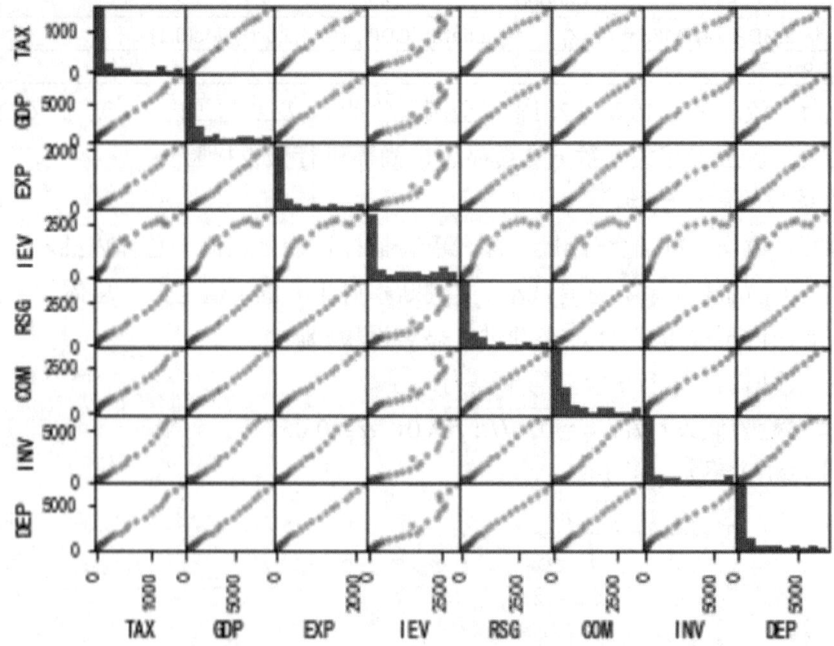

从上面矩阵的散点图可以看出，税收收入和国内生产总值、财政支出和进出口贸易总额等之间的线性关系都非常密切。

In
```
MEdata.corr().round(4)
```

Out

	TAX	GDP	EXP	IEV	RSG	COM	INV	DEP
TAX	1.0000	0.9984	0.9968	0.9708	0.9955	0.9952	0.9930	0.9967
GDP	0.9984	1.0000	0.9961	0.9713	0.9971	0.9986	0.9913	0.9984
EXP	0.9968	0.9961	1.0000	0.9510	0.9988	0.9960	0.9976	0.9983
IEV	0.9708	0.9713	0.9510	1.0000	0.9514	0.9616	0.9398	0.9597
RSG	0.9955	0.9971	0.9988	0.9514	1.0000	0.9983	0.9966	0.9989
COM	0.9952	0.9986	0.9960	0.9616	0.9983	1.0000	0.9911	0.9989
INV	0.9930	0.9913	0.9976	0.9398	0.9966	0.9911	1.0000	0.9939
DEP	0.9967	0.9984	0.9983	0.9597	0.9989	0.9989	0.9939	1.0000

从上面相关系数矩阵的计算结果可以看出，税收收入跟各因素的相关系数都很高（$r>0.9$）。

对其所作的假设检验等同于两两之间的相关系数检验，Python 没有直接产生多变量两两之间相关系数检验的命令，但可分别进行，如要检验 *TAX* 和 *EXP* 之间的线性相关，可写为 st.pearsonr(MEdata.TAX,MEdata.EXP)，依此类推，然而比较麻烦。这时我们可自己编写一个函数一次性全部完成检验。

2.2.2 偏相关分析

当我们研究某一种因素对另一种因素的影响或相关程度，把其他因素的影响排除在外，单独研究这两种因素之间的相关系数时，就要使用偏相关分析方法。偏相关程度用偏相关系数来衡量。换句话说，当有多个变量存在时，为了研究任意两个变量之间的关系，就要使与这两个变量有联系的其他变量都保持不变。即在控制其他一个或多个变量影响的前提下，计算两个变量的相关性。

一般地，在多个变量 y，x_1，x_2，…，x_p 之间，如果只考虑 y 与 x_i（i=1,2,...,p）之间的相关关系，而消除其他变量对它们的影响（或者说其他变量固定不变），这就是偏相关。在偏相关中，根据被固定变量的数目，可分为零阶偏相关、一阶偏相关、二阶偏相关、……、（p-1）阶偏相关。零阶偏相关就是前面所说的简单相关；一阶偏相关就是在考虑 y 与 x_i 的相关时，只固定一个变量 x_j（$j\neq i$），即消除了变量 x_j 的影响；二阶偏相关就是在考虑 y 与 x_i 的相关时，固定变量 x_i 以外的任意两个变量，即清除这两个变量的影响，其余各阶偏相关依此类推。

偏相关系数就是用来衡量偏相关程度的数量指标，例如：$r_{yx_1\cdot x_2}$ 为一阶偏相关系数，$r_{yx_1\cdot x_2x_3}$ 为二阶偏相关系数，$r_{yx_1\cdot x_2\cdots x_p}$ 为(p-1)阶偏相关系数。

一、偏相关系数的计算

1. 一阶偏相关系数的计算

以三个变量(y, x_1, x_2)为例来导出偏相关系数的计算公式：

（1）求在控制变量 x_2 下，y 与 x_1 的偏相关系数 $r_{yx_1\cdot x_2}$，可先做 y 对 x_2，x_1 对 x_2 的回归：

$$y = a+bx_2+e_1 = \hat{y}+e_1,$$

$$x_1= a+bx_2+e_2 = \hat{x}_1+ e_2,$$

于是 $e_1 = y - \hat{y}$，$e_2 = x_1 - \hat{x}_1$

e_1 和 e_2 分别是变量 y 和 x_1 中未被 x_2 解释的那部分变差（残差），即清除了 x_2 对 y 和 x_1 的影响后 y 和 x_1 的值。这两个残差之间的相关关系代表 y 和 x_1 之间的纯相关关系。

（2）求 $r_{yx_1\cdot x_2}$：

$$r_{yx_1\cdot x_2} = r_{e_1\cdot e_2} = \frac{\Sigma(e_1-\bar{e}_1)(e_2-\bar{e}_2)}{\sqrt{\Sigma(e_1-\bar{e}_1)^2\,\Sigma(e_2-\bar{e}_2)^2}} = \frac{\Sigma e_1e_2}{\sqrt{\Sigma e_1^2\,\Sigma e_2^2}}$$

这里 $\bar{e}_1 = \bar{e}_2 = 0$，且

$$\Sigma e_1e_2 = \Sigma(x_1-\bar{x}_1)^2(r_{y_1}-r_{y_2}r_{12})$$

$$\Sigma e_1^2 = \Sigma(y_1 - \overline{y})^2(1 - r_{y_2}^2)，\quad \Sigma e_2^2 = \Sigma(x_1 - \overline{x}_1)^2(1 - r_{12}^2)$$

于是求得一阶偏相关系数 $r_{yx_1 \cdot x_2}$ 的计算公式如下：

$$r_{y_1 \cdot 2} = \frac{r_{y_1} - r_{y_2} \cdot r_{12}}{\sqrt{(1 - r^2_{y_2})(1 - r^2_{12})}}$$

将上式的下标作代换(1⇒2，2⇒1)，就可得到：

$$r_{y_2 \cdot 1} = \frac{r_{y_2} - r_{y_1} \cdot r_{12}}{\sqrt{(1 - r^2_{y_1})(1 - r^2_{12})}}$$

若 i，j，k 代表变量$\{x_1,x_2,\ldots,x_m\}$中任意三种不同的变量，则有一阶偏相关系数如下：

$$r_{ij \cdot k} = \frac{r_{ij} - r_{ik} \cdot r_{jk}}{\sqrt{(1 - r^2_{ik})(1 - r^2_{jk})}}$$

式中：r_{ij}、r_{ik}、r_{jk} 为简单相关系数，逐次使用递归公式可得各种一阶偏相关系数。

2. 多阶偏相关系数的计算

一般来说，多个变量 y 与 x_1，x_2，…，x_p，对于 y 与 x_j (j=1,2,…,p)的(p-1)阶偏相关系数有如下递推公式：

$$r_{yj \cdot ck} = \frac{r_{yj \cdot c} - r_{yk \cdot c} \cdot r_{jk \cdot c}}{\sqrt{(1 - r^2_{yk \cdot c})(1 - r^2_{jk \cdot c})}} \tag{2-32}$$

用该公式就可以得到任意阶的偏相关系数。其中，c 是其余变量的任意子集合。

二、偏相关系数的假设检验

偏相关系数的假设检验类似于简单相关系数的 t 检验，所用公式为：

$$t = \frac{r}{\sqrt{(1 - r^2)/(n - p - 1)}} \sim t(n - p - 1) \tag{2-33}$$

式中 r 为偏相关系数，n 为样本含量，p 为变量个数。当 p =1 时即为两变量简单相关系数的 t 公式。

Python 中计算偏相关的函数来自 pingouin 包。

【例 2-8】我国宏观经济数据的偏相关分析。

（1）零阶偏相关（简单相关）。

考察 *TAX* 与 *GDP* 之间的关系。

In	import pingouin as pg #导入偏相关分析库 MEdata.partial_corr(x='TAX',y='GDP') #等价于简单相关
Out	n r CI95% r2 adj_r2 p-val BF10 power pearson 41 0.9984 [1.0, 1.0] 0.9969 0.9967 1.7467e-50 4.958e+45 1.0

从中可以看出，*TAX* 与 *GDP* 之间的零阶偏相关就是简单相关，系数为 0.998 4，有显著的统计意义（$p < 0.01$）。

（2）一阶偏相关。

控制一个变量——财政支出（*EXP*），考察 *TAX* 与 *GDP* 之间的关系。

In	MEdata.partial_corr(x='TAX',y='GDP',covar='EXP') #基于 EXP 的一阶偏相关
Out	n r CI95% r2 adj_r2 p-val BF10 power pearson 41 0.7824 [0.63, 0.88] 0.6121 0.5917 1.5233e-09 8.474e+06 1.0

从中可以看出，在控制了 *EXP* 情况下，*TAX* 与 *GDP* 之间的一阶偏相关系数为 0.782 4，有显著的统计意义（$p < 0.01$）。

（3） 二阶偏相关。

控制两个变量——财政支出（*EXP*）和进出口贸易总额（*IEV*），考察 *TAX* 与 *GDP* 之间的关系。

In	MEdata.partial_corr(x='TAX',y='GDP',covar=['EXP','IEV']) #基于 EXP 和 IEV 的二阶偏相关
Out	n r CI95% r2 adj_r2 p-val BF10 power pearson 41 -0.1882 [-0.47, 0.13] 0.0354 -0.0153 0.2387 0.381 0.2201

从中可以看出，在控制了 *EXP* 和 *IEV* 的情况下，*TAX* 与 *GDP* 之间的二阶偏相关系数为-0.188 2，没有统计显著性（$p > 0.05$）。

2.2.3 复相关分析

以上都是在把其他变量的影响完全排除在外的情况下研究两个变量之间的相关关系。但是在实际分析中，一个变量的变化往往要受到多个变量的综合影响，这时就需要采用复相关分析方法。所谓复相关，就是研究多个变量同时与某个变量之间的相关关系，度量复相关程度的指标是复相关系数，有时也称多元相关系数或多变量相关系数。

设因变量为 y，自变量为 $x_1, x_2, \ldots, x_p$,假定回归模型为：

$$y=b_0+b_1x_1+b_2x_2+\ldots+b_px_p+e$$

$$\hat{y}=b_0+b_1x_1+b_2x_2+\ldots+b_px_p$$

对 y 与 $x_1, x_2,\ldots, x_p$ 进行线性相关分析，就是对 y 与 $\hat{y}$ 作相关分析，记 $r_{y\cdot x_1x_2\cdots x_p}$ 为 y 与 $x_1, x_2, \ldots, x_p$ 的复相关系数，而 $r_{y\cdot\hat{y}}$ 可以看作 y 与 $\hat{y}$ 的简单相关系数。于是 y 与 $x_1, x_2, \ldots, x_p$ 的复相关系数计算公式为：

$$R=r_{y\cdot x_1x_2\cdots x_p}=r_{y\cdot\hat{y}}=\sqrt{\frac{\sum(\hat{y}_i-\bar{y})^2}{\sum(y_i-\bar{y})^2}}=\sqrt{\frac{SS_R}{SS_T}} \tag{2-34}$$

复相关系数反映了一个变量与另一组变量关系密切的程度。复相关系数的假设检验等价于多元线性回归模型的检验结果，因此不必再单独作假设检验。

从复相关系数的公式我们可以看到，复相关系数是拟合优度或可决系数的开方，或者说可决系数是复相关系数的平方。在类似多元回归分析这类问题中，研究者常常希望知道因变量与一组自变量间的相关程度，即复相关程度，如分析税收收入与国内生产总值和财政支出等指标间的相关程度。再看公式 R 根号里的分式，它实际上就是回归离差平方和与总离差平方和的比值，反映了回归贡献的百分比值：

$$R^2=\frac{SS_R}{SS_T} \tag{2-35}$$

R^2 正是我们前面说的模型的可决系数与拟合优度。R^2 在评价多元回归方程、变量选择、曲线回归方程拟合的好坏程度中常会用到。

【例 2-9】我国宏观经济数据的复相关分析。

In	fm=smf.ols('TAX~GDP+EXP+IEV+RSG+COM+INV+DEP',MEdata).fit() R2=fm.rsquared;R2
Out	0.9996
In	R=np.sqrt(R2);R
Out	0.9998
In	lmplot(fm)
Out	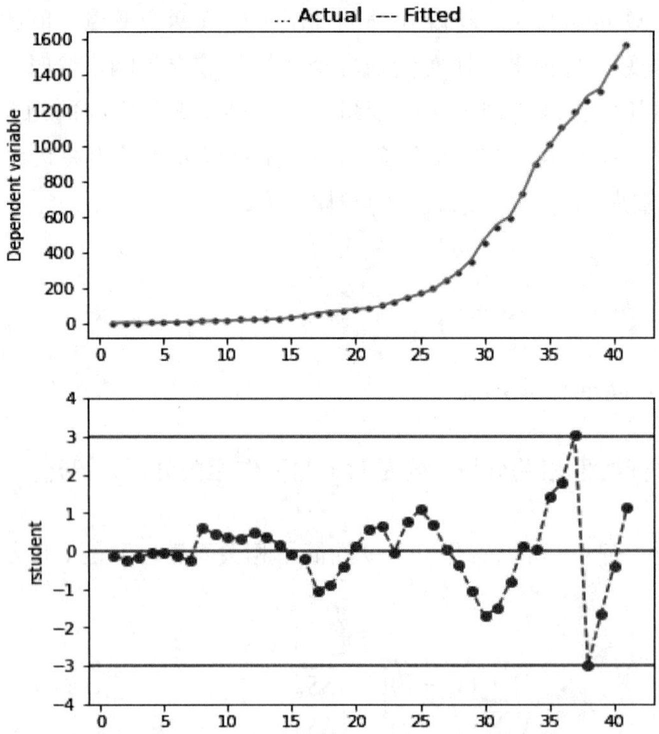

由于 R^2 接近 1，故从该模型的拟合优度看，拟合效果还是很好的。

2.3 含虚拟变量回归模型

在回归分析中，被解释变量的影响因素除了量（或定量）的因素外还有质（或定性）的因素，这些定性的因素可能会使回归模型中的参数发生变化。为了估计定性变量产生的影响，就需要在模型中引入一种特殊的变量——虚拟变量。

2.3.1 虚拟变量及其作用

一、问题

在计量经济模型中如何反映定性因素影响？如经济计量分析中的政策因素、心理因素，经济增长分析中的地区差异因素，产品销售分析中的季节因素、消费习惯因素等。

二、定义

许多经济变量是可以定量度量的，如商品需求量、价格、收入、产量等，但也有一些影响经济变量的因素无法定量度量，如职业、性别对收入的影响，战争、自然灾害对国内生产总值的影响，季节对某些产品（如冷饮）销售的影响等。

为了能在模型中反映这些因素的影响，并提高模型的精度，需要将它们“量化”。

用以描述定性因素影响而只取数值 0 和 1 的人工变量为“虚拟变量”（dummy variable，哑变量），一般用符号 D 表示。

$$D=\begin{cases}1 & \text{宽松政策}\\0 & \text{紧缩政策}\end{cases} \tag{2-36}$$

三、作用

引入虚拟变量的作用在于将定性因素或属性因素对因变量的影响数量化。

（1）可以描述和测量定性（或属性）因素的影响。

（2）能够正确反映经济变量之间的相互关系，提高模型的精度，例如，可设置虚拟变量：$D=0$（不发达地区），$D=1$（发达地区）。

（3）为了便于处理异常数据，设置虚拟变量（即将异常数据视作一个特殊的定性因素）。例如，可设置虚拟变量：$D=0$（正常时期），$D=1$（异常时期）。

2.3.2 虚拟变量的设置方式

一、加法方式

形式：将虚拟变量 D 作为一个解释变量直接引入模型。例如，家庭教育费用支出模型中：

$$y = a + bx + \alpha D + \varepsilon \tag{2-37}$$

$$D = \begin{cases} 1 & \text{有适龄子女} \\ 0 & \text{无适龄子女} \end{cases}$$

$y = a + bx + \alpha D + \varepsilon$ 的等价形式：

D=0 时，$y=a+bx+\varepsilon$

D=1 时，$y=(a+\alpha)+bx+\varepsilon$

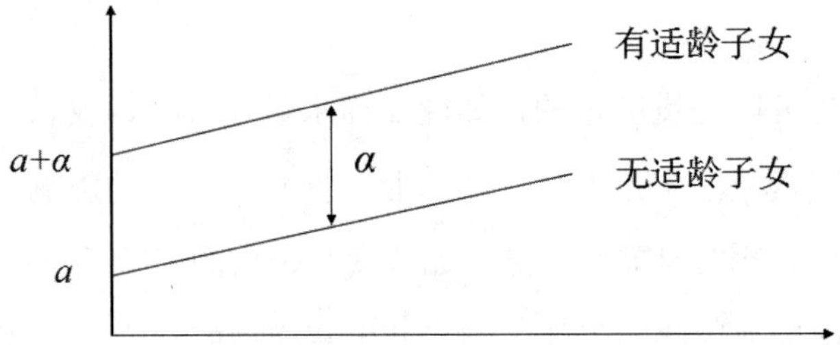

作用：以加法方式引入虚拟变量，可以反映定性因素对截距的影响，系数 α 描述了两类支出函数的平均差异程度。

二、乘法方式

形式：将虚拟变量 D 乘以解释变量，再引入模型。例如，家庭教育费用支出模型中：

$$y = a + bx + \beta xD + \varepsilon \tag{2-38}$$

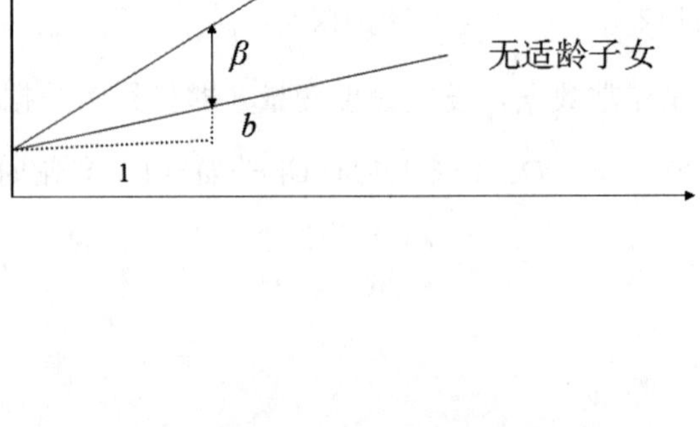

其等价形式：

$$D=0\text{ 时，}\quad y=a+bx+\varepsilon$$

$$D=1\text{ 时，}\quad y=a+(b+\beta)x+\varepsilon$$

作用：以乘法方式引入虚拟变量，反映定性因素对斜率的影响，系数 β 描述了两类支出函数边际消费倾向的差异程度。

三、一般方式引入虚拟变量

用不同方式引入虚拟变量将会反映出不同的影响效果，因此设置虚拟变量时，最好先根据散点图或经济分析，大致判断定性因素的影响类型（是影响截距还是影响斜率），然后再用加法方式或乘法方式在模型中引入虚拟变量。

在实际中，对多因素的分析往往事先难以确定定性因素的影响类型。因此，一般是直接用加法和乘法方式引入虚拟变量，然后再利用 t 检验判断其系数是否显著地不等于零，进而确定虚拟变量的具体引入方式。

2.3.3 虚拟变量的特殊应用

一、调整季节波动

利用季节或月份资料建立模型时，常常存在着季节波动。使用虚拟变量也可以反映季节因素的影响。

例如，利用月度数据分析某公司利润 Y 与销售收入 X 之间的相互关系时，如果仅想了解上半年和下半年利润的不同，可引入一个虚拟变量 D：

$$D=\begin{cases}1 & \text{上半年}\\ 0 & \text{下半年}\end{cases}$$

而要研究四个季节对利润的季节性影响，则需引入三个虚拟变量（设第一季度为基础类型）：

$$D_2=\begin{cases}1 & \text{第二季度}\\ 0 & \text{其他}\end{cases}\qquad D_3=\begin{cases}1 & \text{第三季度}\\ 0 & \text{其他}\end{cases}\qquad D_4=\begin{cases}1 & \text{第四季度}\\ 0 & \text{其他}\end{cases}$$

建立利润函数为：

$$Y_t=b_0+b_1X_t+a_1D_{2t}+a_2D_{3t}+a_3D_{4t}+\varepsilon_t$$

模型中的 b_0、b_1、a_1、a_2、a_3 分别反映了第一、二、三、四季度对该公司利润的平均影响程度，根据这些系数的 t 检验可以判断季节因素对利润是否存在着显著影响。若 a_1（或 a_2、a_3）显著地不为 0，则表示第二（或第三、四）季度对公司的利润有显著影响；若 a_1（或 a_2、a_3）显著地为 0，则表示第二（或第三、四）季度对公司的利润没有显著影响。

二、检验模型结构的稳定性

利用不同的样本数据估计同一形式的计量经济模型，可能会得到不同的估计结果。若估计的参数之间存在着显著差异，则认为模型结构是不稳定的；反之，则认为是稳定的。模型结构的稳定性检验主要有两个用途：一是分析模型结构对样本变化的敏感性；二是比较两个或多个模型之间的差异，分析模型是否发生了变化。

例如，利用我国改革开放前后的统计资料分别建立储蓄函数，通过比较两个时期的回归模型，可以分析改革开放前后我国居民的储蓄行为是否发生了明显变化；又如，利用我国发达地区和不发达地区的国内生产总值和投资的数据分别建立经济增长模型，可以比较不同地区的投资对经济增长的影响。

三、分段回归

在实际经济问题的研究中，有些经济关系需要分段回归加以描述，当解释变量 X 低于某个已知的临界水平 X^*时，Y 与 X 之间呈现线性关系；而 X 大于 X^*时，Y 与 X 之间呈现另外一种关系。

例如，某公司的奖金与员工销售量有关，规定超过某个水平（如 100 件）时，将大幅度提高奖金。

四、混合回归

混合回归即采用混合样本资料估计模型。也就是在建立计量经济模型时，如果能同时获得变量的时序数据和截面数据，只要模型参数不随时间改变，并且在各个截面之间没有差异，即可使用混合样本估计模型。

基本操作步骤如下：

（1）分别估计两个不同时间的样本回归模型；

（2）通过引入一个虚拟变量来检验两个不同时间的模型是否存在显著差异；

（3）若两个模型没有显著差异，则可合并两个不同时间的样本资料为一个样本资料。

【例 2-10】例如，全国税收收入与进出口贸易总额有很大关系，但从散点图上可以看到，自 1992 年邓小平南方谈话以来，我国经济进入快车道，从 1993 年开始国内生产总值和税收收入都有大幅度提升，1993 年以前的 *GDP* 对 *TAX* 的影响明显不如 1993 年以后的影响大。

In
```
T=Medata.index    #获取年份变量= np.arange(1978,2019,1)
plt.plot(T,MEdata.GDP,'o'); plt.xlabel('T');plt.ylabel('GDP');
plt.axvline(x=1993,linestyle='--');
```

Out

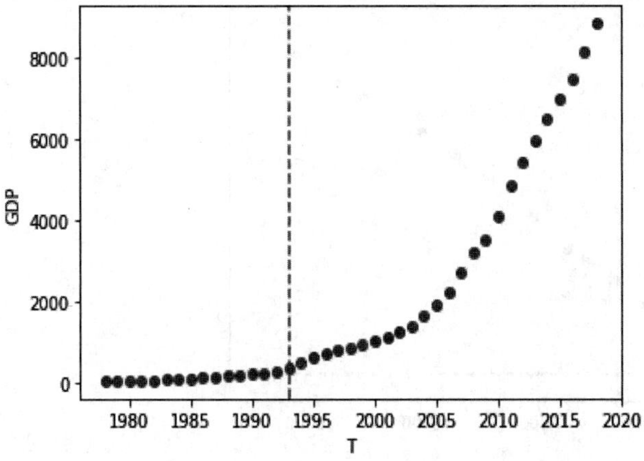

In

```
plt.plot(T,MEdata.TAX,'o'); plt.xlabel('T');plt.ylabel('TAX');
plt.axvline(x=1993,linestyle='--');
```

Out

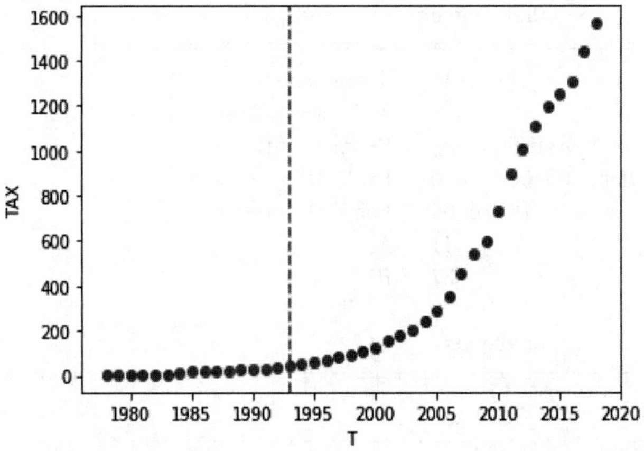

这时，时间变量 T（1993 年为转折期）可以设如下虚拟变量：

$$D=\begin{cases} 0 & T \leqslant 1993 \\ 1 & T > 1993 \end{cases}$$

In

```
D=[1 if i>1993 else 0 for i in T]; print(D)
```

Out

```
[0 0 0 0 0 0 0 0 0 0 0 0 0 0 0 0 1 1 1 1 1 1 1 1 1 1 1 1 1 1 1 1 1 1 1 1 1 1 1 1]
```

In

```
Ti=MEdata[MEdata.index==1993];
plt.plot(MEdata.GDP,MEdata.TAX,'o')
plt.axhline(y=Ti.TAX.values,linestyle='--')
plt.axvline(x=Ti.GDP.values,linestyle='--');
```

Out

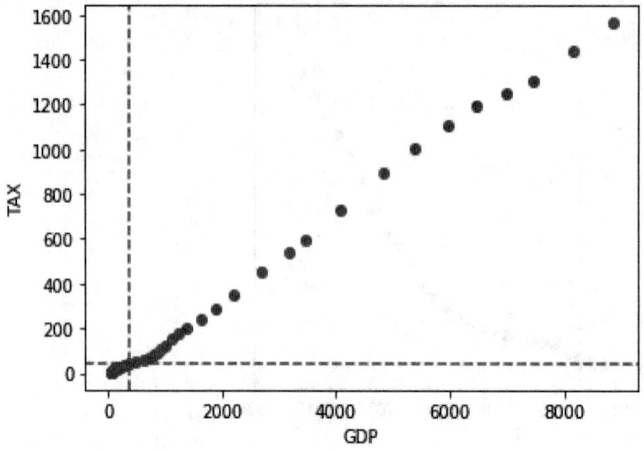

则税收的回归模型可建立如下：

In

```
MEdata['GDP*D']=D*MEdata.GDP
smf.ols('TAX~GDP+GDP*D',MEdata).fit().summary()
```

Out

```
                            OLS Regression Results
==============================================================================
Dep. Variable:                    TAX   R-squared:                       0.999
Model:                            OLS   Adj. R-squared:                  0.999
Method:                 Least Squares   F-statistic:                    8988.0
Date:                Mon, 05 Oct 2020   Prob (F-statistic):           5.32e-53
Time:                        16:16:04   Log-Likelihood:                -175.20
No. Observations:                  41   AIC:                             358.4
Df Residuals:                      37   BIC:                             365.3
Df Model:                           3
Covariance Type:            nonrobust
==============================================================================
                 coef    std err          t      P>|t|      [0.025      0.975]
------------------------------------------------------------------------------
Intercept      2.8797      7.874      0.366      0.717     -13.075      18.834
GDP            0.1210      0.050      2.420      0.021       0.020       0.222
D            -58.0295      9.812     -5.914      0.000     -77.911     -38.148
GDP:D          0.0663      0.050      1.326      0.193      -0.035       0.168
==============================================================================
Omnibus:                        9.176   Durbin-Watson:                   0.422
Prob(Omnibus):                  0.010   Jarque-Bera (JB):                9.479
Skew:                           0.758   Prob(JB):                      0.00874
Kurtosis:                       4.802   Cond. No.                     1.96e+04
==============================================================================
```

则两时期进口消费品函数分别为：

当 $T \leqslant 1993$，$D=0$ 时，

$TAX = 2.879\,7 + 0.1210\ GDP$

当 $T > 1993$，$D=1$ 时，

$TAX = 2.879\,7 + 0.121\,0\ GDP - 58.029\,5 + 0.066\,3\ GDP$

$= -55.149\,8 + 0.187\,3\ GDP$

In
```
TAX0=2.8786+0.1210*MEdata.GDP;
TAX1=-55.1498+0.1873*MEdata.GDP
plt.plot(MEdata.GDP,TAX0,'-.',MEdata.GDP,TAX1,'-');
plt.legend(labels=['<=1993','>1993']);
plt.ylabel('TAX');plt.xlabel('GDP');
```

Out

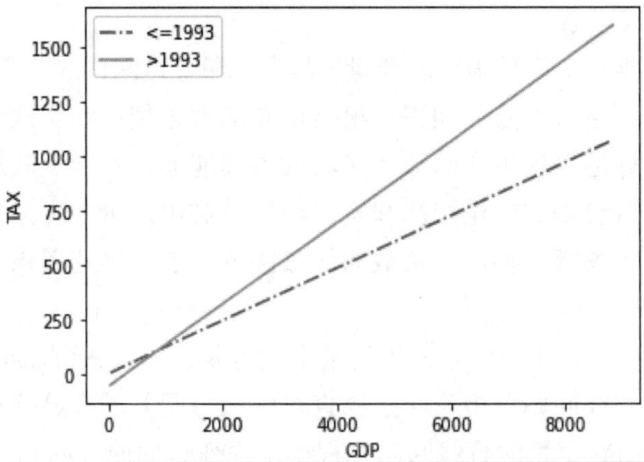

显然，1993 年前后税收收入受国内生产总值影响的趋势是不相同的。

2.4 简单非线性回归分析

在实际经济活动中，经济变量的关系是复杂的，直接表现为线性关系的情况并不多见。如著名的恩格尔曲线（Engle curves）表现为幂函数曲线形式，著名的柯布—道格拉斯生产函数（Cobb-Douglas，简称 C-D 生产函数）就是幂函数乘积的非线性模型，宏观经济学中的菲利普斯曲线（Phillips cruves）表现为双曲线形式等。

例如，描述税收与税率关系的拉弗曲线（Laffer curves）是一个抛物线：

$$S = \alpha + \beta r + \gamma r^2 \qquad (2\text{-}39)$$

其中 S 为税收，r 为税率，$c < 0$。

又如，C-D 生产函数就是一个幂函数：

$$Y = AK^{\alpha}L^{\beta} \qquad (2\text{-}40)$$

其中 Y 为产出量，K 为投入的资本，L 为投入的劳动力。

但是，大部分非线性关系又可以通过一些简单的数学处理，使之化为数学上的线性关系，从而可以运用线性回归的方法进行计量经济学方面的处理。

如在拉弗曲线中设 $X_1 = r$，$X_2 = r^2$，则原方程变换为：$S = a + b X_1 + c X_2$，就变成二元线性模型。而对 C-D 生产函数方程两边取对数：$\ln Y = \ln A + \alpha \ln K + \beta \ln L$，模型就变成线性的了。

2.4.1 简单非线性回归模型

一、可化为线性模型的非线性回归模型

曲线回归分析的基本任务是通过两个相关变量 x 与 y 的实际观测数据建立曲线回归方程，以揭示 x 与 y 之间的曲线联系。

曲线回归分析最困难和首要的工作是确定因变量 y 与自变量 x 之间曲线关系的类型。通常通过两个途径来确定：①利用有关专业知识，根据已知的理论规律和实践经验来确定。例如，幂函数的形式能较好地表现生产函数；多项式方程能够较好地反映总成本与总产量之间的关系等。②若没有已知的理论规律和实践经验可利用，可在直角坐标系作散点图，观察实测点的分布趋势与哪一类已知函数曲线最接近，然后再选用该函数关系式来拟合数据。

对于可直线化的曲线函数类型，曲线回归分析的基本过程是：先将 x 和（或）y 进行变量转换；然后对新变量进行直线回归分析——建立直线回归方程并进行显著性检验；最后将新变量还原为原变量，由新变量的直线回归方程得出原变量的曲线回归方程。

还有一种情况是找不到较接近数据分布趋势的已知函数曲线，这时可利用多项式回归，通过逐渐增加多项式的高次项来拟合，直到满意为止。

二、可直线化的曲线类型

1. 对数函数模型 $y=a+b\log x$

In

```
random.seed(1234)
n=30
x=np.arange(1,31,1)
e=np.random.normal(0,1,n)      #随机误差项
y=3+10*np.log(x)
plt.plot(x,y+e,'o',x,y);
plt.ylabel('y=3+10*log(x)+e');plt.xlabel('x');
```

Out

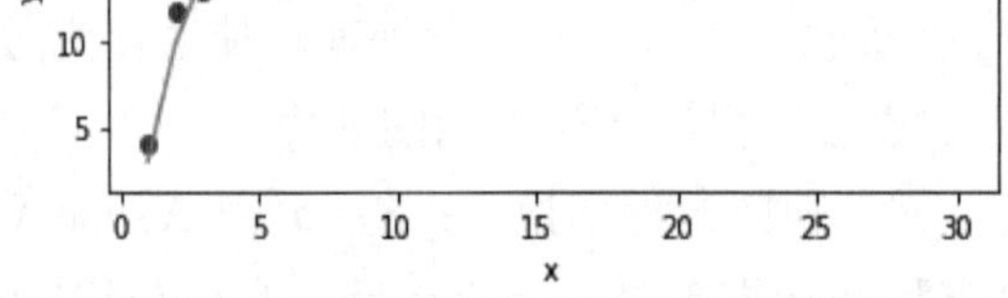

对数函数模型的特点是随着 x 的增大，x 的单位变动对因变量 y 的影响效果不断递减。令 $x'=\log x$，则将其直线化为 $y=a+bx'$。

2. 指数函数模型 $y=ae^{bx}$ 或 $y=ae^{b/x}(a>0)$

In
```
y=0.1*np.exp(0.2*x)
plt.plot(x,y+e,'o',x,y);
plt.ylabel('y=0.1*exp(0.2*x)');plt.xlabel('x');
```
Out

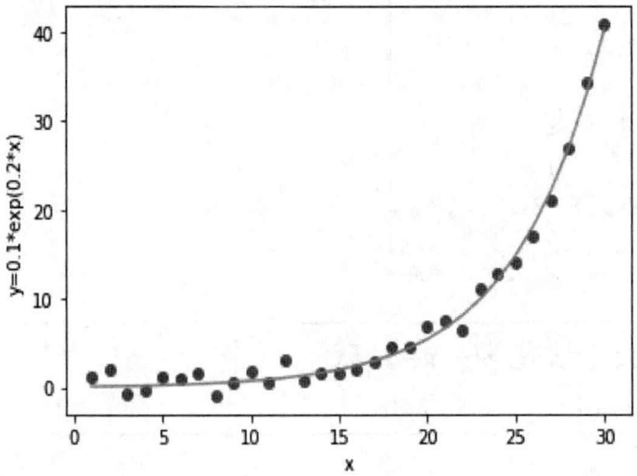

指数函数模型被广泛应用于描述客观现象的变动趋势。例如产值、产量按一定比率增长或降低，就可以用这类函数近似地表示。

若对指数函数 $y=ae^{bx}$ 两端求自然对数，得：$\log y=\log a+bx$，并令 $y'=\log y$，$a'=\log a$，则可将其直线化为：$y'=a'+bx$。

3. 幂函数 $y=ax^b$

In
```
y=-0.03*x**2
plt.plot(x,y+e,'o',x,y);
plt.ylabel('y=-0.03*x^2');plt.xlabel('x');
```
Out

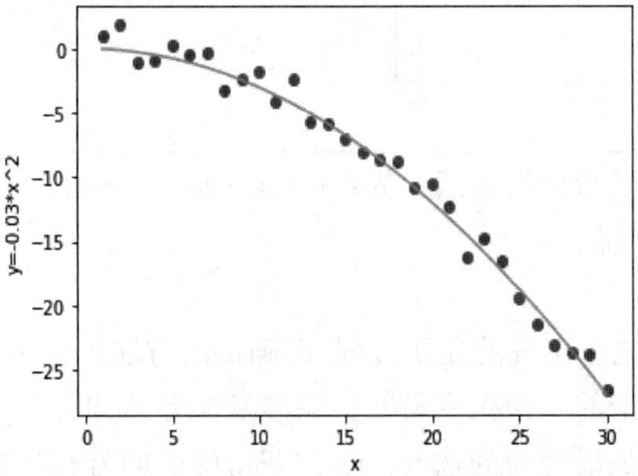

这类函数模型的特点是，模型中的参数可以直接反映因变量 y 对于某一个自变量的弹性。所谓 y 对于 x 的弹性，是指 x 变动 1%时所引起的 y 变动的百分比。

若对幂函数 $y=ax^b$ 两端求自然对数，得：$\log y=\log a+b\log x$，并令 $y'=\log y$，$a'=\log a$，$x'=\log x$，则可将幂函数直线化为：$y'=a'+bx'$。

4. 双曲线函数模型 $y=a+b/x$

In
```
y=1+30/x
plt.plot(x,y+e,'o',x,y);
plt.ylabel('y=1+30/x');plt.xlabel('x');
```

Out

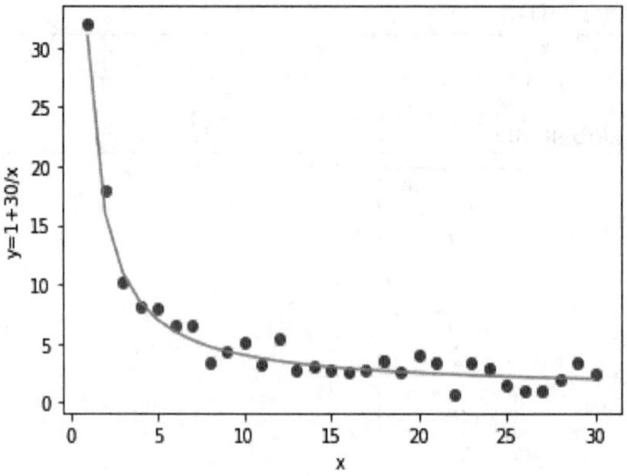

若令 $x'=1/x$，则可将双曲线函数直线化为：$y=a+bx'$。

5. 二次函数曲线模型 $y=a+bx+cx^2$

In

```
y=1+0.5*x+0.03*x**2
plt.plot(x,y+e,'o',x,y);
plt.ylabel('y=1+0.5*x+0.03*x^2');plt.xlabel('x');
```

Out

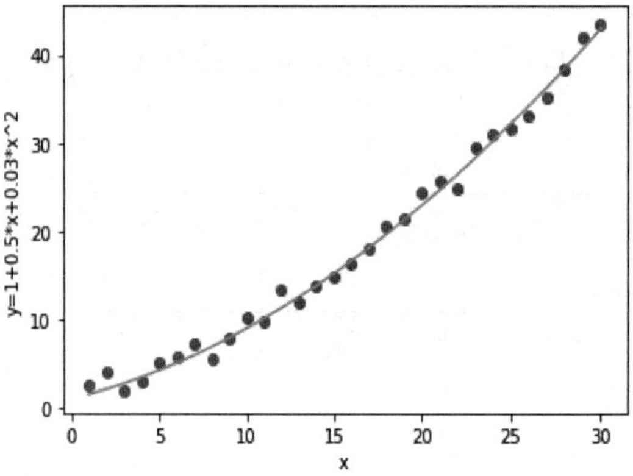

若令 $x_1=x$，$x_2=x^2$，则可将二次函数曲线直线化为：$y=b_0+b_1x_1+b_2x_2$。

同理也可对多项式函数进行直线化。

三、曲线回归模型的具体应用

曲线回归处理的关键在于如何选择正确的曲线方程，而确定的方法可以是经验的（根据实际观测结果的表现形式）或理论的（根据变量间关系涉及的专业知识）。一般而言，根据已知理论确定曲线方程形式总是最理想的选择，由此获得的回归方程中的有关参数一般具有明确的物理意义。但是这种方法明显不适用于经济分析，原因在于：一是两个经济变量间的真实关系太复杂，研究者很难从理论上推导出类似的函数关系；二是同样的方程模型由于对象、环境、时间等的改变，所适用的范围和程度也有所不同。以往在面对此类问题时，人们通常只能凭经验（关于不同函数曲线形式的经验）和实际观测结果（散点图中数据点的分布形式）来确定方程形式，在此基础上再作拟合得到回归方程。如此一来，不但计算量极大，而且加入研究者的主观成分太多，无法在经济研究中大规模应用。

选择最优化模型的标准:

（1）根据以上可替换模型，分别建立各自转化后的曲线模型。

（2）分析各模型的 F 检验值，看各方程是否达到显著或极显著，剔除那些不显著的模型。

（3）对表现为显著或极显著的模型，检查模型系数的 t 检验值，不显著的也予以剔除。

（4）再列表比较模型决定系数 R^2 值的大小，R^2 值越大的，表示经该代换后，曲线关系越密切。这里 R^2 相当于直线化变量的相关系数平方。

（5）选取 R^2 值最大的模型作为最优化模型。

在这过程中，模型的 R^2 值与模型系数 t 检验的计算可借助统计分析软件（如 Python）来完成。这样不仅大大减少了研究者的工作量，而且提高了计算结果的准确度，增强了最后选择的客观性。

【例 2-11】 考察 1978—2018 年我国宏观经济数据中税收收入 *TAX* 的增长趋势。

In
```
y=MEdata['TAX']; y.plot();
```

Out

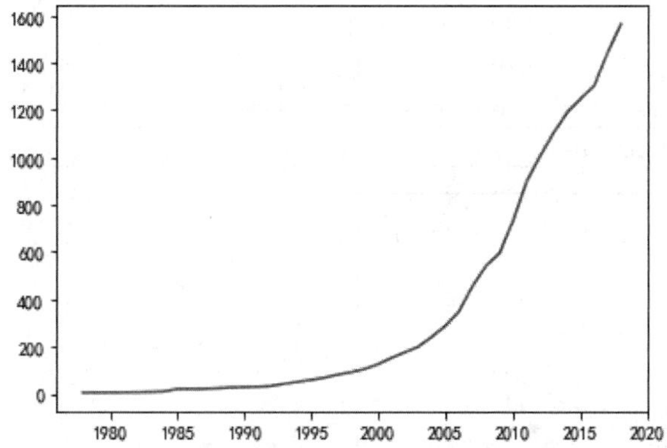

从上图可以看出，改革开放以来，我国的税收收入呈快速增长态势，可拟合二次多项式、指数、对数和幂函数曲线等方程。下面分别拟合这些曲线来显示可化为直线的非线性回归方程的求法。

1. 直线回归

In
```
import statsmodels.api as sm      #导入线性回归库
t=MEdata.index      #年份序列 1978—2018
x1=t-1977    #通常为建模方便，设置自变量为 1~41 序列
fm1=sm.OLS(y,sm.add_constant(x1)).fit()
print(fm1.summary())
```

Out

```
                            OLS Regression Results
==============================================================================
Dep. Variable:                    TAX   R-squared:                       0.734
Model:                            OLS   Adj. R-squared:                  0.728
Method:                 Least Squares   F-statistic:                     107.8
Date:                Tue, 10 Mar 2020   Prob (F-statistic):           8.74e-13
Time:                        19:05:18   Log-Likelihood:                -283.18
No. Observations:                  41   AIC:                             570.4
Df Residuals:                      39   BIC:                             573.8
Df Model:                           1
Covariance Type:            nonrobust
==============================================================================
                 coef    std err          t      P>|t|      [0.025      0.975]
------------------------------------------------------------------------------
const       -362.6919     78.860     -4.599      0.000    -522.201    -203.183
x1            33.9687      3.272     10.383      0.000      27.351      40.586
==============================================================================
Omnibus:                        6.409   Durbin-Watson:                   0.037
Prob(Omnibus):                  0.041   Jarque-Bera (JB):                2.748
Skew:                           0.332   Prob(JB):                        0.253
Kurtosis:                       1.919   Cond. No.                         49.2
==============================================================================
```

In

```
plt.plot(t,y,'o');plt.plot(t,fm1.fittedvalues);
```

Out

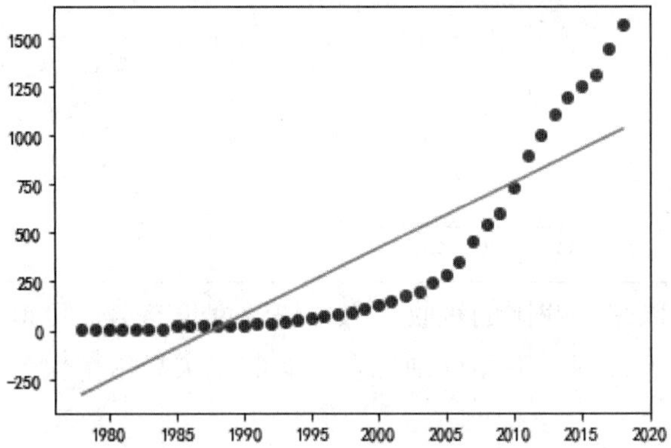

该模型的拟合优度 R^2 = 0.734，说明拟合的效果不是很好。从散点图上也可以看到，虽然模型和回归系数都是显著的，但数据点与直线并不吻合。

2. 对数法

对数类型用方程 $y=a+b\log x$ 生成趋势线，其中，log(.)是以 e(约为 2.718）为底数的自然对数函数。因为 log 函数的定义域 x 为正值，所以数据集中解释变量的值必须为正值。作变换 $x_1=\log x$，则将其直线化为 $y=a+bx_1$，变换后的数据散点图有明显的直线趋势，可做直线回归，经计算得：

In

```
x1=np.log(x)
fm2=sm.OLS(y,sm.add_constant(x1)).fit()
print(fm2.summary())
```

Out

```
                            OLS Regression Results
==============================================================================
Dep. Variable:                    TAX   R-squared:                       0.407
Model:                            OLS   Adj. R-squared:                  0.392
Method:                 Least Squares   F-statistic:                     26.75
Date:                Tue, 10 Mar 2020   Prob (F-statistic):           7.26e-06
Time:                        19:07:52   Log-Likelihood:                -299.65
No. Observations:                  41   AIC:                             603.3
Df Residuals:                      39   BIC:                             606.7
Df Model:                           1
Covariance Type:            nonrobust
==============================================================================
                 coef    std err          t      P>|t|      [0.025      0.975]
------------------------------------------------------------------------------
const       -611.8753    194.878     -3.140      0.003   -1006.054    -217.697
x1           346.0677     66.909      5.172      0.000     210.731     481.405
==============================================================================
Omnibus:                        6.207   Durbin-Watson:                   0.042
Prob(Omnibus):                  0.045   Jarque-Bera (JB):                6.171
Skew:                           0.930   Prob(JB):                       0.0457
Kurtosis:                       2.607   Cond. No.                         10.9
==============================================================================
```

In

```
plt.plot(t,y,'o');plt.plot(t,fm2.fittedvalues)
```

Out

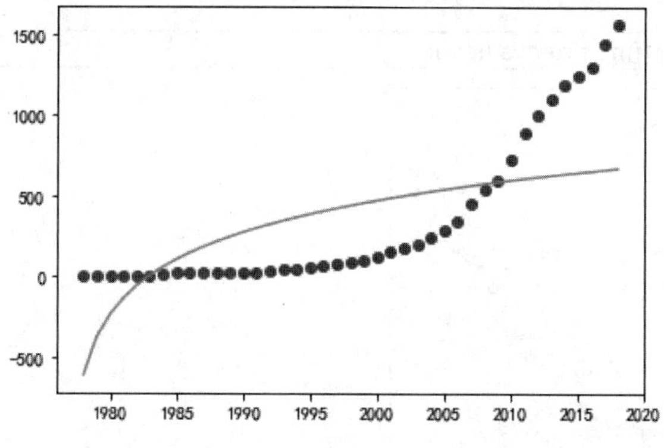

该模型的拟合优度 $R^2=0.407$，说明拟合的效果不是很好。从散点图上也可以看到，虽然这时模型和回归系数都是显著的，但数据点与直线并不吻合。

3. 指数法

指数曲线类型用方程 $y=ae^{bx}$ 表示，用 $\log y=\log a+bx$ 生成趋势线，作变换 $y_1=\log y$，$a_1=\log a$，则可将其直线化为：$y_1=a_1+bx$

变换后的数据散点图有一定的直线趋势，可作直线回归，经计算得直线回归方程。

相应的对数曲线回归方程为 $\log y=1.369\,1+0.153\,3x$。

相应的指数曲线回归方程为：$y=3.932e^{0.153\,3x}$。

In	`y1=np.log(y)`
	`fm3=sm.OLS(y1,sm.add_constant(x)).fit()`
	`print(fm3.summary())`

Out	(see below)

```
                            OLS Regression Results
==============================================================================
Dep. Variable:                    TAX   R-squared:                       0.993
Model:                            OLS   Adj. R-squared:                  0.993
Method:                 Least Squares   F-statistic:                    5685.0
Date:                Tue, 10 Mar 2020   Prob (F-statistic):           7.17e-44
Time:                        19:14:19   Log-Likelihood:                 19.548
No. Observations:                  41   AIC:                            -35.10
Df Residuals:                      39   BIC:                            -31.67
Df Model:                           1
Covariance Type:            nonrobust
==============================================================================
                 coef    std err          t      P>|t|      [0.025      0.975]
------------------------------------------------------------------------------
const          1.3691      0.049     27.940      0.000       1.270       1.468
x1             0.1533      0.002     75.400      0.000       0.149       0.157
==============================================================================
Omnibus:                        1.858   Durbin-Watson:                   0.603
Prob(Omnibus):                  0.395   Jarque-Bera (JB):                1.230
Skew:                           0.421   Prob(JB):                        0.541
Kurtosis:                       3.110   Cond. No.                         49.2
==============================================================================
```

In	`a1=fm3.params.const` `a=np.exp(a1);a`
Out	3.932
In	`plt.plot(t,y,'o');plt.plot(t,np.exp(fm3.fittedvalues));`
Out	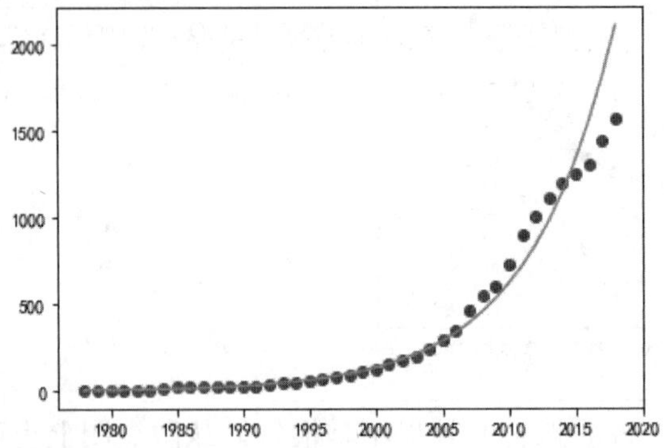

该模型的拟合优度 R^2=0.993，接近 1，说明拟合效果已很好了，且明显好于直线和对数曲线的效果。

4. 幂函数法

幂函数的形式为 $y=ax^b(a>0)$。

若对幂函数 $y=ax^b$ 两端求对数，得 $\log y=\log a+b\log x$，用（$\log x$，$\log y$）生成趋势线，并令 $y_1=\log y$，$a_1=\log a$，$x_1=\log x$，则可将幂函数直线化为：$y_1=a_1+bx_1$，经计算得直线回归方程。

所得方程为：$\log(y) = -0.746\ 5 + 1.917\ 9\log(x)$。

即相应的幂函数曲线回归方程为：$y = 0.474x^{1.917\ 9}$。

In
```
y1=np.log(y); x1=np.log(x)
fm4=sm.OLS(y1,sm.add_constant(x1)).fit()
print(fm4.summary())
```

Out
```
                            OLS Regression Results
==============================================================================
Dep. Variable:                    TAX   R-squared:                       0.830
Model:                            OLS   Adj. R-squared:                  0.826
Method:                 Least Squares   F-statistic:                     190.5
Date:                Tue, 10 Mar 2020   Prob (F-statistic):           1.35e-16
Time:                        19:59:08   Log-Likelihood:                -46.389
No. Observations:                  41   AIC:                             96.78
Df Residuals:                      39   BIC:                             100.2
Df Model:                           1
Covariance Type:            nonrobust
==============================================================================
                 coef    std err          t      P>|t|      [0.025      0.975]
------------------------------------------------------------------------------
const         -0.7465      0.405     -1.844      0.073      -1.565       0.072
x1             1.9179      0.139     13.803      0.000       1.637       2.199
==============================================================================
Omnibus:                        6.602   Durbin-Watson:                   0.136
Prob(Omnibus):                  0.037   Jarque-Bera (JB):                5.544
Skew:                           0.876   Prob(JB):                       0.0625
Kurtosis:                       3.423   Cond. No.                         10.9
==============================================================================
```

In
```
a1=fm4.params.const
a=np.exp(a1);a
```

Out
```
0.47406
```

In
```
plt.plot(t,y,'o');plt.plot(t,np.exp(fm4.fittedvalues));
```

Out

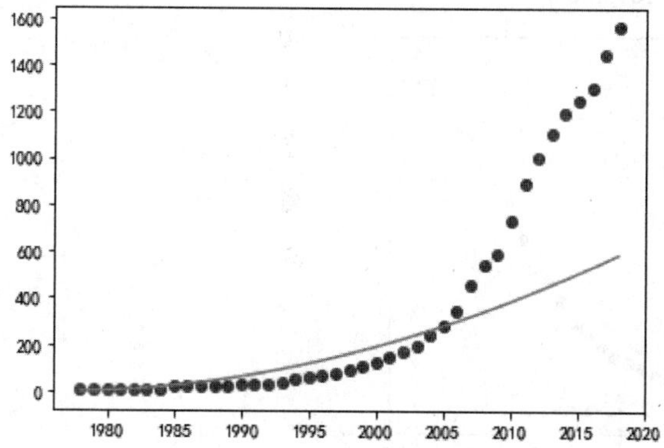

该模型的拟合优度 $R^2 = 0.830$，R^2 较大，说明拟合效果较好，但明显不如指数曲线的效果。

5. 多项式回归

用二次多项式方程 $y=a+bx+cx^2$ 表示。作变换 $x_1=x$，$x_2=x^2$，则将其转化为直线回归方程 $y=a+bx_1+cx_2$。

In
```
dat=pd.DataFrame({'y':y,'x1':x,'x2':x**2})
fm5=smf.ols('y~x1+x2',dat).fit()
print(fm5.summary())
```

Out
```
                            OLS Regression Results
==============================================================================
Dep. Variable:                      y   R-squared:                       0.974
Model:                            OLS   Adj. R-squared:                  0.973
Method:                 Least Squares   F-statistic:                     709.4
Date:                Tue, 10 Mar 2020   Prob (F-statistic):           8.16e-31
Time:                        21:06:27   Log-Likelihood:                -235.60
No. Observations:                  41   AIC:                             477.2
Df Residuals:                      38   BIC:                             482.3
Df Model:                           2
Covariance Type:            nonrobust
==============================================================================
                 coef    std err          t      P>|t|      [0.025      0.975]
------------------------------------------------------------------------------
Intercept    189.6444     38.740      4.895      0.000     111.219     268.070
x1           -43.1015      4.254    -10.132      0.000     -51.713     -34.489
x2             1.8350      0.098     18.682      0.000       1.636       2.034
==============================================================================
Omnibus:                       10.939   Durbin-Watson:                   0.126
Prob(Omnibus):                  0.004   Jarque-Bera (JB):                3.932
Skew:                          -0.454   Prob(JB):                        0.140
Kurtosis:                       1.784   Cond. No.                     2.45e+03
==============================================================================
```

In
```
plt.plot(t,y,'o');plt.plot(t,fm5.fittedvalues);
```

Out

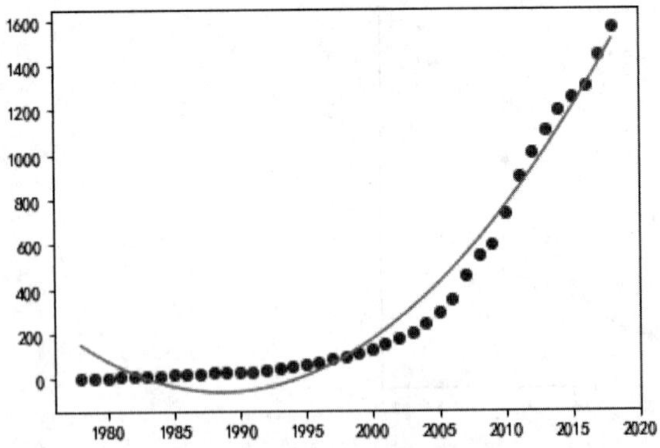

于是二次多项式方程为 y =189.6444-43.1015x+1.8350x^2，模型的拟合优度为 R^2 = 0.974，说明拟合的效果比一次线性函数要好。

综合所述，此例可选择的合适的模型如表 2-1 所示。

表2-1 可选择的合适的拟合模型

曲线类型	方程式	回归方程	R^2	模型选择
直线	$y=a+bx$	$y=-362.69+33.97x$	0.734	不可用
对数曲线	$y=a+b\log(x)$	$y=-611.9+346.1\log(x)$	0.407	不可用
指数曲线	$y=ae^{bx}$	$y=3.932e^{0.1533x}$	0.993	最佳
幂曲线	$y=ax^b$	$y=0.474x^{1.9179}$	0.830	较差
二次曲线	$y=a+bx+cx^2$	$y=189.6444-43.1015x+1.8350x^2$	0.974	较好

2.4.2 生产函数及弹性分析

一、生产函数的概念

在经济理论中，生产理论有着很重要的地位。生产理论研究的范围相当广泛，所谓生产理论就是研究在一定生产技术条件下，如何获得最大利润的问题。所谓生产模型，粗略地说就是通常所说的生产函数。而生产函数是描述生产过程中生产要素投入的某种组合同可能生产的最大产量之间的依存关系的数学表达式。生产函数一般表示为：

$$Y=f(A,L,K,\dots) \tag{2-41}$$

式中 Y 为产量，A、L、K 等表示技术、劳动、资本等投入要素。

生产要素对产量的作用与影响，主要是由一定的技术条件决定的，有一定的技术条件就有一定的生产函数。因此，生产函数实质上反映了生产过程中投入要素与产量之间的技术关系。

生产函数的数学形式多种多样，但无论取哪一种函数形式，一般都假设它是连续可微的函数，且导函数也是连续的。

简单起见，在此研究两种投入要素的函数：

1. 简单 C-D 生产函数

$$Y=AL^{\alpha}K^{\beta}e^{u} \tag{2-42}$$

对模型（2-42）取对数：

$$Y=a+\alpha\ln L+\beta\ln K+u \tag{2-43}$$

式中 $a=\ln A$；Y、L、K 的统计数据可以是截面数据，也可以是时间序列数据；u 反映不同企业或不同时间，在生产技术或生产能力等方面的随机误差项。

我们可以利用关于产量 Y、劳动投入 L 和资本投入 K 的统计数据，对式（2-43）直接应用普通最小二乘法，估计参数 a、α、β。

理论上来说，最好对这些函数进行非线性拟合，因为我们不知误差项是乘积型还是合计型，而且变换变量有时会改变数据结构，有时也很难对模型进行直线化，变换前后的结果差别不是很大，这时我们应采用非线性的Gauss-Newton算法来估计参数。

2. 改进型C-D生产函数

按照经济增长理论，可设定销售业务的经济增长生产函数表达式为：

$$Y = A_0 e^{mt} L^{\alpha} K^{\beta} \tag{2-44}$$

在此 Y 为销售额；$A_0=e^{a_0}$为基期制度创新水平；L 为销售人员数；K 为销售费用；α 为销售人员数；β 为销售费用产生的弹性系数，即当销售人员数、销售费用每增长1%时，销售额增长的百分数；m 表示推移每单位时间，销售额变动的百分数，是制度创新、技术进步作用的效果。

改进型C-D生产函数增加了时序趋势，有时更能反映实际情况。

二、弹性分析

所谓弹性（elasticity）是指一个经济变量的相对变动对另一个相关经济变量的相对变动的影响程度。

设 x 和 y 是两个相关的经济变量，则 y 对 x 的弹性可定义为：

$$E = \frac{\Delta y / y}{\Delta x / x} = \frac{\Delta y}{\Delta x} \cdot \frac{x}{y} \tag{2-45}$$

可见，弹性是两个相对改变量的比值，这个比值的大小表示：当自变量变化1%时，因变量变动的百分比。

在极限状态下，式（2-45）应表示为：

$$E = \frac{\mathrm{d}y / y}{\mathrm{d}x / x} = \frac{\mathrm{d}y}{\mathrm{d}x} \cdot \frac{x}{y} \tag{2-46}$$

在式（2-39）中，税收收入 S 对税率求导：

$$\frac{\mathrm{d}S}{\mathrm{d}r} = \hat{\beta} \tag{2-47}$$

则税收收入对税率的弹性应表为：

$$\frac{\mathrm{d}S / S}{\mathrm{d}r / r} = \hat{\beta} \cdot \frac{r}{S} \tag{2-48}$$

而对于生产函数 $Y = AK^{\alpha}L^{\beta}$，如 Y 表示产量，K 为资本，L 为劳动力，则 A 就是一个效率参数，一般称为技术进步水平。

资本变化一个单位引起产量的变化量为：

$$\frac{\partial Y}{\partial K} = \alpha \frac{Y}{K} \tag{2-49}$$

式（2-49）的经济含义就是资本的边际产量。

由式（2-49）可得：

$$\frac{\partial Y}{\partial K} \cdot \frac{K}{Y} = \alpha \tag{2-50}$$

由式（2-50）知，参数 α 就是资本的产出弹性系数。同理，β就是劳动力的产出弹性系数。

【例 2-12】 某销售公司各季度有关数据见表 1-2，我们以此求该公司的销售业务增长方式的生产函数。

下面用 Python 对生产函数进行多变量非线性回归拟合。

（1）简单 C-D 生产函数模型。

In
```
CDdata=pd.read_excel('MEdata.xlsx','CDdata',index_col=0);        #导入数据
print(CDdata)
```

Out
```
         t       Y        K    L
T
2011.1   1   26.74    23.66   26
2011.2   2   34.81    30.55   28
2011.3   3   44.72    38.12   32
2011.4   4   57.46    46.77   36
2012.1   5   73.84    56.45   41
2012.2   6   88.45    67.15   45
2012.3   7  105.82    78.92   48
2012.4   8  126.16    91.67   52
2013.1   9  150.95   105.47   56
2013.2  10  181.58   121.32   60
2013.3  11  204.26   128.56   66
2013.4  12  222.84   132.47   70
```

In
```
from numpy import log as ln
import statsmodels.formula.api as smf                #导入线性方程库
CDm1=smf.ols('ln(Y)~ln(K)+ln(L)',CDdata).fit()     #直线化法
print(CDm1.summary())
```

Out
```
                            OLS Regression Results
==============================================================================
Dep. Variable:                  ln(Y)   R-squared:                       1.000
Model:                            OLS   Adj. R-squared:                  0.999
Method:                 Least Squares   F-statistic:                    9171.0
Date:                Mon, 05 Oct 2020   Prob (F-statistic):           1.28e-15
Time:                        21:38:41   Log-Likelihood:                 33.377
No. Observations:                  12   AIC:                            -60.75
Df Residuals:                       9   BIC:                            -59.30
Df Model:                           2
Covariance Type:            nonrobust
==============================================================================
                 coef    std err          t      P>|t|      [0.025      0.975]
------------------------------------------------------------------------------
Intercept     -2.0760      0.235     -8.830      0.000      -2.608      -1.544
ln(K)          0.6251      0.091      6.837      0.000       0.418       0.832
ln(L)          1.0392      0.162      6.422      0.000       0.673       1.405
==============================================================================
Omnibus:                        0.018   Durbin-Watson:                   1.264
Prob(Omnibus):                  0.991   Jarque-Bera (JB):                0.193
Skew:                           0.071   Prob(JB):                        0.908
Kurtosis:                       2.395   Cond. No.                        345.0
==============================================================================
```

由此得该公司的销售业务增长方式的生产函数：

$$Y=\exp(-2.076\,0)K^{\alpha 0.625\,1}L^{1.039\,2}=0.125\,4K^{\alpha 0.625\,1}L^{1.039\,2}$$

（2）改进 C-D 生产函数模型。

In
```
CDm2=smf.ols('ln(Y)~t+ln(K)+ln(L)',CDdata).fit()     #直线化法
print(CDm2.summary())
```

Out
```
                            OLS Regression Results
==============================================================================
Dep. Variable:                  ln(Y)   R-squared:                       1.000
Model:                            OLS   Adj. R-squared:                  1.000
Method:                 Least Squares   F-statistic:                 1.624e+04
Date:                Mon, 05 Oct 2020   Prob (F-statistic):           1.79e-15
Time:                        21:38:58   Log-Likelihood:                 39.944
No. Observations:                  12   AIC:                            -71.89
Df Residuals:                       8   BIC:                            -69.95
Df Model:                           3
Covariance Type:            nonrobust
==============================================================================
                 coef    std err          t      P>|t|      [0.025      0.975]
------------------------------------------------------------------------------
Intercept     -0.7872      0.354     -2.224      0.057      -1.603       0.029
t              0.0328      0.008      3.988      0.004       0.014       0.052
ln(K)          0.6854      0.058     11.797      0.000       0.551       0.819
ln(L)          0.5767      0.153      3.777      0.005       0.225       0.929
==============================================================================
Omnibus:                        1.698   Durbin-Watson:                   1.839
Prob(Omnibus):                  0.428   Jarque-Bera (JB):                0.916
Skew:                           0.662   Prob(JB):                        0.632
Kurtosis:                       2.718   Cond. No.                     1.16e+03
==============================================================================
```

In
```
A0=np.exp(CDm2.params[0]);print('A0=%.4f'%A0)
m=CDm2.params[1];print('m=%.4f'%m)
a=CDm2.params[2];print('a=%.4f'%a)
b=CDm2.params[3];print('b=%.4f'%b)
```

Out
```
A0=0.4551
m=0.0328
a=0.6854
b=0.5767
```

从模型的拟合结果看，效果很不错，各回归系数都显著（$P<0.05$），剩余标准差较小（1.698），可得该公司的销售业务增长方式的改进生产函数：

$$Y=A_0 e^{mt}K^{\alpha}L^{\beta}=0.455\,1e^{0.032\,8t}K^{0.685\,4}L^{0.576\,7}$$

上式的数据表示：该公司销售人员数每增长 1%时，销售额增长弹性为 0.685 4%；销售费用每增长 1%时，销售人员增长弹性为 0.576 7%；随着时间的推移，制度创新、技术进步使得销售额平均每季度增长弹性为 0.032 8%。

（3） 模型预测。

假如下一年一季度销售人员增至 75 人，销售费用增加到 140 万元，则可以预测销售额即将达到 248.645 万元；如果下一年一季度销售人员增至 80 人，销售费用增加到 150 万元，则可以预测销售额即将达到 270.570 万元。

In	t1,K1,L1=13,140,75 #给定值 (A0*np.exp(m*t1)*K1**a*L1**b) #预测值
Out	248.645
In	t2,K2,L2=13,150,80 (A0*np.exp(m*t2)*K2**a*L2**b)
Out	270.570

2.4.3 技术进步及贡献率计算

所谓动态分析是指把模型中所包含的经济变量看作时间的函数，分析研究整个经济系统变化的过程、速度和轨道，从而获得任一给定时间点的状态。

例如，对式（2-40）的生产函数，我们把每一变量都看作时间的函数，于是可以表示为：

$$Y_t = A_t K_t^{\alpha} L_t^{\beta} \tag{2-51}$$

为了分析变量的动态关系，将式（2-51）两边对时间 t 求导数：

$$\frac{\mathrm{d}Y}{\mathrm{d}t} = K^{\alpha}L^{\beta}\frac{\mathrm{d}A}{\mathrm{d}t} + \alpha AK^{\alpha-1}L^{\beta}\frac{\mathrm{d}K}{\mathrm{d}t} + \beta AK^{\alpha}L^{\beta-1}\frac{\mathrm{d}L}{\mathrm{d}t} \tag{2-52}$$

请注意，这里为了简便，每个变量略去了下标“t”。

（2-52）式两边除以 Y：

$$\frac{1}{Y}\frac{\mathrm{d}Y}{\mathrm{d}t} = \frac{1}{A}\frac{\mathrm{d}A}{\mathrm{d}t} + \alpha\frac{1}{K}\cdot\frac{\mathrm{d}K}{\mathrm{d}t} + \beta\frac{1}{L}\frac{\mathrm{d}L}{\mathrm{d}t} \tag{2-53}$$

记 $G_Y=\frac{1}{Y}\cdot\frac{\mathrm{d}Y}{\mathrm{d}t}$，$G_Y$表示产量增长率；$G_A=\frac{1}{A}\cdot\frac{\mathrm{d}A}{\mathrm{d}t}$，$G_A$表示技术进步增长率；$G_K=\frac{1}{K}\cdot\frac{\mathrm{d}K}{\mathrm{d}t}$，$G_K$表示资本增长率；$G_L=\frac{1}{L}\cdot\frac{\mathrm{d}L}{\mathrm{d}t}$，$G_L$表示劳动力增长率。

于是，（2-53）式可以表示为：

$$G_Y = G_A + \alpha G_K + \beta G_L \tag{2-54}$$

式（2-54）表明，产量增长率可由技术进步增长率、资本增长率和劳动力增长率三部分组成，并且与它们成正比。

在实际中，产量、资本和劳动力增长率的计算通常采用平均增长率的计算公式：

$$G_Y = (\sqrt[t]{Y_t / Y_0} - 1) \times 100\%$$

$$G_K = (\sqrt[t]{K_t / K_0} - 1) \times 100\%$$

$$G_L = (\sqrt[t]{L_t / L_0} - 1) \times 100\%$$

其中，Y_t、K_t和L_t分别表示产量、资本和劳动力计算的末期值，Y_0、K_0和L_0分别表示产量、资本和劳动力计算的基期值。

于是，技术进步增长率的计算公式为：

$$G_A = G_Y - \alpha G_K - \beta G_L \tag{2-55}$$

将（2-55）式两边除以G_Y，有：

$$\frac{G_A}{G_Y} + \alpha\frac{G_K}{G_Y} + \beta\frac{G_L}{G_Y} = 1 \quad \text{或} \quad P_A + P_K + P_L = 1 \tag{2-56}$$

其中：$P_A=\frac{G_A}{G_Y}$，P_A表示技术进步对产量增长的贡献率；$P_K=\alpha\frac{G_K}{G_Y}$，$P_K$表示资本增长对产量增长的贡献率；$P_L=\beta\frac{G_L}{G_Y}$，$P_L$表示劳动力增长对产量增长的贡献率。

显然，（2-56）式为技术进步、资本增长和劳动力增长对产量增长所做贡献的比重结构式。

一、平均增长率计算

In
```
def Rate(Y):     #自定义平均增长率函数
    t=len(Y)
    GR=((Y[-1]/Y[0])**(1/(t-1))-1)*100
    return GR
```

In
```
GY=Rate(CDdata.Y.values); print('GY = %.3f'%GY)
GK=Rate(CDdata.K.values); print('GK = %.3f'%GK)
GL=Rate(CDdata.L.values); print('GL = %.3f'%GL)
GA=GY-a*GK-b*GL; print('GA = %.3f'%GA)
```

Out
```
GY = 21.258
GK = 16.952
GL = 9.421
GA = 4.206
```

销售额的平均增长率为21.258%；销售费用的平均增长率为16.952%；销售人员的平均增长率为9.421%；技术进步的平均增长率为4.206%（这里将A_0e^{mt}归并到技术进步A中）。

二、贡献率计算

In
```
PA=GA/GY*100; print('PA = %.3f'%PA)
PK=GK/GY*100; print('PK = %.3f'%PK)
PL=GL/GY*100; print('PL = %.3f'%PL)
```

Out
```
PA = 19.785
PK = 79.745
PL = 44.318
```

技术进步的贡献率为19.785%；销售费用的贡献率为79.745%；销售人员的贡献率为44.318%。

练习题

一、手工解答题（纸质作业）

1. 简述相关分析与回归分析的概念、联系以及区别。

2. 一元线性回归模型的基本假设主要有哪些？违背基本假设的模型是否不可以估计？

3. 可决系数与调整的可决系数有何不同？为何还要计算调整的可决系数？

4. 在多元线性回归分析中，t 检验和 F 检验有何不同？在一元线性回归分析中二者作用是否等价？

5. 回归模型中引入虚拟变量的作用是什么？有哪几种基本的引入方式？它们分别适用于什么情况？

6. 研究个人消费额与储蓄之间的关系，可以看出这两个变量存在很高的相关关系，因此，这两个变量存在着经济上的因果关系，这种说法对不对？为什么？

7. 简单相关、偏相关和复相关之间有何区别和联系？

8. 阐述样本相关系数与样本拟合优度的关系。解释为什么需要进行拟合优度检验。

二、软件计算题（电子作业）

1. 一家保险公司十分关心其总公司营业部加班的程度，决定认真调查一下现状。经过 10 周时间，收集了每周加班工作时间 y（小时）的数据和签发的新保单数目 x（见下表）。

周	1	2	3	4	5	6	7	8	9	10
x（张）	825	215	1 070	550	480	920	1 350	325	670	1 215
y（小时）	3.5	1	4	2	1	3	4.5	1.5	3	5

（1）绘制散点图，并以此判断 x 与 y 之间是否大致成线性关系；

（2）计算 x 与 y 的相关系数；

（3）用最小二乘法求出回归方程；

（4）求出随机误差 ε 的方差 σ^2 的估计值；

（5）计算 x 与 y 的决定系数；

（6）对回归方程作方差分析；

（7）对回归方程作残差图并作一些分析；

（8）计算 x_0=1 000（张）时需要的加班时间是多少。

2. 研究货运总量 y（万吨）与工业总产值 x_1（亿元）、农业总产值 x_2（亿元）、居民非商品支出 x_3（亿元）的关系。有关数据见下表。

（1）计算出 y，x_1，x_2，x_3 的相关系数矩阵和偏相关系数矩阵；

（2）求 y 关于 x_1，x_2，x_3 的多元线性回归方程；

（3）对所求得的方程做拟合优度检验；

（4）对回归方程作显著性检验，对每一个回归系数作显著性检验；

（5）如果有的回归系数没通过显著性检验，将其剔除，重新建立回归方程，然后再作回归方程的显著性检验和回归系数的显著性检验；

（6）使用变量选择方法获得一个最优回归模型。

编号	y（万吨）	x_1（亿元）	x_2（亿元）	x_3（亿元）
1	160	70	35	1
2	260	75	40	2.4
3	210	65	40	2
4	265	74	42	3
5	240	72	38	1.2
6	220	68	45	1.5
7	275	78	42	4
8	160	66	36	2
9	275	70	44	3.2
10	250	65	42	3

3. 某制造厂表面处理车间试验将铬后污水同电解污泥混合，使之生成无毒溶液，效果很好。但实际排出污水的浓度不完全相同，而且一定浓度的定量铬后污水只有同定量的电解污泥混合后，才能反应完全。现通过试验，找出铬后污水用量与电解污泥用量之比和铬后污水浓度之间的关系。试验数据如下表，其中x为铬后污水浓度（g/L），y为铬后污水用量（mL）/电解污泥用量（mL）。

x	3	5	10	30	40	50	60	80	100	120	160
y	310	200	100	49	40	32	28	23	16	14	10

（1） 准备一散点图并插入一适当的趋势线。

（2） 试用书中介绍的几种曲线模型分别拟合回归方程，并比较曲线模型的优劣。

4. 下表给出的是 1960—1982 年间 7 个 OECD 国家的能源需求指数（Y）、实际国内生产总值指数（X_1）、能源价格指数（X_2）的数据，所有指数均以 1970 年为基准（1970=100）。

年份	Y	X_1	X_2	年份	Y	X_1	X_2
1960	54.1	54.1	111.9	1972	97.2	94.3	98.6
1961	55.4	56.4	112.4	1973	100.0	100.0	100.0
1962	58.5	59.4	111.1	1974	97.3	101.4	120.1
1963	61.7	62.1	110.2	1975	93.5	100.5	131.0
1964	63.6	65.9	109.0	1976	99.1	105.3	129.6
1965	66.8	69.5	108.3	1977	100.9	109.9	137.7
1966	70.3	73.2	105.3	1978	103.9	114.4	133.7
1967	73.5	75.7	105.4	1979	106.9	118.3	144.5
1968	78.3	79.9	104.3	1980	101.2	119.6	179.0
1969	83.3	83.8	101.7	1981	98.1	121.1	189.4
1970	88.9	86.2	97.7	1982	95.6	120.6	190.9
1971	91.8	89.8	100.3				

（1）建立能源需求与收入和价格之间的对数需求函数模型：

$$\ln Y=\beta_0+\beta_1\ln X_1+\beta_2\ln X_2+u$$

解释各回归系数的意义，用 P 值检验所估计回归系数是否显著。

（2）再建立能源需求与收入和价格之间的线性回归模型：

$$Y=\beta_0+\beta_1 X_1+\beta_2 X_2+u$$

解释各回归系数的意义，用 P 值检验所估计回归系数是否显著。

（3）比较所建立的两个模型，如果两个模型结论不同，你将选择哪个模型，为什么？

5. 下表给出 1965—1970 年美国制造业利润和销售额的季度数据。假定利润不仅与销售额有关，还和季度因素有关。要求：

（1）如果认为季度影响使利润平均值发生变异，应如何引入虚拟变量？

（2）如果认为季度影响使利润对销售额的变化率发生变异，应当如何引入虚拟变量？

（3）如果认为上述两种情况都存在，又应当如何引入虚拟变量？

（4）对上述三种情况分别估计利润模型，进行对比分析。

年份季度	利润（Y）	销售额（X）	年份季度	利润（Y）	销售额（X）
1965 年 1 季度	10 503	114 862	1968 年 1 季度	12 539	148 862
1965 年 2 季度	12 092	123 968	1968 年 2 季度	14 849	153 913
1965 年 3 季度	10 834	123 545	1968 年 3 季度	13 203	155 727
1965 年 4 季度	12 201	131 917	1968 年 4 季度	14 947	168 409
1966 年 1 季度	12 245	129 911	1969 年 1 季度	14 151	162 781
1966 年 2 季度	14 001	140 976	1969 年 2 季度	15 949	176 057
1966 年 3 季度	12 213	137 828	1969 年 3 季度	14 024	172 419
1966 年 4 季度	12 820	145 465	1969 年 4 季度	14 315	183 327
1967 年 1 季度	11 349	136 989	1970 年 1 季度	12 381	170 415
1967 年 2 季度	12 615	145 126	1970 年 2 季度	13 991	181 313
1967 年 3 季度	11 014	141 536	1970 年 3 季度	12 174	176 712
1967 年 4 季度	12 730	151 776	1970 年 4 季度	10 985	180 370

6. 下表列出了中国某年按行业分的全部制造业国有企业及规模以上制造业非国有企业的工业总产值（Y，亿元）、资产合计（K，亿元）及职工人数（L，万人）。

i	Y	K	L	i	Y	K	L
1	3 722.70	3 078.22	113	17	812.70	1 118.81	43
2	1 442.52	1 684.43	67	18	1 899.70	2 052.16	61
3	1 752.37	2 742.77	84	19	3 692.85	6 113.11	240
4	1 451.29	1 973.82	27	20	4 732.90	9 228.25	222
5	5 149.30	5 917.01	327	21	2 180.23	2 866.65	80
6	2 291.16	1 758.77	120	22	2 539.76	2 545.63	96
7	1 345.17	939.10	58	23	3 046.95	4 787.90	222
8	656.77	694.94	31	24	2 192.63	3 255.29	163
9	370.18	363.48	16	25	5 364.83	8 129.68	244
10	1 590.36	2 511.99	66	26	4 834.68	5 260.20	145
11	616.71	973.73	58	27	7 549.58	7 518.79	138
12	617.94	516.01	28	28	867.91	984.52	46
13	4 429.19	3 785.91	61	29	4 611.39	18 626.94	218
14	5 749.02	8 688.03	254	30	170.30	610.91	19
15	1 781.37	2 798.90	83	31	325.53	1 523.19	45
16	1 243.07	1 808.44	33				

试建立一般生产函数模型和改进的生产函数模型，并分别进行弹性分析和计算高技术效率。

3　非典型回归分析模型

3.1　回归分析模型的诊断

3.1.1　回归诊断的概念

经典的线性回归模型是基于五个基本假定建立的，包括随机误差项零均值、等方差、无自相关、服从正态分布假定以及随机误差项与解释变量不相关假定，建模的重点在于运用经济管理理论分析所研究的经济管理现象。

在线性回归中，满足经典假设条件十分重要，随机误差项必须是独立、零均值、方差一致，并满足正态分布的。要想知道模型是否违背了经典假设，就需对回归模型进行诊断，对回归模型的诊断主要是基于误差的残差来进行的。诊断的主要方面有：

（1）误差的正态性检验。

（2）误差的等方差性检验。

（3）误差的自相关性检验。

（4）异常值的产生原因、检测及处理。

（5）多重共线性的检测及处理。

回归诊断的内容主要有：

（1）误差项是否满足：①独立性；②等方差性；③正态性；④零均值。

（2）选择的线性模型是否合适？

（3）是否存在异常样本？

（4）回归分析的结果是否对某些样本的依赖过重，即回归模型是否具有稳定性？

（5）自变量之间是否存在高度相关？

下面的例子充分说明了回归诊断的重要性。

【例 3-1】模拟数据：Anscomber 曾给出的六组人工模拟数据（见表 3-1），其常被用来进行两变量回归模型的诊断，每组数据由 11 对点（x_i, y_i）组成，拟合简单线性模型：

$$y_i=\beta_0+\beta_1x_i+\varepsilon_i$$

试分析四组数据是否通过回归方程的检验，并用图形分析每组数据的基本情况。

表3-1 Anscomber数据

i	x_1	y_1	y_2	y_3	x_2	y_4
1	10	8.04	9.14	7.46	8	6.58
2	8	6.95	8.14	6.77	8	5.76
3	13	7.58	8.74	12.74	8	7.71
4	9	8.81	8.77	7.11	8	8.84
5	11	8.33	9.26	7.81	8	8.47
6	14	9.96	8.10	8.84	8	7.04
7	6	7.24	6.13	6.08	8	5.25
8	4	4.26	3.10	5.39	19	12.50
9	12	10.84	9.13	8.15	8	5.56
10	7	4.82	7.26	6.44	8	7.91
11	5	5.68	4.74	5.73	8	6.89

（1）建立数据向量。

In
```
x1=[10,8,13,9,11,14,6,4,12,7,5]
y1=[8.04,6.95,7.58,8.81,8.33,9.96,7.24,4.26,10.84,4.82,5.68]
y2=[9.14,8.14,8.74,8.77,9.26,8.1,6.13,3.1,9.13,7.26,4.74]
y3=[7.46,6.77,12.74,7.11,7.81,8.84,6.08,5.39,8.15,6.44,5.73]
x2=[8,8,8,8,8,8,8,19,8,8,8]
y4=[6.58,5.76,7.71,8.84,8.47,7.04,5.25,12.5,5.56,7.91,6.89]
```

（2）数据散点图。

In
```
import matplotlib.pyplot as plt
fig,ax=plt.subplots(2,2,figsize=(10,8))
ax[0,0].plot(x1,y1,'o'); ax[0,1].plot(x1,y2,'o');
ax[1,0].plot(x1,y3,'o'); ax[1,1].plot(x2,y4,'o');
```

Out

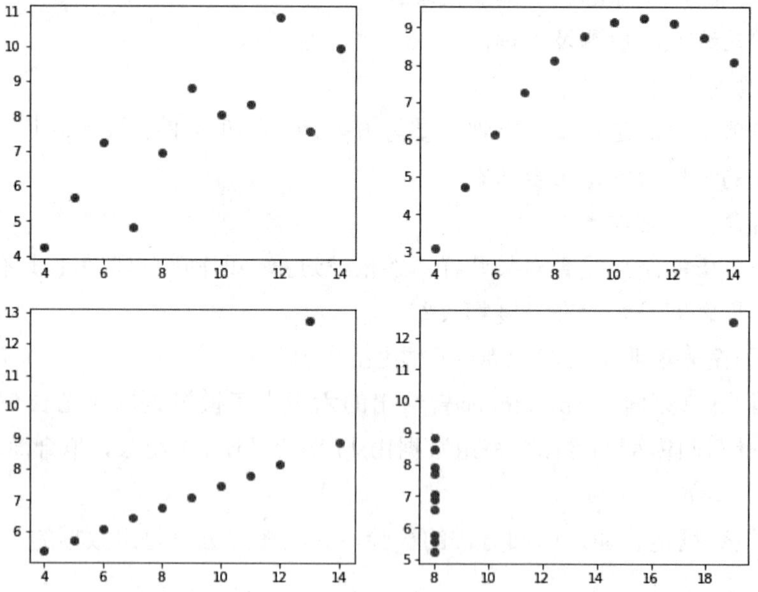

（3）建立回归模型。

In
```
import statsmodels.api as sm
M1=sm.OLS(y1,sm.add_constant(x1)).fit()
M1.summary().tables[1]
```

Out
```
==============================================================================
                 coef    std err          t      P>|t|      [0.025      0.975]
------------------------------------------------------------------------------
const          3.0001      1.125      2.667      0.026      0.456       5.544
x1             0.5001      0.118      4.241      0.002      0.233       0.767
==============================================================================
```

In
```
M2=sm.OLS(y2,sm.add_constant(x1)).fit()
M2.summary().tables[1]
```

Out
```
==============================================================================
                 coef    std err          t      P>|t|      [0.025      0.975]
------------------------------------------------------------------------------
const          3.0009      1.125      2.667      0.026      0.455       5.547
x1             0.5000      0.118      4.239      0.002      0.233       0.767
==============================================================================
```

In
```
M3=sm.OLS(y3,sm.add_constant(x1)).fit()
M3.summary().tables[1]
```

Out
```
==============================================================================
                 coef    std err          t      P>|t|      [0.025      0.975]
------------------------------------------------------------------------------
const          3.0075      1.124      2.675      0.025      0.464       5.551
x1             0.4994      0.118      4.237      0.002      0.233       0.766
==============================================================================
```

In
```
M4=sm.OLS(y4,sm.add_constant(x2)).fit()
M4.summary().tables[1]
```

Out
```
==============================================================================
                 coef    std err          t      P>|t|      [0.025      0.975]
------------------------------------------------------------------------------
const          3.0017      1.124      2.671      0.026      0.459       5.544
x1             0.4999      0.118      4.243      0.002      0.233       0.766
==============================================================================
```

从拟合结果来看，四种数据所得模型的结果是基本一致的，模型的截距都近似为 3，回归系数都近似为 0.5。但从散点图和下面的回归线可以看出，结果有很大问题。

（4）模型回归线。

In
```
fig,ax=plt.subplots(2,2,figsize=(10,8))
ax[0,0].plot(x1,y1,'o',x1,M1.fittedvalues,'r-');
ax[0,1].plot(x1,y2,'o',x1,M2.fittedvalues,'r-');
ax[1,0].plot(x1,y3,'o',x1,M3.fittedvalues,'r-');
ax[1,1].plot(x2,y4,'o',x2,M4.fittedvalues,'r-');
```

Out

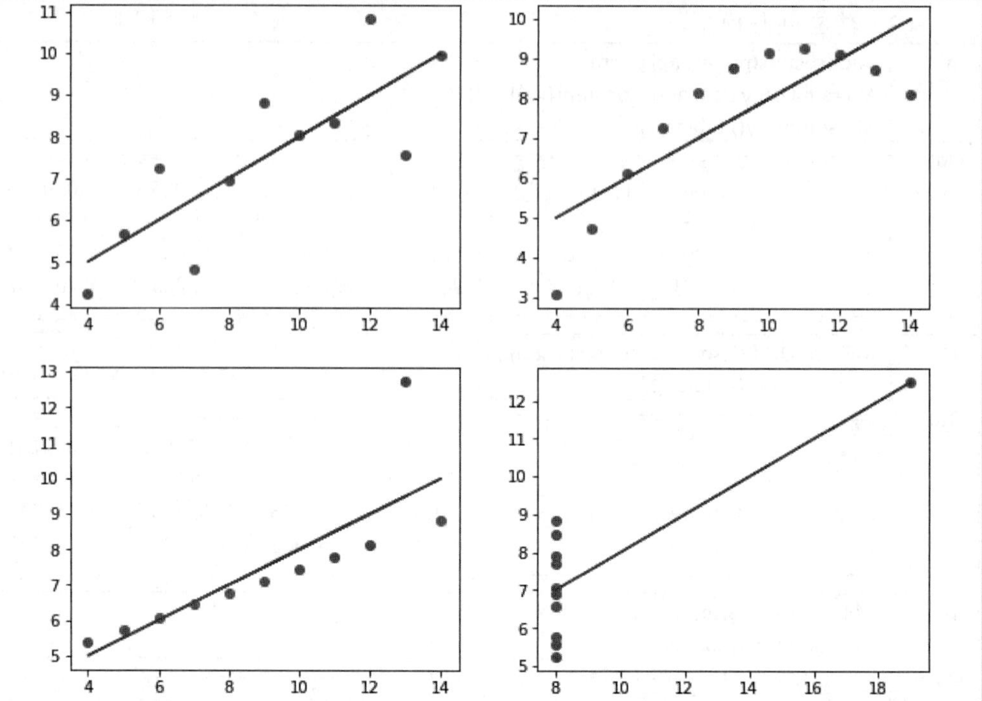

单从图形上分析，我们可以看到模型 M1 基本上符合线性回归模型的要求，模型 M2 本身就是一个非线性模型，模型 M3 主要受第 3 点的影响，而模型 M4 完全就是一个错误的模型，主要受第 8 点的影响。

3.1.2　模型的基本诊断

一、残差的正态性检验

一个简单的直方图就可以进行正态性的验证。如果残差图是一个钟形，那么我们可以简单地认为变量满足正态性。但这种方法比较粗糙，更好的图示法是画出残差的 QQ 图。如果残差满足正态性，那么残差的 QQ 图应该是一条直线，然而这种方法要求数据不能太少。比较正式的方法有 S-W 检验以及 J–B 检验等。

1. 夏皮罗—威尔克检验（Shapiro–Wilk test，简称 S–W 检验）

S–W 检验的假设。H_0：样本数据与正态分布没有显著差别；H_1：样本数据与正态分布存在显著区别。

S–W 检验使用的统计量 W 定义为：

$$W = \left(\sum a_i y_i\right) / \sum (y_i - \bar{y}) \tag{3-1}$$

若样本数据的确来自一个正态分布，统计量 W 的分子和分母均会趋向同一个常数：$(n\text{-}1)\sigma^2$ 的估计值。对于非正态分布的数据而言，分子和分母通常不会趋向同一个常数。

有了统计量，就可以设定显著性水平 α（常见的是 0.05），然后获得它的分位数或临界值 W_α。若 $W<W_\alpha$，则拒绝 H_0；否则接受 H_0。若是用值来检验，则若 P 值小于显著性

水平 α，则拒绝 H_0。

2. 雅克—贝拉检验（Jarque–Bera test，简称 J–B 检验）

J–B 检验是检验序列是否符合正态分布的一种检验方法。统计量 JB 定义为：

$$JB = n(\frac{S^2}{6} + \frac{(K-3)^2}{24}) \tag{3-2}$$

其中，n 为样本规模，S、K 分别表示随机变量的偏度和峰度。当序列服从正态分布时，JB 统计量渐近服从 $\chi^2(2)$分布。若变量服从正态分布，则 S 为零，K 为 3，从而统计量 JB 值为 0；若变量不服从正态分布，则统计量 JB 将为一个逐渐增大值。J-B 检验原假设 H_0 是偏度为 0、峰度为 3 的变量，即变量服从正态分布。若计算得到的统计量 JB 值大于给定显著性水平下的临界值，或得到的 P 值小于 0.05，则拒绝原假设，即变量不具有正态性。

下面是例 3-1 用 Python 计算的残差估计值和残差的正态性检验。

（1）计算各模型的残差。

In
```
import pandas as pd
pd.set_option('display.precision',4)    #设置 pandas 输出 4 位小数
e1=M1.resid;e2=M2.resid;e3=M3.resid;e4=M4.resid;
pd.DataFrame({'e1':e1,'e2':e2,'e3':e3,'e4':e4})
```

Out
```
        e1      e2      e3      e4
0   0.0390  1.1391 -0.5412 -0.421
1  -0.0508  1.1391 -0.2325 -1.241
2  -1.9213 -0.7609  3.2407  0.709
3   1.3091  1.2691 -0.3918  1.839
4  -0.1711  0.7591 -0.6905  1.469
5  -0.0414 -1.9009 -1.1586  0.039
6   1.2394  0.1291  0.0763 -1.751
7  -0.7405 -1.9009  0.3850  0.000
8   1.8388  0.1291 -0.8499 -1.441
9  -1.6807  0.7591 -0.0631  0.909
10  0.1795 -0.7609  0.2256 -0.111
```

（2）做各模型残差的 Shapiro 正态性检验。

由于数据较少，可应用 Shapiro 的正态性检验 W 方法对残差进行正态性检验。下面我们使用 Python 中 scipy 库里的正态性检验函数 shapiro()来检验这些残差的正态性。

In
```
import scipy.stats as st
st.shapiro(e1)
```

Out
```
ShapiroResult(statistic=0.9421077966690063, pvalue=0.545586347579956)
```

In
```
st.shapiro(e2)
```

Out
```
ShapiroResult(statistic=0.8761528730392456, pvalue=0.09294866025447845)
```

In
```
st.shapiro(e3)
```

Out
```
ShapiroResult(statistic=0.7406446933746338, pvalue=0.001569868647493422)
```

In
```
st.shapiro(e4)
```

Out
```
ShapiroResult(statistic=0.9606721997261047, pvalue=0.78005051612854)
```

从检验结果来看，在 0.05 的显著性水平上，可接受 e_1、e_2、e_4 是正态性的，而 e_3 不是正态性的，即模型 M1、M2、M4 的残差近似服从正态分布，模型 M3 的残差跟正态分布有一定差距，但 M4 中存在明显的异常值。

（3）做各模型残差的 J-B 正态性检验。

In	st.jarque_bera(e1)
Out	Jarque_beraResult(statistic=0.2894334782733337, pvalue=0.865267354778842)
In	st.jarque_bera(e2)
Out	Jarque_beraResult(statistic=1.107583847868137, pvalue=0.5747662032382908)
In	st.jarque_bera(e3)
Out	Jarque_beraResult(statistic=13.473883732189986, pvalue=0.001186269385790)
In	st.jarque_bera(e4)
Out	Jarque_beraResult(statistic=0.524374590953618, pvalue=0.7693669112697059)

从检验结果来看，在 0.05 的显著性水平上，可接受 e_1、e_2、e_4 是正态性的，而 e_3 不是正态性的。显然这种检验也是有缺陷的，因为数据中存在异常值。

二、模型的异常值检验

在回归分析中，有时获取的样本数据中会有一些样本的值与其他样本相距甚远。在大样本和多元分析的时候，这种情况会经常发生。这些样本数据有的对模型的拟合造成很大影响，有些对模型的拟合影响不大，这需要我们对这些观测点进行影响分析。特别是在多维数据的情况下，散点图已经不能很好地描述数据关系时，要用其他办法来检验。

1. 异常值的产生原因

回归分析中，数据经常包含着一些异常极端的观测值，这些观测值与其他数据相距甚远，可能引起较大的残差，极大地影响回归拟合的效果，这些就是异常值。而异常值产生的原因很多，其中大多数都是人为的错误造成的，有可能是数据登记错误、数据测量误差等，也有可能是现实中确实存在这样的数据，但是该数据对整个回归模型来讲只是特殊情况，把这个特殊情况剔除之后，模型更能反映一般性的规律。通常异常值都是一些数值比其他数据要大很多或者小很多的数据，这些数据对整个模型拟合的影响十分大。因此，对这些异常值的检测是必不可少的。

单变量回归情形下，用散点图或残差图可方便地识别出异常值，在多元情形下则相对困难。表 3-2 是异常值的产生原因及相应的处理方法。

表3-2　异常值的产生原因及相应的处理方法

异常值的产生原因	异常值相应的处理方法
数据登记错误，抄写或录入错误	重新核实数据
数据测量误差	重新测量数据
数据随机误差	删除或重新观测异常值数据
缺少重要自变量	增加必要的自变量
缺少观测数据	增加观测数据，适当扩大自变量取值范围
存在异方差	采用加权线性回归
模型设定错误	改用非线性回归模型

2. 异常值的检测方法

对于单变量线性回归，异常值的检测很简单，只需在直角坐标上作出散点图就能很直观地识别出哪些是异常值。在多元线性回归中，特别是样本容量较大时，检测的方法就复杂很多。一般来说，作出矩阵散点图对发现异常值有一定的帮助，但是散点图只能反映变量两两之间的关系，故并不是一个很好的办法。常用的办法是通过检测各类残差来发现异常值。

（1）原始残差（residual）检测方法。

在线性回归分析中，把线性模型估计出来后，计算拟合后的被解释变量的值 $\hat{y}$。然后计算残差 $e=y-\hat{y}$，并作出散点图。当某个残差值很大的时候，我们就会进一步研究该样本，分析其异常情况。但是该方法对于本身数值很大、对模型影响严重的样本数据来说，并不十分恰当。如例 3-1 模型 M4 的第 8 点，其残差很小，但对模型的影响却很大，它实际上就是横轴方向上的残差，即下面所说的高杠杆点。

因为当样本数据本身对模型影响足够大时，会使模型尽可能地向自己身边靠拢，所以尽管该样本的残差并不会很大，但是模型的拟合程度已经减低。因此，除了原始残差的检测方法外，还需要其他方法来辅助。

In

```
plt.stem(e1 ,use_line_collection=True);
plt.stem(e2 ,use_line_collection=True);
plt.stem(e3 ,use_line_collection=True);
plt.stem(e4 ,use_line_collection=True);
```

Out

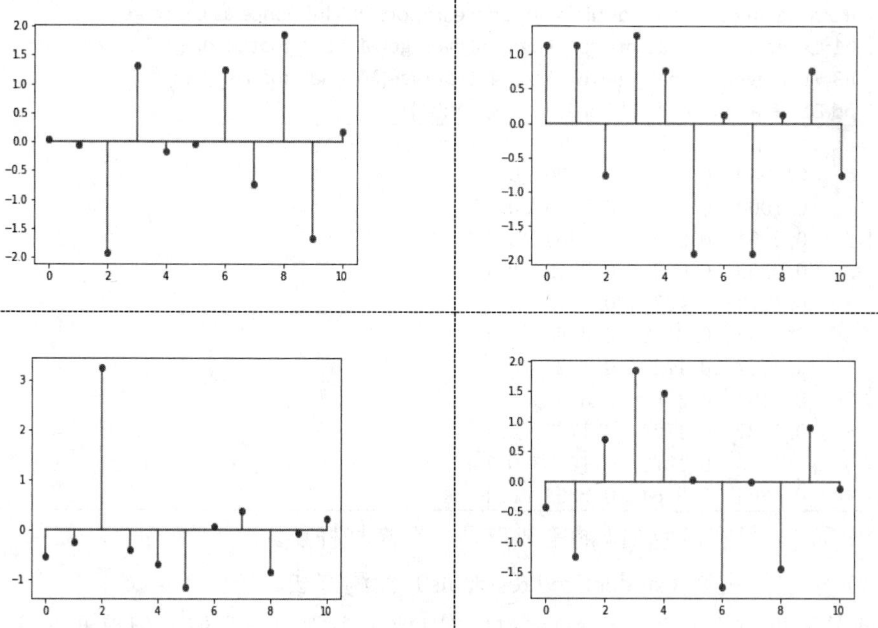

从中可以看出，残差散布基本上是随机的，在 0 上下波动，方差基本一致。

（2）杠杆值（leverage）检测方法。

在最小二乘估计的多元线性回归下：

$$\hat{\beta}=(X'X)^{-1}X'y \tag{3-3}$$

$$\hat{y}=X\hat{\beta}=X(X'X)^{-1}X'y=Hy \tag{3-4}$$

这里 H 称为投影矩阵，是一个幂等矩阵，$H=X(X'X)^{-1}X'$。

因此，残差 $e=y-\hat{y}=(I-H)y=(I-H)X\beta+(I-H)\varepsilon=(I-H)\varepsilon$。

假定模型满足经典假设的条件，则 $\mathrm{var}(e)-(I-H)\mathrm{var}(\varepsilon)=(I-H)\sigma^2$，即

$$\mathrm{var}(e_i)=(1-h_i)\sigma^2 \tag{3-5}$$

而 $\mathrm{var}(\hat{y})=\mathrm{var}(X\hat{\beta})=\mathrm{var}(X(X'X)^{-1}X'y)=\mathrm{var}(Hy)=H\sigma^2$

$$\mathrm{var}(\hat{y}_i)=h_i\sigma^2,\quad h_i=\mathrm{diag}(H) \tag{3-6}$$

即 h_i 是投影阵 H 矩阵主对角线上的元素，一般 $0\leqslant h_i\leqslant 1$。

可以看到，假定的随机误差项是等方差的，但是残差的方差却不是相等的。它与 H 矩阵主对角线上的值密切相关。当 h_i 的值很大时（如接近于 1），残差的方差会很小，但是反映在图形上是该样本把回归直线向自己的身边拉近，从而对整个模型的拟合性造成很大影响。因此，对于 h_i 值特别大的样本，一般判定界限为 $2p/n$（注意：这里的 p 需包含常数项），当 h_i 大于 $2p/n$ 时我们就要特别留意了。大于 $2p/n$ 的点我们通常称为高杠杆点。实际上，杠杆值也可以看作横轴上的残差大小。

In

```
from statsmodels.stats.outliers_influence import OLS Influence as Leverage
h1=Leverage(M1).hat_matrix_diag;h2=Leverage(M2).hat_matrix_diag;
h3=Leverage(M3).hat_matrix_diag;h4=Leverage(M4).hat_matrix_diag;
pd.DataFrame({'h1':h1,'h2':h2,'h3':h3,'h4':h4})
```

Out

```
        h1      h2      h3   h4
0   0.1000  0.1000  0.1000  0.1
1   0.1000  0.1000  0.1000  0.1
2   0.2364  0.2364  0.2364  0.1
3   0.0909  0.0909  0.0909  0.1
4   0.1273  0.1273  0.1273  0.1
5   0.3182  0.3182  0.3182  0.1
6   0.1727  0.1727  0.1727  0.1
7   0.3182  0.3182  0.3182  1.0
8   0.1727  0.1727  0.1727  0.1
9   0.1273  0.1273  0.1273  0.1
10  0.2364  0.2364  0.2364  0.1
```

可以看出，只有模型 M4 的第 8 点是一个高杠杆点。

（3）学生化残差（studentized residuals）检测方法。

残差的重要应用之一是根据它的绝对值大小判定异常值。但普通残差有 $\mathrm{var}(e_i)=(1-h_i)\sigma^2$，这个方差与因变量 y 的度量单位及 h_i 有关。因此，在判定异常点的情形时，直接比较一般残差是不合适的，需将其标准化，得到学生化残差 r_i：

$$r_i = \frac{e_i}{\hat{\sigma}\sqrt{(1-h_i)}} \tag{3-7}$$

可以证明 cov(r_i,r_j)一般很小，所以应用上常常近似地认为 r_i，r_j 不相关，并进一步用正态分布作为 r_i 的近似分布，即 r_i 近似服从 $N(0,1)$分布且相互独立。学生化残差图可用于模型合理性诊断。当$|r_i|>3$ 时，可认为第 i 个点为一异常点。

下面计算学生化残差：

In
```
r1=M1.outlier_test()[:,0];r2=M2.outlier_test()[:,0];          #提取学生化残差
r3=M3.outlier_test()[:,0];r4=M4.outlier_test()[:,0];
pd.DataFrame({'r1':r1,'r2':r2,'r3':r3,'r4':r4})
```

Out

	r1	r2	r3	r4
0	0.0313	0.9670	-0.4403	-0.3410
1	-0.0408	0.9670	-0.1873	-1.0667
2	-2.0811	-0.6826	616.1336	0.5822
3	1.1268	1.0866	-0.3154	1.7351
4	-0.1398	0.6346	-0.5753	1.3003
5	-0.0382	-2.2365	-1.1561	0.0314
6	1.1170	0.1082	0.0640	-1.6238
7	-0.7046	-2.2365	0.3584	NaN
8	1.8383	0.1082	-0.7364	-1.2705
9	-1.5685	0.6346	-0.0515	0.7568
10	0.1568	-0.6826	0.1974	-0.0893

除了模型 M3 外，原始残差和学生化残差的区别并不大，而模型 M3 的第 3 点是一个异常值。

杠杆值能够表示出数值异常的样本，引起我们注意并促使我们进一步分析。学生化残差在经典假设条件下能够消除残差的异方差性，但是对于杠杆值不大的样本效果不明显。对于异常值我们应该给予高度重视，并采用多种办法来检测，以确保回归模型的优良性。

3.1.3 变量的共线性诊断

一、多重共线性的含义

对于模型

$$Y_i = \beta_0 + \beta_1 X_{i1} + \beta_2 X_{i2} + \cdots + \beta_k X_{ik} + \mu_i \tag{3-8}$$

其基本假设之一是解释变量是相互独立的。如果某两个或多个解释变量之间出现了相关性，则称为存在多重共线性（multicollinearity）。

如果存在：

$$c_0 + c_1 X_{i1} + c_2 X_{i2} + \cdots + c_k X_{ik} = 0 \tag{3-9}$$

其中，c_i不全为 0，即某一个解释变量可以用其他解释变量的线性组合表示，则称为解释变量间存在完全共线性。

如果存在：

$$c_0 + c_1X_{i1} + c_2X_{i2} + \cdots + c_kX_{ik} + \mu_i = 0 \quad (3\text{-}10)$$

其中，c_i不全为0，μ_i为随机干扰项，则称为近似共线性。

完全共线性的情况并不多见，一般出现的是在一定程度上的共线性，即近似共线性。在线性回归分析中所谈的共线性主要是非完全共线性，也称为复共线性。

二、实际经济问题中的多重共线性

一般地，产生多重共线性的主要原因有以下几个方面：①经济变量相关的共同趋势；②模型设定不谨慎；③样本资料的限制。

多重共线性是一种样本现象，有时总体并没有共线性存在，但是样本却存在这个问题。多重共线性是一个程度问题而不是有无问题。共线性的存在导致检验的难度加大，因此对于共线性的诊断也是必要的。

三、多重共线性的诊断

考虑线性回归模型

$$Y=\beta_0+X\beta+\varepsilon \quad E(\varepsilon)=0, \quad \mathrm{cov}(\varepsilon)=\sigma^2 I \quad (3\text{-}11)$$

这里假定X已中心标准化，且$r(X)=p$，这时$X'X$即为nR，R为相关阵。下面给出几个常用的复共线性诊断方法及其一般标准。

1. 特征根分析法

$X'X$的p个次序特征根为：

$$\lambda_{(1)}>\lambda_{(2)}>\ldots>\lambda_{(p)} \quad (3\text{-}12)$$

一般标准：①$\lambda_{(p)}>0.1$时，可认为不存在复共线性；②当$0.05<\lambda_{(p)}\leqslant 0.1$时，有弱的复共线性；③当$0.01<\lambda_{(p)}\leqslant 0.05$时，有中等或较强的复共线性；④当$\lambda_{(p)}\leqslant 0.01$时，有严重的复共线性。

2. 条件数法

方阵$X'X$的条件数（CN）定义为：

$$CN=\lambda_{(1)}/\lambda_{(p)} \quad (3\text{-}13)$$

一般标准：①当$0<CN\leqslant 30$时，没有复共线性；②当$30<CN\leqslant 100$时，有较弱的复共线性；③当$100<CN\leqslant 1\ 000$时，有中等或较强的复共线性；④当$CN>1\ 000$时，有严重的复共线性。

3. 方差扩大因子法

方差扩大因子（VIF）定义为:

$$VIF_j=(1-R^2_j)^{-1}, \ j=1,2,\ldots,p \quad (3\text{-}14)$$

其中R^2_j为X_j对其余p-1个自变量的复相关系数的平方，$VIF=\max(VIF_j)$。可以看出，当$R^2\to 1$时，$VIF\to\infty$。

一般标准：①当 0<*VIF*≤5 时，没有复共线性；②当 5<*VIF*≤10 时，有较弱的复共线性；③当 10<*VIF*≤100 时，有中等或较强的复共线性；④当 *VIF*>100 时，有严重的复共线性。由于 *VIF*＝1/*TOL*（*TOL* 称为容忍值），因此在此仅讨论 *VIF*，有的统计软件给出的是容忍值。

4. 直观判定法

若在普通最小二乘法下，模型的 R^2 与 F 值较大，但各参数估计的 t 检验值较小，说明各解释变量对 Y 的联合线性作用显著，但各解释变量间存在共线性，从而使得它们对 Y 的独立作用不能分辨。

当增加或剔除一个自变量或者改变一个观测值时，回归系数的估计值发生较大变化，我们就认为回归方程存在严重的多重共线性。

从定性分析的角度来看，若一些重要的自变量在回归方程中没有通过显著性检验，可初步判断它们存在着严重的多重共线性。若自变量的回归系数所带正负号与定性分析结果相违背，我们就认为它们存在着多重共线性问题。自变量的相关矩阵中，自变量间的相关系数较大时，可能会出现多重共线性。一些重要的自变量的回归系数标准误差较大时，可能存在多重共线性。

【例 3-2】我国宏观经济数据的共线性分析。

我们首先建立部分变量组成的回归子集模型。

In
```
MEdata=pd.read_excel("MEdata.xlsx",index_col=0)      #导入数据
MEdata.head()
```

Out
```
Year   TAX    GDP    EXP    IEV    RSG    COM    INV    DEP
1978   5.19   36.34  11.22  3.55   15.59  17.59   8.01  2.11
1979   5.38   40.78  12.82  4.55   18.00  20.14   8.57  2.81
1980   5.72   45.75  12.29  5.70   21.40  23.37   9.11  3.96
1981   6.30   49.57  11.38  7.35   23.50  26.28   9.61  5.24
1982   7.00   54.26  12.30  7.71   25.70  28.67  12.00  6.75
......
```

In
```
import statsmodels.formula.api as smf           #导入统计建模 statsmodels 库
M1=smf.ols('TAX~GDP',MEdata).fit()              #模型（1）
print(M1.summary())
```

Out
```
                            OLS Regression Results
==============================================================================
Dep. Variable:                    TAX   R-squared:                       0.997
Model:                            OLS   Adj. R-squared:                  0.997
Method:                 Least Squares   F-statistic:                 1.246e+04
Date:                Mon, 17 Feb 2020   Prob (F-statistic):           1.75e-50
Time:                        17:28:01   Log-Likelihood:                -192.08
No. Observations:                  41   AIC:                             388.2
Df Residuals:                      39   BIC:                             391.6
Df Model:                           1
Covariance Type:            nonrobust
==============================================================================
                 coef    std err          t      P>|t|      [0.025      0.975]
------------------------------------------------------------------------------
Intercept    -24.1469      5.374     -4.493      0.000     -35.017     -13.277
```

	``` GDP 0.1817 0.002 111.613 0.000 0.178 0.185 ```
In	```M2=smf.ols('TAX~GDP+EXP',MEdata).fit() #模型（2） print(M2.summary())```
Out	(see below)
In	```M3=smf.ols('TAX~GDP+EXP+IEV',MEdata).fit() #模型（3） print(M3.summary())```
Out	(see below)

```
GDP          0.1817      0.002    111.613      0.000      0.178      0.185
==============================================================================
Omnibus:                       17.406   Durbin-Watson:                   0.185
Prob(Omnibus):                  0.000   Jarque-Bera (JB):                3.260
Skew:                           0.036   Prob(JB):                        0.196
Kurtosis:                       1.620   Cond. No.                     4.23e+03
==============================================================================
```

In

```
M2=smf.ols('TAX~GDP+EXP',MEdata).fit()   #模型（2）
print(M2.summary())
```

Out

```
                            OLS Regression Results
==============================================================================
Dep. Variable:                    TAX   R-squared:                       0.998
Model:                            OLS   Adj. R-squared:                  0.997
Method:                 Least Squares   F-statistic:                    7593.0
Date:                Mon, 17 Feb 2020   Prob (F-statistic):           3.53e-50
Time:                        17:29:15   Log-Likelihood:                -187.50
No. Observations:                  41   AIC:                             381.0
Df Residuals:                      38   BIC:                             386.1
Df Model:                           2
Covariance Type:            nonrobust
==============================================================================
                 coef    std err          t      P>|t|      [0.025      0.975]
------------------------------------------------------------------------------
Intercept    -12.7184      6.118     -2.079      0.044    -25.104     -0.332
GDP            0.1301      0.017      7.744      0.000      0.096      0.164
EXP            0.2087      0.068      3.084      0.004      0.072      0.346
==============================================================================
Omnibus:                        1.393   Durbin-Watson:                   0.346
Prob(Omnibus):                  0.498   Jarque-Bera (JB):                1.220
Skew:                           0.407   Prob(JB):                        0.543
Kurtosis:                       2.772   Cond. No.                     5.46e+03
==============================================================================
```

In

```
M3=smf.ols('TAX~GDP+EXP+IEV',MEdata).fit()   #模型（3）
print(M3.summary())
```

Out

```
                            OLS Regression Results
==============================================================================
Dep. Variable:                    TAX   R-squared:                       0.999
Model:                            OLS   Adj. R-squared:                  0.999
Method:                 Least Squares   F-statistic:                 1.319e+04
Date:                Mon, 17 Feb 2020   Prob (F-statistic):           4.47e-56
Time:                        17:29:27   Log-Likelihood:                -167.36
No. Observations:                  41   AIC:                             342.7
Df Residuals:                      37   BIC:                             349.6
Df Model:                           3
Covariance Type:            nonrobust
==============================================================================
                 Coef    std err          t      P>|t|      [0.025      0.975]
------------------------------------------------------------------------------
Intercept      1.2242      4.188      0.292      0.772     -7.261      9.710
```

	(continued output)

```
GDP          -0.0261      0.022     -1.165      0.251     -0.072      0.019
EXP           0.6437      0.069      9.271      0.000      0.503      0.784
IEV           0.1278      0.016      7.863      0.000      0.095      0.161
==============================================================================
Omnibus:                        5.425   Durbin-Watson:                   0.733
Prob(Omnibus):                  0.066   Jarque-Bera (JB):                6.440
Skew:                           0.192   Prob(JB):                       0.0400
Kurtosis:                       4.903   Cond. No.                     6.46e+03
==============================================================================
```

In

```
M4=smf.ols('TAX~GDP+EXP+IEV+RSG',MEdata).fit()     #模型（4）
print(M4.summary())
```

Out

```
                            OLS Regression Results
==============================================================================
Dep. Variable:                    TAX   R-squared:                       0.999
Model:                            OLS   Adj. R-squared:                  0.999
Method:                 Least Squares   F-statistic:                 1.023e+04
Date:                Mon, 17 Feb 2020   Prob (F-statistic):           1.87e-54
Time:                        17:29:45   Log-Likelihood:                -166.11
No. Observations:                  41   AIC:                             342.2
Df Residuals:                      36   BIC:                             350.8
Df Model:                           4
Covariance Type:            nonrobust
==============================================================================
                 coef    std err          t      P>|t|      [0.025      0.975]
------------------------------------------------------------------------------
Intercept      1.2997      4.119      0.316      0.754     -7.052      9.653
GDP            0.0318      0.044      0.716      0.479     -0.058      0.122
EXP            0.6873      0.074      9.266      0.000      0.537      0.838
IEV            0.0930      0.028      3.309      0.002      0.036      0.150
RSG           -0.1302      0.087     -1.504      0.141     -0.306      0.045
==============================================================================
Omnibus:                       10.703   Durbin-Watson:                   1.037
Prob(Omnibus):                  0.005   Jarque-Bera (JB):               15.973
Skew:                           0.650   Prob(JB):                     0.000340
Kurtosis:                       5.767   Cond. No.                     6.91e+03
==============================================================================
```

In

```
M5=smf.ols('TAX~GDP+EXP+IEV+RSG+COM',MEdata).fit()     #模型（5）
print(M5.summary())
```

Out

```
                            OLS Regression Results
==============================================================================
Dep. Variable:                    TAX   R-squared:                       0.999
Model:                            OLS   Adj. R-squared:                  0.999
Method:                 Least Squares   F-statistic:                 1.285e+04
Date:                Mon, 17 Feb 2020   Prob (F-statistic):           4.64e-56
Time:                        17:29:58   Log-Likelihood:                -156.29
No. Observations:                  41   AIC:                             324.6
Df Residuals:                      35   BIC:                             334.9
Df Model:                           5
Covariance Type:            nonrobust
==============================================================================
```

```
                 coef    std err          t      P>|t|      [0.025      0.975]
------------------------------------------------------------------------------
Intercept      3.1427      3.311      0.949      0.349      -3.579       9.865
GDP            0.1691      0.046      3.662      0.001       0.075       0.263
EXP            0.4151      0.083      4.980      0.000       0.246       0.584
IEV            0.0487      0.024      1.997      0.054      -0.001       0.098
RSG            0.0301      0.077      0.390      0.699      -0.127       0.187
COM           -0.3212      0.069     -4.638      0.000      -0.462      -0.181
==============================================================================
Omnibus:                        3.195   Durbin-Watson:                   1.097
Prob(Omnibus):                  0.202   Jarque-Bera (JB):                2.150
Skew:                           0.302   Prob(JB):                        0.341
Kurtosis:                       3.946   Cond. No.                     7.32e+03
==============================================================================
```

In

```
M6=smf.ols('TAX~GDP+EXP+IEV+RSG+COM+INV',MEdata).fit()     #模型（6）
print(M6.summary())
```

Out

```
                            OLS Regression Results
==============================================================================
Dep. Variable:                    TAX   R-squared:                       0.999
Model:                            OLS   Adj. R-squared:                  0.999
Method:                 Least Squares   F-statistic:                 1.072e+04
Date:                Mon, 17 Feb 2020   Prob (F-statistic):           3.35e-54
Time:                        17:30:10   Log-Likelihood:                -155.67
No. Observations:                  41   AIC:                             325.3
Df Residuals:                      34   BIC:                             337.3
Df Model:                           6
Covariance Type:            nonrobust
==============================================================================
                 coef    std err          t      P>|t|      [0.025      0.975]
------------------------------------------------------------------------------
Intercept      3.6024      3.340      1.078      0.288      -3.186      10.392
GDP            0.1610      0.047      3.438      0.002       0.066       0.256
EXP            0.4024      0.084      4.776      0.000       0.231       0.574
IEV            0.0496      0.024      2.034      0.050    3.15e-05       0.099
RSG           -0.0449      0.107     -0.420      0.677      -0.262       0.172
COM           -0.2538      0.096     -2.644      0.012      -0.449      -0.059
INV            0.0224      0.022      1.016      0.317      -0.022       0.067
==============================================================================
Omnibus:                        1.170   Durbin-Watson:                   1.085
Prob(Omnibus):                  0.558   Jarque-Bera (JB):                0.397
Skew:                          -0.092   Prob(JB):                        0.820
Kurtosis:                       3.446   Cond. No.                     8.57e+03
==============================================================================
```

In

```
M7=smf.ols('TAX~GDP+EXP+IEV+RSG+COM+INV+DEP',MEdata).fit()     #模型（7）
print(M7.summary())
```

Out

```
                            OLS Regression Results
==============================================================================
Dep. Variable:                    TAX   R-squared:                       1.000
Model:                            OLS   Adj. R-squared:                  1.000
Method:                 Least Squares   F-statistic:                 1.237e+04
```

```
Date:                Mon, 17 Feb 2020   Prob (F-statistic):          1.64e-54
Time:                        17:30:23   Log-Likelihood:               -148.96
No. Observations:                  41   AIC:                            313.9
Df Residuals:                      33   BIC:                            327.6
Df Model:                           7
Covariance Type:            nonrobust
==============================================================================
                 coef    std err          t      P>|t|      [0.025      0.975]
------------------------------------------------------------------------------
Intercept     -3.5471      3.505     -1.012      0.319     -10.679      3.583
GDP            0.1374      0.041      3.361      0.002       0.054      0.221
EXP            0.6434      0.099      6.495      0.000       0.442      0.845
IEV            0.0665      0.022      3.087      0.004       0.023      0.110
RSG           -0.0355      0.092     -0.386      0.702      -0.223      0.152
COM           -0.1123      0.092     -1.225      0.229      -0.299      0.074
INV            0.0095      0.019      0.493      0.625      -0.030      0.049
DEP           -0.1142      0.032     -3.576      0.001      -0.179      0.049
==============================================================================
Omnibus:                        5.566   Durbin-Watson:                   1.274
Prob(Omnibus):                  0.062   Jarque-Bera (JB):                7.258
Skew:                          -0.065   Prob(JB):                       0.0265
Kurtosis:                       5.057   Cond. No.                     1.18e+04
==============================================================================
```

比较得出，在模型（3）中，当自变量 *IEV* 进入回归模型后，对 *GDP* 的回归系数影响很大，其系数由正变为负，且 *t* 检验不显著。在模型（4）中，当自变量 *RSG* 进入回归模型后，对 *GDP* 回归系数影响也很大（系数为正，且 t 检验不显著），且 *RSG* 变量的回归系数并不显著。在模型（5）中，自变量 *COM* 进入模型之后，变量 *IEV* 与 *RSG* 的回归系数均不显著。在模型（6）与模型（7）中，也存在多个回归系数不显著的现象。这表明这些变量之间存在复共线性。

下面采用上面给出的四种复共线性诊断方法进行诊断。

In
```
R=MEdata.drop('TAX',1).corr(); print(R)   #求自变量相关系数矩阵
```
Out
```
        GDP     EXP     IEV     RSG     COM     INV     DEP
GDP  1.0000  0.9961  0.9713  0.9971  0.9986  0.9913  0.9984
EXP  0.9961  1.0000  0.9510  0.9988  0.9960  0.9976  0.9983
IEV  0.9713  0.9510  1.0000  0.9514  0.9616  0.9398  0.9597
RSG  0.9971  0.9988  0.9514  1.0000  0.9983  0.9966  0.9989
COM  0.9986  0.9960  0.9616  0.9983  1.0000  0.9911  0.9989
INV  0.9913  0.9976  0.9398  0.9966  0.9911  1.0000  0.9939
DEP  0.9984  0.9983  0.9597  0.9989  0.9989  0.9939  1.0000
```

从相关阵中可以看到，许多自变量间存在非常高的相关性（$r>0.95$），这说明自变量间存在共线性。下面通过编程计算来诊断自变量间的多重共线性。

（1）特征分析法：

In
```
import numpy as np
np.set_printoptions(precision=4)     #设置 numpy 输出精度
lamda,featurevector=np.linalg.eig(R);lamda
```
Out
```
array([6.9107e+00, 7.9573e-02, 7.4123e-03, 1.5352e-03, 4.4380e-04,
       1.3225e-04, 2.0029e-04])
```

R 最小的特征根为 $\lambda_{(7)}$=0.000 200 29<0.01，可认为自变量间存在严重的复共线性。

（2）条件数法：

In	CN=np.linalg.cond(R);CN
Out	52254.2001

$CN=\lambda_{(1)}/\lambda_{(7)}$=522 54.200 1> 1 000，可认为自变量间存在严重的复共线性。

（3）方差扩大因子法：

```
In   M=smf.ols('GDP~EXP+IEV+RSG+COM+INV+DEP',MEdata).fit()
     R2=M.rsquared;print(R2.round(4))          #可决系数
     R=pow(R2,0.5);print(R.round(4))           #复相关系数
     VIF1=1/(1-R2);print(VIF1.round(4))        #方差扩大因子
Out  0.9998
     0.9999
     4374.1477
```

根据经济理论做 *GDP* 对其他自变量的回归。计算得到，*GDP* 对其他自变量的复相关系数高达 0.999 9，非常接近 1，说明 *GDP* 与这些变量间有很强的线性关系。计算得出 *VIF*=4374，远大于 100，故 *GDP* 与其他变量间存在严重的复共线性。同理我们可以获得其他方差扩大因子，都远大于 100，皆说明变量间有复共线性。

四、多重共线性的处理

（1）剔除一些不重要的解释变量。

（2）增大样本容量。

（3）采用岭回归法、主成分法、偏最小二乘法对回归系数进行有偏估计。

（4）多重共线性的存在是难以避免的。如何发现多重共线性，进一步说，多重共线性严重到什么程度才对最小二乘回归有较大的影响，一直是一个难以解答的问题。本节给出的几种多重共线性诊断方法和标准对解决这一问题有一定的帮助。

关于岭回归法、主成分法、偏最小二乘法的介绍，限于篇幅在此省略，读者可参考相关文献。

3.2 误差的异方差检验与建模

3.2.1 异方差的概念及其来源

一、异方差的概念

异方差性（也称不等方差，heteroscedasticity）是相对于等方差性而言的。所谓等方差，是为了保证回归参数估计量具有良好的统计性质，在经典线性回归模型中设立的一个重要假定：总体回归函数中的随机误差项满足等方差性，即它们都有相同的方差。如果这一假定不满足，即随机误差项具有不同的方差，则称线性回归模型存在异方差性。

若线性回归模型存在异方差性，则用传统的最小二乘估计模型得到的参数估计量就

不是有效估计量，甚至也不是渐近有效的估计量；此时也无法对模型的参数进行有关显著性检验。

设线性回归模型为:

$$y_t = b_0 + b_1x_{1t} + b_2x_{2t} + \cdots + b_kx_{kt} + \varepsilon_t$$

经典回归中所谓等方差是指不同随机误差项ε_t的方差相同，即

$$\mathrm{var}(\varepsilon_t) = \sigma^2$$

如果随机误差项的方差不是常数，则称随机项具有异方差性，即

$$\mathrm{var}(\varepsilon_t) = {\sigma_t}^2 \neq 常数$$

异方差性的几何直观表示形式可借助观测值的散点图。以一元线性回归为例，在散点图上，显示为样本残差平方随解释变量的变化而变化。

二、异方差性的来源

1. 在实际经济问题中，随机扰动项往往是异方差的

调查不同规模公司的利润，发现大公司的利润波动幅度比小公司的利润波动幅度大。在分析家庭支出模型时，发现高收入家庭支出变化比低收入家庭支出变化大，高收入家庭通常比低收入家庭对某些商品的支出有更大的方差。异方差性破坏了古典模型的基本假定，如果我们直接应用最小二乘估计回归模型，将得不到准确、有效的结果。

2．模型中缺少某些解释变量，随机扰动项从而产生系统模式

由于随机扰动项包含了所有无法用解释变量表示的因素，从而对被解释变量产生影响，即模型中略去的经济变量对被解释变量产生影响。如果其中被略去的某一因素或某些因素随着解释变量观测值的不同而对被解释变量产生不同的影响，就会使随机扰动项产生异方差性。例如，以某一时间截面上不同收入家庭的数据为样本，研究家庭对某一消费品（如服装、食品等）的需求，随机扰动项包括除家庭收入外其他因素（如消费习惯、偏好、季节、气候等）对因变量的影响，随机扰动项的方差就表示这些因素的影响可能使得因变量偏离均值的程度。

异方差性容易出现在截面数据中，这是因为截面数据通常涉及某一确定时点上的总体单位，比如个别的消费者及其家庭，不同行业，或者农村、城镇等区域的划分。这些单位各自有不同的规模或水平，一般情况下用截面数据作样本时出现异方差性的可能性较大。

3．测量误差

测量误差对异方差性的作用主要表现在两个方面：一方面，测量误差常常在一定时间内逐渐积累，误差趋于增加，如解释变量 X 增大，测量误差就会增大；另一方面，测量误差可能随时间的变化而变化，如抽样技术或收集资料方法的改进，就会使测量误差减小。因此，测量误差引起的异方差性一般都存在于时间序列数据中。

不仅时间序列数据容易出现异方差性，利用平均数作为样本数据也容易出现异方差性。许多经济变量之间的关系都服从正态分布，例如不同收入组的人数随收入的增加呈

正态分布，即收入较高和较低的人是少数的，大部分人的收入居于较高和较低之间。在以不同收入组的人均数据作为样本时，由于每组中的人数不同，故观测误差也不同。一般来说，人数多的收入组的人均数据较人数少的具有较高的准确性，即 var(ε_t)随收入呈现先降后升的趋势，这也存在着异方差性。

4．模型函数形式设置不正确

模型函数形式的设定误差，如将指数曲线模型误设成了线性模型，则误差有增大的趋势。

5．异常值的出现

随机因素的影响，如政策变动、自然灾害、金融危机、战争和季节变化等，会造成异常值的出现。

三、异方差的类型

1. 单调递增型

随 X 的增大而增大，即在 X 与 Y 的散点图中，表现为随着 X 值的增大 Y 值的波动越来越大。

2. 单调递减型

随 X 的增大而减小，即在 X 与 Y 的散点图中，表现为随着 X 值的增大 Y 值的波动越来越小。

3. 复杂型

与 X 的变化呈复杂形式，即在 X 与 Y 的散点图中，表现为随着 X 值的增大 Y 值的波动复杂多变，且没有系统关系。

方差的类型和散点图如图 3-1 所示。

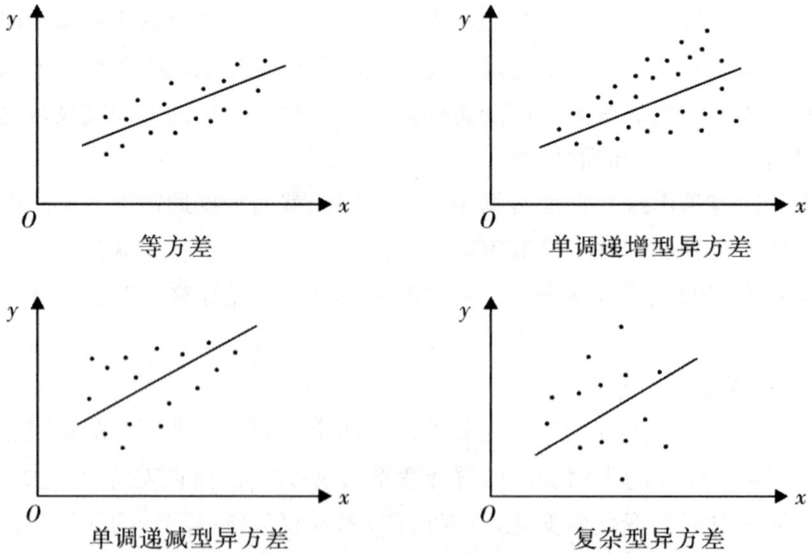

图3-1 方差的类型

3.2.2 异方差的影响及其检验

一、异方差的影响

1. 参数估计量非有效

在经典回归模型的基本假定下，普通最小二乘估计量是线性的、无偏的有效估计量。可以证明，当模型出现异方差时，其最小二乘估计量不再是有效的。

2. 变量的显著性检验失去意义

对回归参数进行t检验用到的t统计量是基于随机干扰项共同的方差σ^2不变且正确估计了参数方差而构建的。若存在异方差，则估计的参数方差会出现偏误，即t检验失去意义。其他检验也是如此。

3. 模型的预测失效

由于上述后果，模型不再具有良好统计性质。另外对预测值做区间估计时，其置信区间中也包含参数方差的估计值。因此，当存在异方差时，仍使用最小二乘估计量，会导致置信区间偏大或偏小，预测功能失效。

二、检验异方差性的方法

事实证明，实际经济问题中经常会出现异方差性，这将影响回归模型的估计、检验和应用。因此，在建立计量经济模型时应检验模型是否存在异方差性。关于异方差性检验的方法大致包括图示检验法、怀特检验法、布罗施—帕甘检验法、帕克检验法或格里瑟检验法。

【例 3-3】模拟数据：设有一线性模型$y=0.2+0.3x+\varepsilon$，其中$\varepsilon\sim N(0, x\sigma^2)$，$\sigma=0.1$。

In

```
np.random.seed(12345)
n=50
x=np.random.rand(n)
e=np.random.normal(0,0.1,n)
y=0.2+0.3*x+x*e
M1=sm.OLS(y,sm.add_constant(x)).fit()
print(M1.summary())
```

Out

```
                            OLS Regression Results
==============================================================================
Dep. Variable:                      y   R-squared:                       0.622
Model:                            OLS   Adj. R-squared:                  0.614
Method:                 Least Squares   F-statistic:                     78.84
Date:                Wed, 12 Feb 2020   Prob (F-statistic):           1.07e-11
Time:                        14:26:16   Log-Likelihood:                 68.823
No. Observations:                  50   AIC:                            -133.6
Df Residuals:                      48   BIC:                            -129.8
Df Model:                           1
Covariance Type:            nonrobust
==============================================================================
                 coef    std err          t      P>|t|      [0.025      0.975]
------------------------------------------------------------------------------
const          0.2063      0.019     10.965      0.000       0.168       0.244
x1             0.2685      0.030      8.879      0.000       0.208       0.329
```

```
==============================================================================
Omnibus:                        1.706   Durbin-Watson:                   1.526
Prob(Omnibus):                  0.426   Jarque-Bera (JB):                0.885
Skew:                          -0.209   Prob(JB):                        0.643
Kurtosis:                       3.501   Cond. No.                         4.54
==============================================================================
```

从上面的最小二乘回归结果可以看出，模型参数跟真实参数还是比较接近的，而且回归系数和模型的检验都是非常显著的，但模型是否满足最小二乘估计的要求还是值得商榷的。

1. 图示检验法

（1）相关图分析：方差为随机变量的离散程度，通过观察 y 和 x 的相关图，可以观察离散程度和解释变量之间的相关关系。若随 x 的增加，y 的离散程度呈逐渐增加或减少的趋势，则表明模型存在着递增或者递减的异方差性。

In
```
plt.plot(x, y,'.');                #相关图分析
```
Out

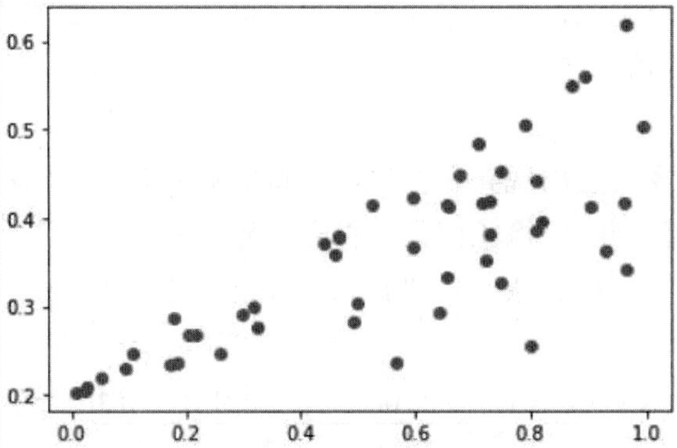

从相关散点图上可以看到，模型存在明显的异方差性。

（2）残差图分析：观察模型残差分布，如果分布的离散程度有明显扩大的趋势，则表明存在异方差性。图示检验法只能较简单粗略地判断模型是否存在异方差性。

In
```
e=M1.resid;
plt.plot(x, e,'.'); plt.xlabel("x"); plt.ylabel("e");       #残差图分析
```
Out

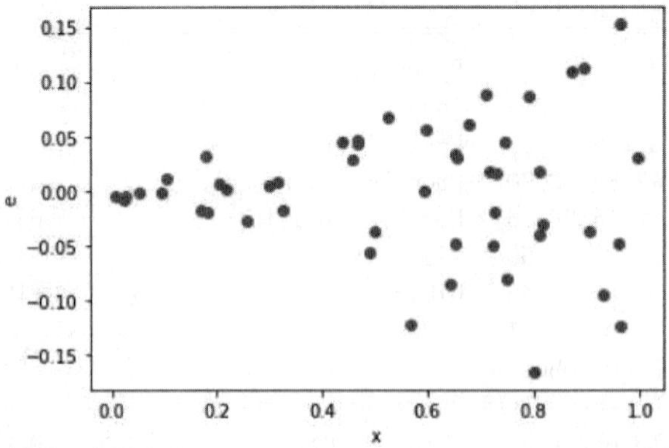

从残差散点图上可以看到，误差存在明显的异方差性。

2. 怀特（White）检验法

假设回归模型为：

$$Y = \beta_0 + \beta_1 X_1 + \beta_2 X_2 + \varepsilon \tag{3-15}$$

先对该模型进行 OLS 回归，并得到残差项的平方 e^2，然后做如下辅助回归：

$$e^2 = \delta_0 + \delta_1 X_1 + \delta_2 X_2 + \delta_3 X_1^2 + \delta_4 X_2^2 + \delta_5 X_1 X_2 + \varepsilon \tag{3-16}$$

要检验的等方差原假设H_0：$\delta_0 = \delta_1 = \delta_2 = \delta_3 = \delta_4 = \delta_5 = 0$。

怀特检验就是做残差平方对解释变量及其平方项、交叉项的辅助回归，然后检验辅助回归的显著性。用于检验的 *LM* 统计量为：

$$LM = n \cdot R^2 \sim \chi^2 \text{（5）} \tag{3-17}$$

其中 n 为样本容量，R^2 为辅助回归的可决系数。统计量 LM 渐近服从$\chi^2(k)$，其中 k 为辅助回归的解释变量个数，此例中即为 k=5。如果计算出来的 LM 超过在选定显著性水平下从χ^2 分布表中查出的临界值，则拒绝随机误差项不存在异方差性的假设，即残差存在异方差性；否则，残差不存在异方差性。

In	`white=sm.stats.diagnostic.het_white(e, exog = M1.model.exog)        #white's test` `print(' white = %.4f, P-value = %.4f'%(white[0],white[1]))`
Out	white = 13.3716, P-value = 0.0012

$p < 0.05$，拒绝随机误差项不存在异方差性的假设，即残差存在异方差性。

3. 布罗施—帕甘（Breusch-Pagan，简称 B-P）检验法

对线性模型：

$$Y = \beta_0 + \beta_1 X_1 + \beta_2 X_2 + \cdots + \beta_k X_k + \mu \tag{3-18}$$

异方差的存在意味着μ_i是部分或全部为解释变量的某种函数。B-P 检验假设该函数为线性函数，即作辅助回归：

$$\mu^2 = \delta_0 + \delta_1 X_1 + \delta_2 X_2 + \cdots + \delta_k X_k + \varepsilon \tag{3-19}$$

则检验等方差性就是检验如下联合假设：

$$H_0\text{: } \delta_0 = \delta_1 = \delta_2 = \cdots = \delta_k = 0$$

由于观测不到真实的μ^2，故用其 OLS 估计e_i^2近似代替。此检验可通过受约束的 F 检验或拉格朗日乘数（*LM*）检验来进行：

$$F = \frac{R^2 / k}{\left(1 - R^2\right) / \left(n - k - 1\right)} \tag{3-20}$$

$$LM = n \cdot R^2 \tag{3-21}$$

R^2 为辅助回归的可决系数。上述 F 统计量与 *LM* 统计量在大样本情况下分别渐近服从 $F(k，n-k-1)$分布与$\chi^2(k)$分布。若 F 值或 *LM* 值大于给定显著性水平下的临界值，则拒绝H_0，表明存在异方差性。

In	bptest=sm.stats.het_breuschpagan(e, M1.model.exog) #bptest
	print(' BP = %.4f, P-value = %.4f'%(bptest[0],bptest[1]))

Out	BP = 12.0849, P-value = 0.0005

$P < 0.05$，拒绝原假设，即残差存在异方差性。

4. 帕克（Park）检验法或格里瑟（Glejser）检验法

格里瑟在 1969 年提出通过残差序列对解释变量建立辅助回归模型，根据辅助回归模型的显著性和拟合性来判断是否存在异方差性。具体的步骤如下：

（1）根据样本的数据建立 OLS 估计回归模型并求得残差 e；

（2）分别建立残差绝对值$|e|$对每个解释变量的各种回归方程，例如：

$$
\begin{aligned}
&|e| = a_0 + a_1 x;\ |e| = a_0 + a_1 x^2;\\
&|e| = a_0 + a_1 \sqrt{x};\ |e| = a_0 + a_1 x^{-1};\\
&|e| = a_0 + a_1 x^{-2}
\end{aligned}
\tag{3-22}
$$

（3）检验每个回归方程参数的显著性，如果其中某个方程的参数显著地不为零，则存在异方差性。格里瑟检验在 Python 的实现并不难，只要结合数据变换函数（sqrt、abs 等）及回归函数 OLS 就可实现。

给定显著性水平，若经检验其中的某个辅助回归方程是显著的，则证明原模型存在异方差性。帕克检验和格里瑟检验可以判断模型是否存在异方差性，而且可以探究模型异方差性的具体形式，这为后来解决异方差性打下了基础。

In
```
dat=pd.DataFrame({'x':x,'abs_e':abs(e),'x2':x**2,'sqrt_x':np.sqrt(x)});    #构建数据框
dat.head()
```
Out
```
        x   abs_e      x2  sqrt_x
0  0.9296  0.0948  0.8642  0.9642
1  0.3164  0.0074  0.1001  0.5625
2  0.1839  0.0201  0.0338  0.4289
3  0.2046  0.0069  0.0418  0.4523
4  0.5677  0.1224  0.3223  0.7535
```
In
```
smf.ols('abs_e~x',dat).fit().summary().tables[1]   #格里瑟检验
```
Out
```
==============================================================================
                 coef    std err          t      P>|t|      [0.025      0.975]
------------------------------------------------------------------------------
const         -0.0011      0.010     -0.116      0.908      -0.021      0.018
x1             0.0856      0.016      5.469      0.000       0.054      0.117
==============================================================================
```
In
```
smf.ols('abs_e~x2',dat).fit().summary().tables[1]
```
Out
```
==============================================================================
                 coef    std err          t      P>|t|      [0.025      0.975]
------------------------------------------------------------------------------
const          0.0142      0.008      1.883      0.066      -0.001      0.029
x1             0.0821      0.015      5.348      0.000       0.051      0.113
==============================================================================
```

In	smf.ols('abs_e~sqrt_x',dat).fit().summary().tables[1]
Out	(see below)

```
==============================================================================
                 coef    std err          t      P>|t|      [0.025      0.975]
------------------------------------------------------------------------------
const         -0.0239      0.014     -1.672      0.101      -0.053      0.005
x1             0.0996      0.019      5.169      0.000       0.061      0.138
==============================================================================
```

三个模型的 $p< 0.05$，因此拒绝随机误差项不存在异方差性的假设，即残差存在异方差性。

3.2.3 异方差模型的处理方法

一、模型变换法

在经济意义成立的情况下，如果对模型中的变量进行适当变换，可降低异方差的影响。例如，对变量作对数变换，对数变换后的模型通常可以降低异方差性的影响：

（1）运用对数变换能使测定变量值的尺度缩小。

（2）经过对数变换后的线性模型，其残差表示的相对误差往往比绝对误差有较小的差异。对变量取对数虽然能够减少异方差对模型的影响，但应注意取对数后变量的经济意义。

二、加权最小二乘法

存在异方差性的模型用 OLS 估计时，虽然估计的参数仍然是无偏的，却不再是有效的，这时应该采用加权最小二乘法 WLS 来估计模型的参数。

例如，对于一元回归模型 $y = b_0 + b_1 x + u$，如果随机误差项的方差 $\mathrm{var}(u) = \sigma^2$，则将原模型改为 $y/\sigma = b_0/\sigma + b_1 x/\sigma + u/\sigma$，新模型不再具有异方差性。而该 WLS 中 σ 的形式可大致由格里瑟检验确定。

经检验 u_i 存在异方差，且 $\mathrm{var}(u_i)=\sigma_i^2=\sigma^2 f(X_i)$，其中 σ_i^2 是常数，$f(X_i)$ 是 X_i 的某种函数。区别对待不同的 σ_i^2。对较小的 σ_i^2，给予残差 e_i^2 较大的权数；对较大的 σ_i^2，给予残差 e_i^2 较小的权数，从而使 Σe_i^2 更好地反映 σ_i^2 对残差平方和的影响。具体做法如下：

（1）选取权数并求出加权的残差平方和。

通常取权数 $w_i = 1/\sigma_i^2\ (i=1,2,\ldots,n)$。当 σ_i^2 越小时，w_i 越大；当 σ_i^2 越大时，w_i 越小。

将权数与残差平方相乘以后再求和，得到加权的残差平方和：

$$\sum w_i e_i^2 = \sum w_i (Y_i - b_0 - b_1 X_i)^2 \tag{3-23}$$

（2）求满足 $\min \sum w_i e_i^2$ 的 b。

Python 加权最小二乘函数是 WLS，其中的权重参数为 weights。实际中使用最多的权重形式是 $w_i = 1/e_i^2$ 或 $w_i = 1/|e_i|$。

【例 3-4】例 3-3 模拟数据的加权最小二乘回归。

In
```
M2=sm.WLS(y,sm.add_constant(x), weights=1/abs(e)).fit()
M2.summary()
```

Out
```
                            WLS Regression Results
==============================================================================
Dep. Variable:                      y   R-squared:                       0.936
Model:                            WLS   Adj. R-squared:                  0.934
Method:                 Least Squares   F-statistic:                     696.2
Date:                Wed, 12 Feb 2020   Prob (F-statistic):           3.18e-30
Time:                        14:27:33   Log-Likelihood:                 97.074
No. Observations:                  50   AIC:                            -190.1
Df Residuals:                      48   BIC:                            -186.3
Df Model:                           1
Covariance Type:            nonrobust
==============================================================================
                 coef    std err          t      P>|t|      [0.025      0.975]
------------------------------------------------------------------------------
const          0.2051      0.004     45.744      0.000       0.196       0.214
x1             0.2731      0.010     26.385      0.000       0.252       0.294
==============================================================================
Omnibus:                       12.285   Durbin-Watson:                   1.449
Prob(Omnibus):                  0.002   Jarque-Bera (JB):                3.177
Skew:                          -0.130   Prob(JB):                        0.204
Kurtosis:                       1.793   Cond. No.                         4.24
==============================================================================
```

从中可以看出，模型 M2 的拟合效果比模型 M1 要好很多，拟合优度由 M1 的 0.622 提高到 M2 的 0.936。

【例 3-5】我国宏观经济数据的异方差分析。在宏观经济数据集 MEdata 中，我们来考证税收收入 *TAX* 与进出口贸易总额 *IEV*、城乡居民消费额 *COM* 和固定资产投资总额 *INV* 之间的关系。

1. 模型建立

建立 *TAX* 与 *IEV*、*COM* 和 *INV* 变量之间的线性模型。

In
```
lm3_2=smf.ols('TAX~IEV+COM+INV',MEdata).fit()
lm3_2.summary()
```

Out
```
                            OLS Regression Results
==============================================================================
Dep. Variable:                    TAX   R-squared:                       0.998
Model:                            OLS   Adj. R-squared:                  0.998
Method:                 Least Squares   F-statistic:                    7320.0
Date:                Mon, 17 Feb 2020   Prob (F-statistic):           2.35e-51
Time:                        17:54:12   Log-Likelihood:                -179.40
No. Observations:                  41   AIC:                             366.8
Df Residuals:                      37   BIC:                             373.7
Df Model:                           3
Covariance Type:            nonrobust
```

In	
	``` == coef std err t P>|t| [0.025 0.975] -- Intercept -1.2851 5.396 -0.238 0.813 -12.218 9.649 IEV 0.1331 0.012 10.880 0.000 0.108 0.158 COM 0.0651 0.033 2.000 0.053 -0.001 0.131 INV 0.1372 0.013 10.837 0.000 0.112 0.163 == Omnibus: 1.598 Durbin-Watson: 0.639 Prob(Omnibus): 0.450 Jarque-Bera (JB): 0.709 Skew: 0.009 Prob(JB): 0.701 Kurtosis: 3.644 Cond. No. 5.15e+03 == ```

由 OLS 估计结果可看出，模型的拟合效果总体上看似不错，但回归系数的检验结果并不十分理想。

2. 异方差诊断及检验

（1）图示法。首先观察模型的残差的绝对值与自变量之一 *INV* 之间的关系图，如下：

In

```
e2=lm3_2.resid
plt.plot(MEdata.INV, abs(e2),'.');plt.xlabel("INV");plt.ylabel("abs(e2)");
```

Out

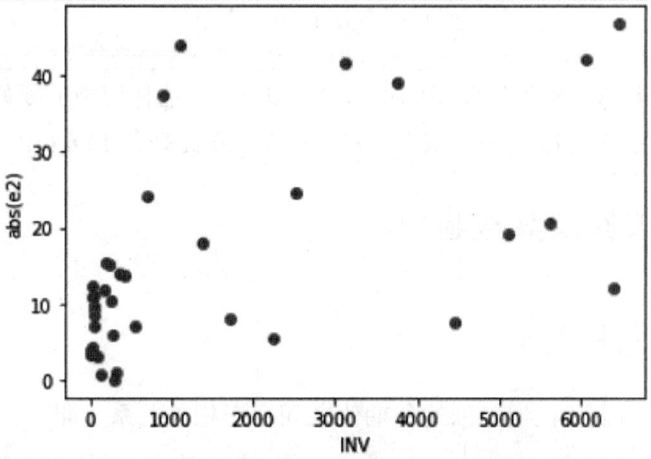

从图上可以看到，残差存在随着 *INV* 的增大而逐渐增大的趋势。因此，初步认为该模型存在异方差性，且异方差函数的形式可能是指数形式。

（2）怀特检验法。下面进行怀特检验，检验结果如下：

In

```
White=sm.stats.diagnostic.het_white(e2, exog = lm3_2.model.exog)
print('     White = %.4f， P-value = %.4f' %(White[0],White[1]))
```

Out

```
White = 22.9429, P-value = 0.0063
```

通过做残差对解释变量及其平方项与交叉项的辅助回归，对模型进行怀特检验。由上述检验结果可知，在显著性水平为 0.05 的条件下，应该拒绝不存在异方差性的原假设，即该模型存在异方差性。

3. 加权最小二乘回归

根据上面的分析，我们取残差的权重 $w = 1/\text{abs}(e)$，建立下面的加权回归模型。

In

```
sm.formula.wls('TAX~IEV+COM+INV',data=MEdata,weights=1/abs(e2)).fit().summary()
```

Out

```
WLS Regression Results
```

```
==============================================================================
Dep. Variable:                    TAX   R-squared:                       0.999
Model:                            WLS   Adj. R-squared:                  0.999
Method:                 Least Squares   F-statistic:                 1.469e+04
Date:                Mon, 21 Sep 2020   Prob (F-statistic):           6.04e-57
Time:                        19:06:01   Log-Likelihood:                -155.26
No. Observations:                  41   AIC:                             318.5
Df Residuals:                      37   BIC:                             325.4
Df Model:                           3
Covariance Type:            nonrobust
==============================================================================
                 coef    std err          t      P>|t|      [0.025      0.975]
------------------------------------------------------------------------------
Intercept      2.4567      2.216      1.109      0.275      -2.033       6.946
IEV            0.1339      0.008     16.743      0.000       0.118       0.150
COM            0.0517      0.010      4.927      0.000       0.030       0.073
INV            0.1423      0.004     31.902      0.000       0.133       0.151
==============================================================================
Omnibus:                        1.045   Durbin-Watson:                   0.607
Prob(Omnibus):                  0.593   Jarque-Bera (JB):                0.991
Skew:                           0.203   Prob(JB):                        0.609
Kurtosis:                       2.356   Cond. No.                     2.91e+03
==============================================================================
```

从上面的结果看，加权 WLS 估计模型的拟合程度比 OLS 估计模型的要好，各估计系数都通过了检验，而且剩余标准误小了很多，F 值由 7 320 提高到 14 690。

3.3 误差的相关性及其检验

3.3.1 误差的相关性概念

对于多元回归模型，如果随机误差项的各期值之间存在相关关系，即

$$\operatorname{cov}(u_t,u_s)=\mathrm{E}(u_t,u_s)\neq 0 \quad (t\neq s;\ t,s=1,2,\cdots,k)$$

则称随机误差项之间存在自相关性（autocorrelation）。

若设误差的自相关系数为ρ，则其样本估计公式为：

$$\hat{\rho}=\frac{\sum_{t=2}^{n}(e_t-\bar{e})(e_{t-1}-\bar{e}_{t-1})}{\sqrt{\sum_{t=1}^{n}(e_t-\bar{e})^2\sum_{t=2}^{n}(e_{t-1}-\bar{e}_{t-1})^2}} \tag{3-24}$$

这里 e_t 表示残差序列，e_{t-1} 表示残差的滞后一节序列，关于序列滞后的算法见下章。

【例 3-6】我国宏观经济模型残差的自相关分析。

为了下面操作方便，我们仅建立 y=log(TAX)与 x=log(GDP)之间的线性回归模型。

In
```
y=np.log(MEdata['TAX']); x=np.log(MEdata['GDP'])
lm3_3=sm.OLS(y,sm.add_constant(x)).fit()
lm3_3.summary()
```

Out

```
OLS Regression Results
==============================================================================
Dep. Variable:                    TAX   R-squared:                       0.989
Model:                            OLS   Adj. R-squared:                  0.989
Method:                 Least Squares   F-statistic:                    3533.0
Date:                Mon, 21 Sep 2020   Prob (F-statistic):           7.08e-40
Time:                        19:07:55   Log-Likelihood:                 9.8808
No. Observations:                  41   AIC:                            -15.76
Df Residuals:                      39   BIC:                            -12.33
Df Model:                           1
Covariance Type:            nonrobust
==============================================================================
                 coef    std err          t      P>|t|      [0.025      0.975]
------------------------------------------------------------------------------
const         -2.2079      0.118    -18.661      0.000      -2.447      -1.969
GDP            1.0437      0.018     59.439      0.000       1.008       1.079
==============================================================================
Omnibus:                        1.752   Durbin-Watson:                   0.294
Prob(Omnibus):                  0.417   Jarque-Bera (JB):                0.828
Skew:                          -0.150   Prob(JB):                        0.661
Kurtosis:                       3.628   Cond. No.                         26.7
==============================================================================
```

In

```
et=lm3_3.resid;
plt.plot(et,'-o');plt.axhline(y=0);
```

Out

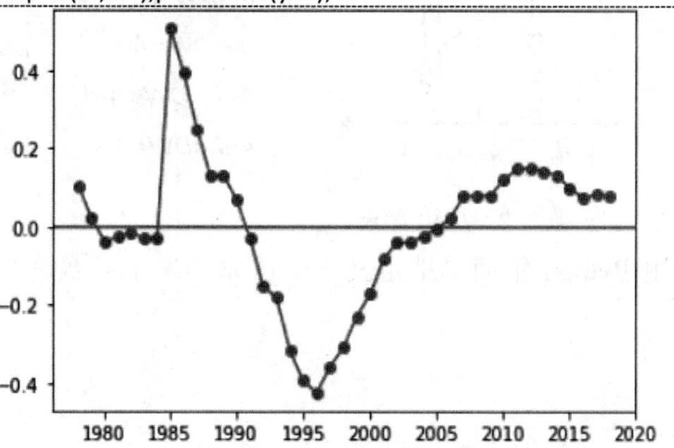

从残差的序列图可以看出，该模型的误差有可能存在一定的相关性。

3.3.2 误差自相关性检验

一、D-W 检验

检验模型的残差是否存在一阶自相关性最常用的方法是 D-W 检验。杜宾（J.Durbin）和瓦森（G.S.Watson）于 1951 年提出一种检测序列自相关的方法——D-W 检验。该方法的假定条件是：

（1）解释变量 X 非随机；

（2）随机误差项 μ_i 为一阶自回归形式：

$$\mu_i=\rho\mu_{i-1}+\varepsilon_i$$

（3）回归模型中不应含有滞后因变量作为解释变量，即不应出现下列形式：

$$Y_i=\beta_0+\beta_1 X_{1i}+\ldots+\beta_k X_{ki}+\gamma Y_{i-1}+\mu_i$$

（4）回归模型含有截距项。

D-W 对原假设 H_0：$\rho=0$，即不存在一阶自回归，构造如下统计量：

$$DW=\frac{\sum_{t=2}^{n}\left(e_t-e_{t-1}\right)^2}{\sum_{t=1}^{n}e_t^2} \tag{3-25}$$

该统计量的分布与出现在给定样本中的 X 值有复杂的关系，因此，很难得到其精确的分布。但是，它们成功地导出了临界值的下限 d_L 和上限 d_U，且这些上下限只与样本的容量 n 和解释变量的个数 k 有关，而与解释变量 X 的取值无关。

DW 相关图见图 3-2。

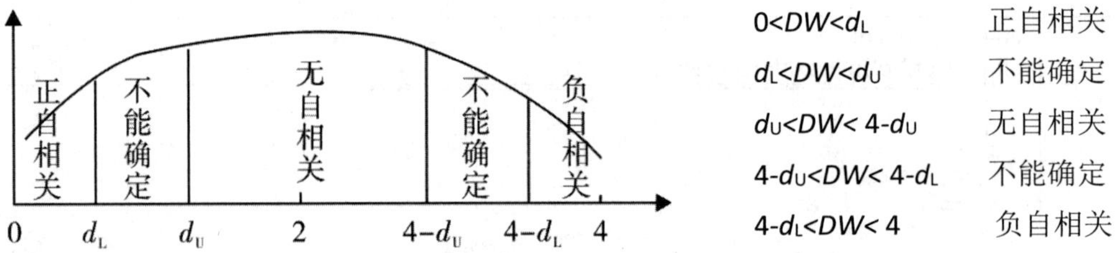

图3-2 *DW*相关图

显然，$DW\approx 2(1-\hat{\rho})$，可用 Python 很简单地定义一个计算 DW 的函数。根据 DW 也可以近似计算：

$$\hat{\rho}\approx 1-\frac{DW}{2} \tag{3-26}$$

如果存在完全一阶正相关，即$\rho=1$，则 $DW\approx 0$；

如果存在完全一阶负相关，即$\rho=-1$，则 $DW\approx 4$；

如果存在完全不相关，即$\rho=0$，则 $DW\approx 2$。

为了对被估计的模型的残差进行 D-W 检验，可使用函数 durbin_watson。

In	`DW=sm.stats.durbin_watson(et)` `print("    DW = %.3f"%DW)`
Out	`DW = 0.294`

上述结果中 DW 接近 0，且 $p<0.05$，说明模型的残差存在一阶正相关。

二、拉格朗日乘数（Lagrange multiplier）检验

拉格朗日乘数检验克服了 D-W 检验的缺陷，适合高阶序列相关以及模型中存在滞后被解释变量的情形。它是由戈弗雷（Godfrey）与布鲁奇（Breusch）于 1978 年提出的，

也被称为GB检验（或BG检验）。

对于模型：

$$Y_t = \beta_0 + \beta_1 X_{1t} + \beta_2 X_{2t} + \cdots + \beta_p X_{pt} + \mu_t$$

如果怀疑随机扰动项存在 p 阶序列相关：

$$\mu_t = \rho_1\mu_{t-1} + \rho_2\mu_{t-2} + \cdots + \rho_p\mu_{t-p} + \varepsilon_t$$

GB检验可用来检验如下受约束回归方程：

$$Y_t = \beta_0 + \beta_1 X_{1t} + \beta_2 X_{2t} + \cdots + \beta_p X_{pt} + \rho_t\mu_{t-1} + \cdots + \rho_p\mu_{t-p} + \varepsilon_t$$

约束条件为：

$$H_0:\ \rho_1=\rho_2=\cdots=\rho_p = 0$$

约束条件 H_0 为真时：

$$LM = (n-p)R^2 \sim \chi^2(p)$$

其中，n 为样本容量，R^2 为受约束回归方程的可决系数。给定α，查临界值$\chi_\alpha^2(p)$，与 LM 值比较，可作出判断。实际检验中，可从一阶、二阶……逐次向更高阶检验。

In	`bgtest=sm.stats.diagnostic.acorr_breusch_godfrey(lm3_3,1)` `print('    LM = %.4f, p-value = %.4f'%(bgtest[0],bgtest[1]))`
Out	`LM = 29.5708, p-value = 0.0000`
In	`bgtest=sm.stats.diagnostic.acorr_breusch_godfrey(lm3_3,2)` `print('    LM = %.4f, p-value = %.4f'%(bgtest[0],bgtest[1]))`
Out	`LM = 29.8433, p-value = 0.0000`

检验的 $p< 0.01$，说明模型的残差存在一阶和二阶自相关。

3.3.3 误差自相关处理方法

存在自相关性的模型如果采用OLS估计，估计所得的参数不再具有最优性，且随机误差项的方差一般会被低估，这时应该采用广义差分法来估计模型的参数。例如，如果一元回归模型 $y_t = b_0 + b_1 x_t + u_t$ 存在一阶自相关性，并假设其相关系数为ρ，则该模型两边同时减去 $\rho y_{t-1} = b_0\rho + b_1\rho x_{t-1} + \rho u_{t-1}$ 后变为：

$$y_t - \rho y_{t-1} = b_0(1-\rho) + b_1(x_t - \rho x_{t-1}) + (u_t - \rho u_{t-1})$$

分别记 $y_t^* = y_t - \rho y_{t-1}$；$b_0^* = (1-\rho)b_0$；$x_t^* = x_t - \rho x_{t-1}$；$u_t^* = u_t - \rho u_{t-1}$，则转变后的新模型为：$y_t^* = b_0^* + b_1 x_t^* + u_t^*$，且新模型不再具有自相关性。

由于通常ρ是未知的，因此广义差分法在实际中很少直接运用，取代它的是 Durbin 两步估计法：

$$y_t = (1-\rho)b_0 + \rho y_{t-1} + b_1 x_t - b_1 \rho x_{t-1} + v_t$$

令 $a_0 = b_0(1-\rho), a_1 = b_1, a_2 = -\rho b_1$，则模型变为：

$$y_t = a_0 + \rho y_{t-1} + a_1 x_t + a_2 x_{t-1} + v_t$$

对上式利用 OLS 估计就可以得到原模型的估计参数。

Durbin 两步估计法的优点是可以同时得出相关系数估计值和模型参数估计值。广义差分法的缺点是损失自由度，模型存在越高阶的相关性，利用广义差分法估计模型时其损失的自由度越多。

为了以后分析和建模方便，我们引入 Python 的一个滞后函数（lagged function，也称滞后算子，详见第 4 章）x_t.shift(d)，即 x_t.shift(1)= x_{t-1}，x_t.shift(2)= x_{t-2}，…，x_t.shift(d)=x_{t-d} 等，这里的 d 表示滞后阶数。注意滞后函数结果 x_t.shift(d)会有 d 个数据为空值(NaN)，可使用 dropna 函数去掉缺失值。

In
```
x=pd.Series(range(1,10));print(x)
x_1=x.shift(1); print(x_1)
x_1=x.shift(1); print(x_1.dropna())        #删除缺失值
```

Out
```
0    1
1    2
2    3
3    4
4    5
5    6
6    7
7    8
8    9
dtype: int64
0    NaN
1    1.0
2    2.0
3    3.0
4    4.0
5    5.0
6    6.0
7    7.0
8    8.0
dtype: float64
1    1.0
2    2.0
3    3.0
4    4.0
5    5.0
6    6.0
7    7.0
8    8.0
dtype: float64
```

In
```
x_1=x.shift(1);x_2=x.shift(2);x_3=x.shift(3);
pd.DataFrame({'x':x,'x_1':x_1,'x_2':x_2,'x_3':x_3})
```
Out
```
   x  x_1  x_2  x_3
0  1  NaN  NaN  NaN
1  2  1.0  NaN  NaN
2  3  2.0  1.0  NaN
3  4  3.0  2.0  1.0
4  5  4.0  3.0  2.0
5  6  5.0  4.0  3.0
6  7  6.0  5.0  4.0
7  8  7.0  6.0  5.0
8  9  8.0  7.0  6.0
```

【例 3-7】我们继续讨论 *TAX* 与 *GDP* 的对数关系模型。

从上面的结果我们知道，模型 lm3_3 的拟合效果还是很不错的，但是，Durbin 和 *L-M* 检验都显示该模型的误差存在非常显著的一阶自相关性（$p< 0.001$），因此可认为模型误差存在自相关性。下面我们用 Durbin 两步法构建误差的自相关模型。

对于回归方程：

$$y_t = a_0 + \rho y_{t-1} + a_1 x_t + a_2 x_{t-1} + v_t$$

利用 Python 估计如下。

In
```
dat=pd.DataFrame({'yt':y,'yt_1':y.shift(1),'xt':x,'xt_1':x.shift(1)}); dat
```
Out
```
          yt    yt_1      xt    xt_1
Year
1978  1.6467     NaN  3.5929     NaN
1979  1.6827  1.6467  3.7082  3.5929
1980  1.7440  1.6827  3.8232  3.7082
1981  1.8405  1.7440  3.9034  3.8232
1982  1.9459  1.8405  3.9938  3.9034
……
```
In
```
lm3_4=smf.ols('yt~yt_1+xt+xt_1',dat).fit()
lm3_4.summary()
```
Out
```
                            OLS Regression Results
==============================================================================
Dep. Variable:                     yt   R-squared:                       0.997
Model:                            OLS   Adj. R-squared:                  0.997
Method:                 Least Squares   F-statistic:                    3809.0
Date:                Tue, 15 Sep 2020   Prob (F-statistic):           4.32e-45
Time:                        17:29:04   Log-Likelihood:                 35.415
No. Observations:                  40   AIC:                            -62.83
Df Residuals:                      36   BIC:                            -56.08
Df Model:                           3
Covariance Type:            nonrobust
==============================================================================
                 coef    std err          t      P>|t|      [0.025      0.975]
------------------------------------------------------------------------------
Intercept     -0.3420      0.206     -1.661      0.105     -0.759       0.075
yt_1           0.8490      0.087      9.774      0.000      0.673       1.025
xt             0.9304      0.297      3.138      0.003      0.329       1.532
```

```
xt_1            -0.7692      0.314     -2.449      0.019    -1.406     -0.132
==============================================================================
Omnibus:                       67.814   Durbin-Watson:                   1.728
Prob(Omnibus):                  0.000   Jarque-Bera (JB):              783.255
Skew:                           3.983   Prob(JB):                    8.29e-171
Kurtosis:                      23.162   Cond. No.                        276.0
==============================================================================
```

$$y_t = -0.342\,0 + 0.849\,0 y_{t-1} + 0.930\,4x - 0.769\,2x_{t-1}$$

从结果可看出，模型拟合的效果非常好，而且模型在 0.05 水平上不存在自相关性（$p<0.05$），说明 Durbin 两步法在保持模型拟合效果的前提下，消除了模型的自相关性。

In	DW=sm.stats.durbin_watson(lm3_4.resid) print(" DW = %.4f"%DW)
Out	DW = 1.7280
In	bgtest=sm.stats.diagnostic.acorr_breusch_godfrey(lm3_4,1) print(' LM = %.4f, p-value = %.4f'%(bgtest[0],bgtest[1]))
Out	LM = 0.9823, p-value = 0.3216

进一步分析发现，模型的残差在 0.05 水平上已不存在自相关性。

练习题

一、手工解答题（纸质作业）

1．回归诊断方法包含哪些主要内容？为何要进行回归诊断？

2．试举例说明产生异方差的原因以及改进的办法。

3．试举例说明产生多重共线性的原因，以及多重共线性对模型参数的估计有何影响。

4．试述多重共线性的诊断方法和诊断标准。

5．试述异常值产生的原因、诊断方法和处理的措施。

6．以多元线性回归为例说明序列相关会产生怎样的后果，以及检验、修正序列相关的方法。

7．什么是 D-W 检验法（前提条件）？D-W 检验的判断标准是什么？

8．什么是异方差？异方差的主要来源有哪些？检验、修正异方差性的方法是什么？

二、软件计算题（电子作业）

1. 某种水泥在凝固时放出的水化热 Y（卡/克）与水泥中的四种化学成分有关：X_1：$3CaO\cdot Al_2O_3$ 的成分（%），X_2：$3CaO\cdot SiO_2$ 的成分（%），X_3：$4CaO\cdot Al_2O_3\cdot Fe_2O_3$ 的成分（%），X_4：$2CaO\cdot SiO_2$ 的成分（%）。共化验了 13 组数据，研究化学成分对水化热的影响。

编号	X_1	X_2	X_3	X_4	Y
1	7	26	6	60	78.5
2	1	29	15	52	74.3
3	11	56	8	20	104.3
4	11	31	8	47	87.6
5	7	52	6	33	95.9
6	11	55	9	22	109.2
7	3	71	17	6	102.7
8	1	31	22	44	72.5
9	2	54	18	22	93.1
10	21	47	4	26	115.9
11	1	40	23	34	83.8
12	11	66	9	12	113.3
13	10	68	8	12	109.4

（1）求 Y 关于 X_1，X_2，X_3，X_4 这四个变量的线性回归方程；

（2）对回归方程作显著性检验，对每一个回归系数作显著性检验；

（3）对模型残差进行诊断，并进行共线性诊断；

（4）运用各种变量选择方法求最优回归模型。

2. 下表给出了中国商品进口额（*IM*，亿元）、国内生产总值（*GDP*，亿元）、消费者价格指数（*CPI*，1985=100）。

年份	*IM*	*GDP*	*CPI*
1985	1 257.8	8 964.4	100
1986	1 498.3	10 202.2	106.5
1987	1 614.2	11 962.5	114.3
1988	2 055.1	14 928.3	135.8
1989	2 199.9	16 909.2	160.2
1990	2 574.3	18 547.9	165.2
1991	3 398.7	21 617.8	170.8
1992	4 443.3	26 638.1	181.7
1993	5 986.2	34 634.4	208.4
1994	9 960.1	46 759.4	258.6
1995	11 048.1	58 478.1	302.8
1996	11 557.4	67 884.6	327.9
1997	11 806.5	74 462.6	337.1
1998	11 626.1	78 345.2	334.4
1999	13 736.4	82 067.5	329.7
2000	18 638.8	89 468.1	331.0
2001	20 159.2	97 314.8	333.3
2002	24 430.3	105 172.3	330.6
2003	34 195.6	117 251.9	334.6

请考虑下列模型：

$$\ln IM = \beta_1 + \beta_2 \ln GDP + \beta_3 \ln CPI + u$$

（1）利用表中数据估计此模型的参数。

（2）你认为数据中有多重共线性吗？

（3）设计以下回归方程：

$$\ln IM = A_1 + A_2 \ln GDP + v_1$$
$$\ln IM = B_1 + B_2 \ln CPI + v_2$$
$$\ln GDP = C_1 + C_2 \ln CPI + v_3$$

请根据这些回归方程分析数据中的多重共线性。

（4）假设数据有多重共线性，但 $\hat{\beta}_2$ 和 $\hat{\beta}_3$ 在 5%水平上个别地显著，并且总的 F 检验也是显著的。对这样的情形，我们是否应考虑共线性的问题？

3. 由表中给出的年收入和住房支出样本数据，建立住房支出模型。

年收入（万元）	住房支出（万元）	年收入（万元）	住房支出（万元）
5	1.8	15	4.2
5	2	15	4.2
5	2	15	4.5
5	2	15	4.8
5	2.1	15	5
10	3	20	4.8
10	3.2	20	5
10	3.5	20	5.7
10	3.5	20	6
10	3.6	20	6.2

假设模型为 $Y_i = \beta_1 + \beta_2 X_i + u_i$，其中 Y 为住房支出，X 为年收入。试求解下列问题：

（1）用 OLS 求参数的估计值、标准差、拟合优度。

（2）用怀特检验法检验异方差（假设分组时不去掉任何样本值）。

（3）如果模型存在异方差，假设异方差的形式是 $\sigma_i^2 = \sigma^2 X_i^2$，试用加权最小二乘法重新估算 β_1 和 β_2 的估计值、标准差、拟合优度。

4. 下表为某国消费（C）和可支配收入（I）资料。

年份	C（百万美元）	I（百万美元）
2009	11 378	11 617
2010	13 012	13 297
2011	15 263	15 790
2012	16 873	18 017
2013	17 764	19 314
2014	18 857	20 198
2015	20 074	21 512
2016	21 439	23 124
2017	22 833	24 724
2018	24 205	26 175
2019	25 307	27 219
2020	27 020	28 915

（1）试求其残差，并利用图示法检验随机项是否存在自相关；

（2）若存在自相关，应用 Durbin 两步估计法处理原模型自相关问题。

5. 下表给出了广东省 1980—2013 年的地区生产总值（Y_t，亿元）与固定资产投资额（X_t，亿元）的数据。

年份	Y_t	X_t	年份	Y_t	X_t
1980	249.65	38.29	1997	7 774.53	2 291.05
1981	290.36	60.40	1998	8 530.88	2 644.13
1982	339.92	84.73	1999	9 250.68	2 937.02
1983	368.75	88.71	2000	10 741.25	3 145.13
1984	458.74	130.37	2001	12 039.25	3 484.43
1985	577.38	184.59	2002	13 502.42	3 850.78
1986	667.53	216.50	2003	15 844.64	4 813.20
1987	846.69	251.01	2004	18 864.62	5 870.02
1988	1 155.37	353.59	2005	22 366.54	6 977.93
1989	1 381.39	347.34	2006	26 204.47	7 973.37
1990	1 559.03	381.47	2007	31 084.40	9 294.26
1991	1 893.30	478.20	2008	36 796.71	10 868.70
1992	2 447.54	921.75	2009	39 482.56	12 933.10
1993	3 469.28	1 629.87	2010	46 013.06	15 623.70
1994	4 619.02	2 141.15	2011	53 210.28	17 069.20
1995	5 933.05	2 315.83	2012	57 067.92	18 751.47
1996	6 834.97	2 363.18	2013	62 163.97	22 307.80

（1）使用对数线性模型：

$$\ln Y_t = \beta_1 + \beta_2 \ln X_t + u_t$$

进行回归分析，并检验回归模型的自相关性；

（2）采用广义差分法处理模型中的自相关问题；

（3）令 $X_t^* = X_t / X_{t-1}$（固定资产投资指数），$Y_t^* = Y_t / Y_{t-1}$（地区生产总值增长指数）使用模型

$$\ln Y_t^* = \beta_1 + \beta_2 \ln X_t^* + v_t$$

讨论该模型中是否有自相关性。

4　经典时间序列分析模型

4.1　时间序列的基本概念

4.1.1　时间序列的含义

从统计意义上讲，所谓时间序列就是将某一个指标在不同时间上的不同数值，按照时间的先后顺序排列而成的数列。这些时间序列由于受到各种偶然因素的影响，往往表现出随机性，彼此之间存在着统计上的相互依赖关系，而时间序列中的“时间”可以具有不同的物理意义，例如温度、速度等。

从数学意义上讲，如果我们对某一过程中的某一个变量或一组变量 $X(t)$ 进行观察测量，在一系列时刻 t_1，t_2，t_3，…，t_n（$t_1<t_2<t_3<\ldots<t_n$）得到的离散有序数集合 X_{t1}，X_{t2}，X_{t3}，…，X_{ti}，…，X_{tn} 称为离散数字时间序列，即随机过程的一次样本实现。设 $X(t)$（$t\in T$）是一个随机过程，X_{ti}（$i=1$，2，…）是在时刻 i 对过程 $X(t)$ 的观测值，则 X_{ti}（$i=1$，2，…）称为一次样本实现，也就是一个时间序列。

由于时间序列是所研究系统的历史行为的客观记录，因而它包含了系统结构特征及其运行规律。因此，通过对时间序列的研究，我们可以认识所研究系统的结构特征（如周期波动的周期、振幅和趋势的种类等）；揭示其运行规律，进而用以预测、控制其未来行为；修正和重新设计系统（如改变其周期、参数），使之按照新的结构运行。

时间序列根据所研究的依据不同，有不同的分类：

1. 按研究对象的多少，可分为单变量时间序列和多变量时间序列

如果所研究的对象是一个变量，如某个国家的国内生产总值，即为单变量时间序列。如果所研究的对象是多个变量，如按年、月顺序排列的气温、气压、雨量数据，则为多变量时间序列。多变量时间序列不仅描述各个变量的变化规律，还揭示各变量间相互依存关系的动态规律。

2. 按时间的连续性，可分为离散时间序列和连续时间序列

如果某一序列中的每个序列值所对应的时间参数为间断点，则该序列就是一个离散时间序列。如果某一序列中的每个序列值所对应的时间参数为连续函数，则该序列就是一个连续时间序列。

3. 按序列的统计特性，可分为平稳时间序列和非平稳时间序列

如果一个时间序列的概率分布与时间 t 无关，则称该序列为严格的（狭义的）平稳时

间序列。如果序列的一、二阶矩存在，而且对任意时刻 t 满足：（1）均值为常数，（2）协方差为时间间隔 τ 的函数，则称该序列为宽平稳时间序列，也叫广义平稳时间序列。反之，不具有平稳性即序列均值或协方差与时间有关的序列称为非平稳序列。

一个平稳的随机时间序列过程，在直观上可以看作一条围绕其均值上下波动的曲线，在理论上，我们把具有下列性质的随机过程称为平稳随机时间序列：

（1）$\mathrm{E}(y_t)=\mu$ （对所有 t）；

（2）$\mathrm{var}(y_t)=\sigma_y^2=$常数（对所有 t）；

（3）$\mathrm{cov}(y_t, y_{t+k})$仅与 y_t 和 y_{t+k} 相隔的时期数有关，而与时间点 t 无关（对所有 t 和 k）。

随机过程是否具备平稳性对于时间序列预测来说十分重要，平稳性保证了随机过程的结构不会随时间变化，这是进行准确预测的必要条件。

4. 按序列的分布规律，可分为高斯型（Gaussian）时间序列和非高斯型（non-Gaussian）时间序列

服从高斯分布（正态分布）的时间序列叫作高斯型时间序列，否则叫作非高斯型时间序列。对于一些非高斯型时间序列，往往可以通过适当的变换，近似地将其看成高斯型时间序列。

本章我们主要研究平稳时间序列的一些建模技术。

通俗来说，所谓时间序列的平稳性，是指时间序列的统计规律不会随着时间的推移而发生变化。直观上，一个平稳的时间序列可以看作一条围绕其均值上下波动的曲线。

最简单的随机时间序列 y_t 是一个具有零均值、等方差的独立同分布序列：

$$y_t=u_t \qquad u_t \sim N(0,\sigma^2)$$

该序列常被称为一个白噪声（white noise）。由于 y_t 是一个具有相同均值和方差的序列，由平稳性的定义知白噪声序列是平稳的。

【例 4-1】模拟数据：平稳时间序列。

设 $y_t \sim N(\mu,\sigma^2)$，令 $\mu=0, \sigma^2=1^2$，下面将产生 50 个标准的白噪声序列。

In
```
import numpy as np
np.set_printoptions(precision=4)      #设置 numpy 输出精度
np.random.seed(123)                   #设置种子数使模拟结果可重复
yt = np.random.randn(0,1,50)
```

Out
```
array([-1.0856,  0.9973,  0.283 , -1.5063, -0.5786,  1.6514, -2.4267,
       -0.4289,  1.2659, -0.8667, -0.6789, -0.0947,  1.4914, -0.6389,
       -0.444 , -0.4344,  2.2059,  2.1868,  1.0041,  0.3862,  0.7374,
        1.4907, -0.9358,  1.1758, -1.2539, -0.6378,  0.9071, -1.4287,
       -0.1401, -0.8618, -0.2556, -2.7986, -1.7715, -0.6999,  0.9275,
       -0.1736,  0.0028,  0.6882, -0.8795,  0.2836, -0.8054, -1.7277,
       -0.3909,  0.5738,  0.3386, -0.0118,  2.3924,  0.4129,  0.9787,
        2.2381])
```

In
```
import matplotlib.pyplot as plt
plt.plot(yt,'.-');
```

Out

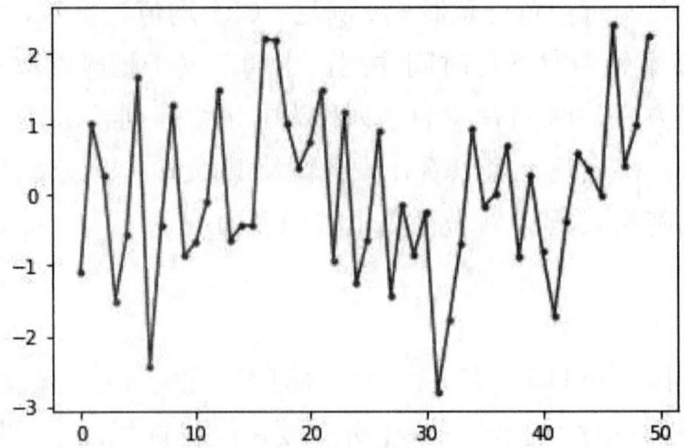

4.1.2 时间序列的相关性

这里所说的时间序列的相关性跟前面所讲的误差序列的相关性有所不同，这里是考证原始数据序列的自相关性，而前面讲的是残差序列的自相关性，但它们的处理方法基本相同。

一、自相关函数

自相关函数是衡量序列 y_t 中任意两个元素之间相关程度的量度。对随机过程{ y_t }，元素 y_t 与 y_{t+k} 之间的自相关函数定义如下：

$$\rho_k = \frac{\operatorname{cov}(y_t, y_{t+k})}{\sqrt{\operatorname{var}(y_t)\operatorname{var}(y_{t+k})}} \tag{4-1}$$

自相关系数 ρ_k 的序列{ ρ_k }($k = 0, \pm1, \pm2, \ldots$)称为自相关函数（autocorrelation function，简称 ACF）。

当 y_t 为平稳随机过程时，

$$\rho_k = \frac{r_k}{\sigma_y^2} = \frac{r_k}{r_0} \tag{4-2}$$

其中 $r_0 = \operatorname{var}(y_t) = \sigma_y^2$，$r_k = \operatorname{cov}(y_t, y_{t+k})$。

由定义知，对任何随机过程 $\rho_0 = 1$，由公式知，ρ_k 是一个无量纲量。

在实际计算时，我们只能计算样本自相关函数，其样本自相关函数定义为：

$$\hat{\rho}_k = \frac{\sum_{i=1}^{n-k}(y_t - \overline{y})(y_{t+k} - \overline{y})}{\sum_{i=1}^{n}(y_t - \overline{y})^2} \tag{4-3}$$

自相关度量了 y_t 与其滞后 y_{t+k} 之间的相关性。